元宇宙

经济学的解释及真相

李勇坚◎著

The Metaverse:
Economics and Truth

人民出版社

策划编辑：郑海燕

封面设计：牛晨晨

责任校对：周晓东

图书在版编目（CIP）数据

元宇宙：经济学的解释及真相／李勇坚 著 . — 北京：人民出版社，2022.8

ISBN 978 － 7 － 01 － 024912 － 4

I. ①元…　II. ①李…　III. ①信息经济－研究　IV. ① F49

中国版本图书馆 CIP 数据核字（2022）第 128715 号

元 宇 宙

YUAN YUZHOU

——经济学的解释及真相

李勇坚　著

人 民 出 版 社 出版发行

（100706　北京市东城区隆福寺街 99 号）

中煤（北京）印务有限公司印刷　新华书店经销

2022 年 8 月第 1 版　2022 年 8 月北京第 1 次印刷

开本：710 毫米 ×1000 毫米 1/16　印张：20.75

字数：260 千字

ISBN 978 － 7 － 01 － 024912 － 4　定价：85.00 元

邮购地址 100706　北京市东城区隆福寺街 99 号

人民东方图书销售中心　电话（010）65250042　65289539

目　录

第一篇　元宇宙：从科幻到现实

第二篇　元宇宙：经济现实

第三篇　元宇宙：经济学解释

第四篇　元宇宙：监管与治理

第一篇　元宇宙：从科幻到现实

第一章 元宇宙：
从热潮到理性

第一节 元宇宙：炒作先行

2021 年，"元宇宙"（metaverse）突然出圈，成为元宇宙元年。一瞬间，这个来源于科幻小说的词汇，成为大众必谈的话题。美国银行在"专题报告：将彻底改变我们生活的 14 项技术"中，将"元宇宙"列为彻底改变我们生活的技术之一[①]。12 月 5 日腾讯科技发布了"2022 年最受关注新兴技术"榜单，共 22 项，元宇宙入选。其他 21 项新兴技术包括虚拟现实、量子计算、虚拟网红和脑机接口等，也与元宇宙相关。同时，元宇宙也入围《经济学人》2022 年 22 项新兴技术[②]。全球数据的 2022 年电信媒体技术（TMT）预测（Global Data's "Tech, Media & Tele-

---

[①] 转引自 Jhostin Bescanza, What is the Metaverse Economy and How it can Explode in the Coming Years — Drop The Trend，https://dropthetrend.com/2021/11/27/what-is-the-metaverse-econo-my- and-how-it-can-explode-in-the-coming-years/。

[②] Metaverse Shortlisted in "The Economist" 22 Emerging Technologies in 2022— CoinYuppie: Bitcoin, Ethereum, Metaverse, NFT, DAO, DeFi, Dogecoin, Crypto News，https://coinyuppie.com/__trashed/.

com Predictions:2022")中排名第一的就是"元宇宙"①。美国消费者新闻与商业频道（CNBC）认为，元宇宙已成为美国企业界最热门的词汇之一，每个企业都希望在其中插上一面旗帜②。

毫无疑问，"元宇宙"必定能在未来的一个时点带来虚拟世界与现实世界的创新融合，极大地推动了人类在生活中的体验，加快了包括游戏内容、社区、教育、商品交易、人工智能、虚拟现实技术（Virtual Reality，VR）/增强现实（Augmented Reality，AR）、区块链等产业链各环节的共融，进而带来经济新增量。就某个角度而言，元宇宙可能就是一轮新基建、新场景、新版图的数字中国、数字全球。在这样的过程中，必定会催生新的需求、新市场、新业态和新的商业模式，甚至可以说构建了一个新的未来。

不过在这个新的未来还没有到来之前，元宇宙的概念已经被推高到一个非理性的层面。在元宇宙混沌初开之际，人们对元宇宙的定义仍然没有搞清楚，但是，已经有卖课的人通过传授六节元宇宙的课程，挣到百万元的收入。元宇宙的乱象，的确令人瞠目结舌！这个乱象，在我国尤甚。比如，一家号称国内首只 A 股上市游戏公司——中青宝，虽然 2020 年亏损上亿元，但是，自 2021 年 9 月中青宝宣称开发了元宇宙游戏——"酿酒大师"，公司的股票价格在不到 3 个月内增长了 3 倍。2021 年 9 月以来，我国上市公司中先后有近 20 家宣称自身业务"与元宇宙相关"。截至 12 月 7 日，全国有近 8000 件与"元宇宙"相关商标注册申请，其中 99% 以上都是在 2021 年申请的。

---

① Chike Onwuegbuchi, Metaverse, Future of Work Among Disruptive Tech to Shape 2022—Nigerian Communication Week, https://www.nigeriacommunicationsweek.com.ng/metaverse-future-of-work-among-disruptive-tech-to-shape-2022/.

② https://www.cnbc.com/2022/01/25/no-one-knows-what-the-metaverse-is-and-thats-driving-all-the-hype.html.

　　海外以北美为主的市场，对元宇宙的布局更早。早在 2018 年，世界著名的运动品牌耐克公司开始申请元宇宙的专利，积极布局与渗透到元宇宙产业。耐克技术创新的全球总监艾瑞克·雷德蒙（Eric Redmond）认为："元宇宙跨越了现实和虚拟现实之间的物理的或数字的鸿沟。"2021 年 3 月，被称为元宇宙第一股的罗布乐思（Roblox）正式在美国纽约上市；10 月，美国社交媒体巨头脸书（Facebook）宣布更名为"元"（Meta）；近期，微软、苹果、腾讯、华为、阿迪达斯等国内外知名企业，或高调进军，或低调布局相关产业。可以说，元宇宙浪潮已席卷全球，无论是传统行业还是科技巨头，都作出了不同程度的投入和参与。

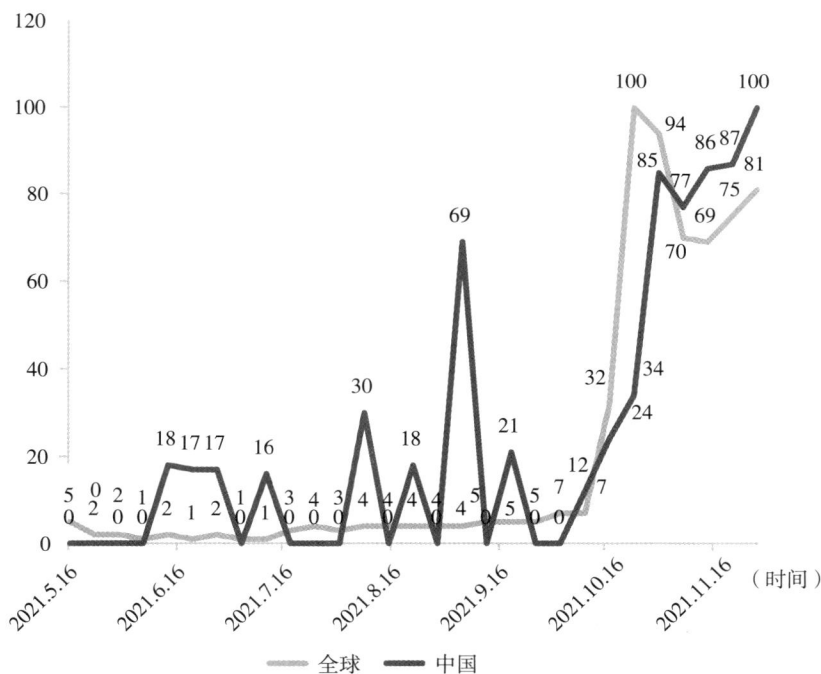

图 1-1　元宇宙在全球的搜索指数

资料来源：谷歌搜索指数，100 分为自己最高点。

客观地看，元宇宙概念的爆发是有其客观原因的。第一个主要原因是，自 2019 年年底开始的新冠肺炎疫情加速了社会虚拟化。在疫情防控措施下，全球的"宅经济"快速发展，中国的清零政策也导致新生代更加投入到线上的虚拟世界中。疫情防控导致线上生活由原先短时期的例外状态成为常态，使更多现实社会无法实现的需求转而用线上方式来满足。比如，新冠肺炎疫情迫使老年人上网，偏远农村小镇远离互联网的人群也迅速地实现在线化、日常工作中对线上会议开会变为常态化，凡此种种，都推动着社会上不同人群的线上化和虚拟化，也为 2021 年成为元宇宙元年做了铺垫。第二个主要原因是，全球互联网渗透率和科技进步已达一个临界点，VR/AR 硬件、人工智能、数字孪生、云计算等关键技术已经迭代到可以进入"主流人群"（Mainstream），从而催生出一个全新的业态。这些技术从硬件、软件的配合，技术平台相互之间的兼容、内容生产的丰富性，用户的数量和水平，都足以为主流用户带来全新的体验和价值。

2021 年元宇宙作为打败了众多热点热搜成功出圈的概念，引人注目。资本市场上傲人的成绩，吸引了一大批公司和个人纷纷入股，元宇宙成为 2021 年度的投资热点。在元宇宙概念的支撑下，各个公司纷纷跟进，刷新了一个又一个纪录。

在资本市场上，2021 年 3 月，元宇宙第一股罗布乐思上市第一天收盘上涨 54.4%，估值从 2020 年的 40 亿美元增至 450 亿美元，增长了不止 10 倍；7 月 29 日，脸书掌门人马克·扎克伯格（Mark Zuckerberg）在财报电话会议上宣称脸书将在 5 年内转型成为"元宇宙"公司，并在随后的一个多月中实现了股票的历史最高价（384.33 美元），市值突破 10000 亿美元。10 月 28 日，扎克伯格宣布脸书改名为元，专心打造元宇宙。将脸书打造成一家元宇宙公司是他一直以来的目标。这将元宇宙的热度推到了最高点。2021 年 4 月 13 日，美国著名游戏开发公司英佩游戏（Epic Games）公开发布获得了 10 亿美元融资，公司估值升到 287 亿美元，比 2020 年 8 月涨了近 66%。微软在 2022 年 1 月斥资 690 亿美元收购了游戏公司动视暴雪，创下该领域收购的纪录。2021 年 6 月，圆山投资（Roundhill Investments）创建一只以元宇宙为主题的交易所交易基金 Roundhill Ball Metaverse ETF（圆山波儿 META），目前持有的主要股票包括英伟达、微软、罗布乐思、脸书和统一软件（Unity Software）①。而第二只元宇宙 ETF 基金 Subversive Metaverse ETF 于 2022 年 1 月 27 日上市。

而其他大企业也纷纷加码元宇宙方面的投资。据希洛（Sino）的数据，在截至 2021 年 11 月底的 3 个月中，超过 100 亿元人民币（16 亿美元）投资于元宇宙相关企业，远远超过中国 VR 及相关行业 2020 年全年吸引的 21 亿元人民币投资②。

虚拟地产也不断创出新高。2021 年 12 月 9 日，香港房地产巨头、新世界发展集团首席执行官（Chief Executive Officer，CEO）郑志刚宣布购入虚拟世界平台"沙盒"的一个数字地块，投资金额约为 500 万美元，刷新了虚拟地产价格纪录。这带动了虚拟地产价格的飚涨，在 2021 年，主要的虚拟地产平台分布大陆（Decentraland）所使用的加密代币曼纳（MANA）涨了 25 倍以上，轴心无限（Axie Infinity）旗下的

---

① Patrick Seitz，Metaverse: Is it Sci-Fi Hype or the Next Big Thing? Investor's Business Daily，https://www.investors.com/news/technology/metaverse-is-it-sci-fi-hype-or-the-next-big-thing/.

② Anal. ysis—A Metaverse with Chinese Characteristics is a Clean and Compliant Metaverse - Metro US，https://www.metro.us/analysis-a-metaverse-with-chinese/.

代币涨了 120 倍。"沙盒"的代币 SAND 也涨了 90 余倍[①]。

根据元宇宙数据和分析公司元量（MetaMetric Solution）提供的数据，2021 年四大元宇宙平台——沙盆、分布大陆、加密体素（Gryptovoxels）和梦幻空间（Somnium）——上的虚拟地产销售额达到了 5.01 亿美元，2022 年 1 月达到 8500 万美元，预计 2022 年将达到 10 亿美元。

与元宇宙相关的非同质化代币、区块链游戏也受到了热捧。2022 年 1 月 1 日 11 时，潮流艺术娱乐体验伊祖克（Ezek）平台联合潮流品牌范特西（PHANTACi）发布首个非同质化代币项目幻象熊（Phanta Bear），发行上限 10000 个，单价 0.26 个以太币（约人民币 6200 元），总价超 6200 万元。幻象熊是由 10000 个通过算法生成的数字收藏品的集合，可兼作伊祖克俱乐部的会员卡。每只幻象熊只有一组独有的特征，并为其主人解锁不同的、独特的访问级别和特权。销售通道刚打开便有大量用户涌入，网页一度陷入卡顿状态。40 分钟之后，全部非同质化代币销售一空。范特西是由周杰伦与好友蒋里克（Ric Chiang）在 2006 年共同创立的潮流品牌，而叠加星星眼的幻象熊则是范特西品牌的核心 IP。借助春节联欢晚会的东风，上市公司蓝色光标发行了 2022 份的苏小妹非同质化代币数字藏品，2022 年 2 月 2 日 18 时开售，售价 9.9 元，开始销售后立即被秒光，而在一些二手平台上，大展鸿福苏小妹最高交易价格已飙升至 18888 元人民币，相当于在 48 小时内上涨了 2000 倍。

[①] Tomorrow, Towards a Metaverse Economy?...With what Consequences... The Cryptnews，https://thecryptnews.com/tomorrow-towards-a-metaverse-economy-with-what-consequences/.

第二节　元宇宙：基本概念

虽然元宇宙已经受到了企业界、学术界、社会公众、政府部门的广泛关注，并在资本市场受到了热炒，然而，作为一个来源于科幻小说的术语，元宇宙应用到经济学的分析中时，就缺乏严格的学术定义。

"元宇宙"的英文 metaverse 来源于 1992 年科幻作家尼尔·史蒂芬（Neal Stephenson）的小说《雪崩》《*Snow Crash*》。这部小说描绘了一个与真实世界平行的虚拟空间——元宇宙（metaverse），在这个虚拟空间中，每个人都可以拥有自己的另一个化身（Avatar）。到现在，人们总是先从字面意思与字根词源进行分析，再根据自己的需要给出"元宇宙"的定义，这造成了对元宇宙纷繁多样的定义。就像 ZK Research 的首席分析师宙斯·凯拉瓦拉（Zeus Kerravala）所指出的："给元宇宙下定义就像科技行业的任何事情：每个人都定义了一个最适合他们的优势和需求的新兴市场。"凯茜·哈克尔（Cathy Hackl）在为财富杂志撰写的文章里就收集了 20 位业界人士对元宇宙的定义。从这些定义可以看出，关于元宇宙如何定义，并没有取得统一的看法。

鉴于元宇宙概念的复杂性，我们应该从多元视角来理解元宇宙。第一，从互联网的视角来看元宇宙，因为元宇宙通常用于描述互联网未来迭代的概念，由连接到感知虚拟宇宙的持久、共享、3D 虚拟空间组成。很多研究者指出，元宇宙与现在正在热议的 Web 3.0 之间有着直接的联系，从 Web 3.0 的角度来定义元宇宙是当然之义（Grayscale Research，2021）。第二，元宇宙是增强现实（AR）、混合现实（MR）、人工智能（AI）、区块链和互联网技术的集合运用，应该从技术的视角对其进行描绘。第三，元宇宙概念的提出，带来了一个新的产业，也可以从产业生态的视角，对元宇宙进行刻画；第四，元宇宙对现有的互联网商业模式带来了冲击，应从商业模式变化的视角讨论元宇宙的定义。第五，元宇宙的本质是打造一个平行于现实世界的人造虚拟空间，承载用户社交娱乐、创作展示、经济交易等活动，实现与现实世界的融合、互相延伸拓展，这会使用户的体验带来革命性的变化，因此，应从人类感官的视角来看待元宇宙。用户体验的变化本身会带来社会形态的变化，使元宇宙的体验更为丰富。

基于这五个视角，我们给出了一个元宇宙的定义：元宇宙是基于 Web 3.0 架构的下一代互联网，通过综合利用扩展现实（XR）、人工智能、区块链、云计算等前沿信息技术，打造一个虚实相融的新网络空间，并通过这个空间建立起与身份、生产、交互、交易等相关的社会经济系统，从而形成了一种新的社会形态。

一是从 Web 3.0 出发定义元宇宙。

很多人认为，元宇宙作为下一代互联网，应该架构在 Web 3.0 之上。尽管存在很多争议[1]，大部分人都认同的一个观点是，Web 3.0 是一个去中心化的网络。灰度研究(Grayscale Research, 2021)[2]认为，Web 3.0 将我们联结一个虚拟世界中。即：

- Web 1.0 网景（Netscape）将我们连接到线上；
- Web 2.0 脸书（Facebook）将我们连接到在线社区中；

---

[1] 例如，马斯克认为，Web 3.0 这个想法"比现实更具营销性"，是一个营销流行语。参见，Elon Musk not "buying into this metaverse stuff", saying that it is not compelling, https://gameworldobserver.com/2021/12/23/elon-musk-not-buying-into-this-metaverse-stuff-saying-that-it-is-not-compelling/。而万维网的发明者蒂姆·伯纳斯—李认为，Web 3.0 的核心是语义网。

[2] Grayscale Research, THE METAVERSE, Web 3.0 Virtual Cloud Economies, November 2021, https://grayscale.com/wp-content/uploads/2021/11/Grayscale_Metaverse_Report_Nov2021.pdf.

- Web 3.0 分布大陆（Decentraland）将我们连接到社区所属的虚拟世界中。

具体而言，Web 3.0 无论是在控制方式、组织模式等方面均与 Web 1.0、Web 2.0 具有极大的差异（见表 1-1）。Web 2.0 移动互联网改变了我们使用互联网的方式、地点、时间和原因。反过来，这改变了我们使用的产品、服务和公司，从而改变了我们的商业模式、文化和经济。对于这些事情，Web 3.0 也有能力可以做到。但是，Web 2.0 在发展过程中形成了封闭式平台生态，由大型科技公司集中地拥有和控制、主导；这导致了平台之间难以互联互通以及消费者的数据安全等诸多问题。而 Web 3.0 是一种基于区块链技术的开放式加密元宇宙网络，这种网络由用户平等控制，这决定了其能跨越数字社区的无缝且与现实世界进行紧密的交互。

表 1-1　Web 1.0—Web 3.0 之间的区别

技术	Web 1.0	Web 2.0	Web 3.0
交互方式	读	读—写	读—写—拥有
媒体	静态文本	交互式内容	虚拟经济
组织	公司	平台	网络
基础设施	个人电脑	云和移动网络	云和区块链
控制方式	去中心化	中心化	去中心化

资料来源：Grayscale Research，2021。

我们认为，尽管在很多情况下，术语"元宇宙"和"Web 3.0"已被互换使用，他们之间具有很多共同点：二者都与社交媒体、在线游戏和 NFT 之间有紧密联系。但这两个概念之间存在不同区别。"Web 3.0"解决的是网络体系架构与底层问题，而元宇宙可视为在 Web 3.0 架构之上的一个新应用①。Web 3.0 更强调控制权与去中心化，而元宇宙更强调虚拟现实与沉浸感、体验感。从网络演化的方向来看，并不是所有的网络都需要演化到 Web 3.0，Web 3.0 虽是一个强大的工具，可以改变我们管理数据、治理和交换货币的方式，但基于区块链的交易速度很慢，这限制了它的应用范围。元宇宙要获得大众化的应用，不可能完全架构在 Web 3.0。

二是从技术视角定义元宇宙。

元宇宙的定义，必须与技术进行互动。Web 3.0 在本质上是元宇宙的规则体系，而以虚拟现实为核心的系列技术，则构成元宇宙的技术特征。从技术的角度来看，元宇宙不是一个单一的技术，而是一系列技术的集成运用。有人认为，元宇宙是下一代的计算平台，在硬件、软件和体验方面引起根本性变化②。元宇宙这个概念集成了当前数字领域的诸多技术，包括 VR 技术、AR 技术、区块链技术、人工智能等，这些技术本身也为这个来自科幻小说的概念进入到日常应用之中提供了支撑。

从技术应用看，近几年前述技术虽然已经逐步成熟，但在应用方面却有所欠缺，难以打造良好的发展路径和产业生态。"元宇宙"不是一个单一的事物，而是一个综合的技术创新运营体系，如果元宇宙应用能够广泛推广，也为这些技术找到应用方向，从而会形成技术—应用的良性循环。更准确地说，元宇宙不是一个新的概念，它更像是一个经典概念的重生，是在扩展现实（XR）、区块链、云计算、数字孪生等新技术下的概念具化。

---

① FiO，What's the Difference between Web 3.0 and the Metaverse?，https://www.fio.one/2022/01/10/web-3-0-and-the-metaverse/.

② Stefan Brambilla Hall，Cathy Li，Metaverse: how will businesses monetize it in the future?，https://www.weforum.org/agenda/2022/02/metaverse-monetization-business-guide/.

从最简单的视角，可以把元宇宙简单理解为对当前 VR/AR 技术的一种延伸，或者说是对下一代 VR/AR 技术的诠释[①]。按照元公司的构想，元宇宙代表一个虚拟空间集，用户可以在其中构建、交互和与生活，与在不同物理空间中的用户进行通信。这主要涉及 XR 等技术。元宇宙需要由扩展现实（XR）技术提供 3D 影像，提升用户的沉浸感，创造形成既映射于、又独立于现实世界的虚拟世界，这是学术界公认的[②]。麦肯锡全球企业 VR 主管理查德·沃德(Richard Ward) 提出，"我们已经元宇宙中，它主要是 1D（文本应用程序、俱乐部会所）、2D（Zoom、Google Sheets 等共享生产力应用程序）、2.5D（堡垒之夜、Virbela 等游戏）等组成，而 3D（VR/AR）刚刚推出发展阶段"。

从虚拟现实技术应用来看，元宇宙的演进可分为三个阶段，数字孪生、数字原生和元宇宙（见图 1-2）。元宇宙的核心是沉浸式互联网的

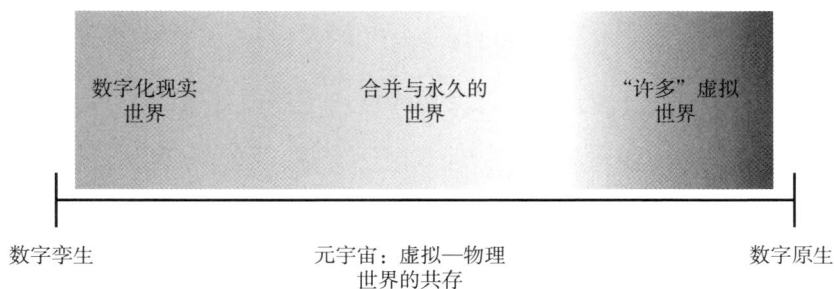

图 1-2　元宇宙演进的三个阶段

资料来源：Lee, P., Braud, T., Pengyuan Zhou, Lin, A. W., DianLei Xu, Zijun, J. L., Abhishek Kumar, Bermejo, C., and Hui, P., "All One Needs to Know about Metaverse: A Complete Survey on Technological Singularity, Virtual Ecosystem, and Research Agenda", DOI:13140/RG.2.2.11200.05124/6, 2021。

———————————

① 参见刘文溢、元宇宙：《属于资本的故事》，云排名网站，2021 年 11 月 28 日。

② Katie Leslove 认为，3D 环境对于虚拟世界来说不是强制性的。参见 Katie Leslove, Metaverse: Gaming Novelty or Potential Gamechanger?- Media - HashCash Consultants，https://media.hashcashconsultants.com/metaverse-gaming-novelty-or-potential-gamechanger/。

愿景，即一个巨大的、统一的、持久的、共享的领域。元宇宙应该拥有永久的、共享的、并发和 3D 的虚拟空间，这些空间被连接成一个感知的虚拟宇宙（Lee, P., Braud, T., Pengyuan Zhou, Lin, A. W., DianLei Xu, Zijun, J. L., Abhishek Kumar, Bermejo, C., and Hui, P., 2021）。

数字孪生是在虚拟环境中复制物理世界，建立物理世界的数字副本，以数据反映了其物理对应物的属性，包括物体运动、温度甚至功能。虚拟孪生和物理孪生之间的连接由其数据表示。数字孪生现有的应用是多种多样的，例如用于产品设计和建筑架构的计算机辅助设计（CAD）、智能城市规划、人工智能辅助工业系统、机器人支持的风险操作等。

第二阶段侧重于原生内容的创建。内容创作者，也许以化身为代表，参与数字世界中的数字创作。这种数字创作可以与其物理对应物相关联，甚至只存在于数字世界中。互联网的生态系统，包括文化、经济、法律和法规（例如，数据所有权）、社会规范，可以支持这些数字创造。在 Web 2.0 阶段，产生了大量的用户生产内容（UGC）模式，是数字原生的一种重要表现形式。但仅限于文本、照片和视频，且只具有有限的用户参与选项（例如，喜欢帖子）。

在第三个也是最后一个阶段，元宇宙可以成为一个自我维持和持久的虚拟世界，与具有高度独立性的物理世界共存和互操作。因此，代表物理世界中人类用户的化身可以实时体验异构活动，其特征在于理论上在多个虚拟世界中具有无限数量的并发用户。值得注意的是，元宇宙可以提供代表不同虚拟世界的平台之间的互操作性，使用户创建的内容能在虚拟世界中广泛分发。在元宇宙中用户具有持续的身份和体验，可以通过各种渠道与物理世界连接和交互。第二人生（Second Life）被认为是最大的用户创建的 3D 宇宙。用户可以构建和塑造他们的 3D 环境，并奢侈地生活在这样一个虚拟世界中。然而，视频游戏之间仍然缺乏互操作性。因此，在元宇宙空间中将形成一套完整的经济和社会体系，从而产生新的货币市场、资本市场、商品市场、文化、规范、法规和其他社会因素。

争议比较大的主要是区块链技术，因为区块链技术并不能参与构建一个 3D 模型。从构建一个 3D 互联网或者具有沉浸感的互联网来看，区块链并不是必需的。而且，区块链技术本身存在着交易效率低、能源消耗高等问题。这使元宇宙构建中是否需要使用区块链技术容易引发争议。然而，很多人认为，元宇宙从根本上看，是要解决用户在其中工作、生活、娱乐等过程中所涉及的虚拟资产和虚拟身份、个体信用等问题，以及元宇宙中的化身与现实的物理身份联系等问题，而这离不开区块链技术的支撑。马修·鲍尔（Matthew Ball）也认为，元宇宙应该具有身份、历史、权利等数据的连续性，需要有支付、交易等经济活动，这可能需要区块链技术的支撑。游戏设计师拉夫·科斯特（Raph Koster）认为，在线世界（Online worlds）导致多元宇宙（multiverses），而多元宇宙又导致元宇宙（metaverses）[①]。而要实现后者，需要有区块链技术的支持。

注重区块链技术的研究人员认为，区块链技术的诞生带来了新的功能、治理模式并创建了一个新的生态系统，成为未来互联网的重要支柱和新基础设施。该互联网将消除 Web 2.0 中存在的中间商，同时降低来自公司和政府的审查风险。作为回报，去中心化网络将在全球范围内实现无需信任的能力、安全的点对点（P2P）交易。这些功能和特性将有

---

① Ultima Online lead designer Raph Koster on why no game can be considered real meta-verse yet Game World Observer，https://gameworldobserver.com/2021/09/03/ultima-online-lead-designer-raph-koster-on-why-no-game-can-be-considered-real-metaverse-yet.

利于蓬勃发展的创作者经济，因为它们将自由、安全地进行交易，而无需中间人指定条款。此外，去中心化互联网旨在将用户、空间和资产整合到一个数字领域。通过引入区块链技术，将支持统一、可互操作和通用的元宇宙。

从元宇宙发展现实来看，很多平台都引进了区块链，并将其 NFT 架构于以太坊之上。分布大陆通过结合虚拟现实和区块链技术在元宇宙中实现了房地产的概念。分布大陆基于 ERC-20 协议①，发行了代币马娜币（MANA）。利用马娜币，用户可以在分布大陆购买土地，土地所有权和其他收藏品基于 ERC-721 协议②发行的非同质化代币。这些独特的资产是通过以太坊智能合约制作的，并允许所有者证明区块链分类账的所有权。马娜币可以在交易所购买，也可以用于购买世界各地的数字商品和服务。

当然，元宇宙是一个面向未来的概念，也可能用到其他技术。

三是从产业和商业模式视角定义元宇宙。

元宇宙作为一种新的现象，必然带来产业变革，也会对现有的互联网商业模式变革带来根本性的影响。近些年来，像 XR、人工智能、区块链、5G 等前沿技术，虽然在其出现时令人欢呼，但实际应用到实体经济或者日常生活时，却没有发挥出令人惊艳的作用与效果。元宇宙这个概念，有可能将这些技术集成，产生了一个新的产业链和产业生态。

元宇宙也带来了组织结构的变化。由于元宇宙突破了物理空间的局

---

① ERC-20 是与可替换代币相关的协议，ERC-20 代币具有相同的价值和功能，可以相互交换。

② ERC-721 是 NFT（非同质代币）协议。NFT 通过将加密的交易历史永久保存在区块链上来保证唯一性。每个代币都有唯一的识别价值，验证数字资产的所有权并为交易分配价值。NFT 主要用于纪念特殊时刻或收集数字资产。目前，在元宇宙发行的数字藏品、土地所有权等，都基于该协议。

限，必然会对组织结构带来影响。从元宇宙本身的组织形式来看，它必须是自组织的。在这个意义上，元宇宙是一个虚拟的地方，它可以由个人拥有的可分割空间（土地）组成，可以在其上建立各种概念并可以货币化．这些概念可以是任何现实生活中的生态系统（市场、读书会、商务会议、游戏、现场音乐会等），都由区块链（通过 NFT）提供支持，由去中心化自治组织（DAO）运行，并提供在数字连接的空间中体验现实生活。一个好的元宇宙最重要的基础是它应该是自我维持的。埃森哲高级董事总经理、全球数字体验主管杰森·沃克（Jason Warnke）提到，"我们在埃森哲创造了'第 N 层'这个词，我们正在这里为超过530000 名员工构建我们的全球虚拟世界，并且快速增长，可以以全新的方式参与……因为我们从来没有真正拥有过一个单一的企业园区总部，我们相信我们现在有机会以在现实世界中前所未有的方式将我们的员工聚集在一起。"

元宇宙的这种特性，也会带来商业模式的变革。元宇宙本身会带来一种新的商业模式，即人们可以在元宇宙中跨可互操作的平台生产和交易商品。这不同于 Web 2.0 时代以平台为中心的商业模式。在平台商业模式中，平台利用用户的数据进行精准变现，从而实现了平台的快速成长。另一方面，元宇宙也可能成为潜在的工作场所，用户可以现有的身份，在元宇宙中工作，也可以创作者、艺术家和游戏玩家的身份，在元宇宙中创作产品，并以此作为工作。这种商业模式，与原来以平台为中心的 UGC 商业模式有着本质区别。例如，在现有的移动互联网商业模式下，消费者只能从应用商店下载应用程序，而这个过程中，应用商店会收取高达 30% 的费用。很多人对这种商业模式提出了批评。例如，英佩游戏（Epic Games Inc.）的首席执行官蒂姆·斯威尼（Tim Sweeney）将元宇宙比作一个通用应用程序商店，该应用程序商店适用于所有操作系统，并为开发人员提供了替代苹果和谷歌在智能手机经济中的主导地位的替代方案。

元宇宙作为与实体紧密联系的互联网应用，借助于 VR 与 AR 技术，是一个更加沉浸式的三维虚拟体验，在这个虚拟世界中，用户可以做更多具备想象力的事情——聚会、工作、学习、娱乐、购物、创造等，这将对现有的工作模式发生变革性的影响。

元宇宙也将对实体经济发展带来巨大的影响，这是本书后文要研究的重点内容。

四是从用户体验与交互方式的角度对元宇宙进行定义。

元宇宙的最初定义就是从用户体验开始的，其核心是给予用户一种沉浸式的体验。当用户向元宇宙迁移时，元宇宙必然变成人类共享的体验空间。元宇宙的体验被认为是高度身临其境的，融合了增强现实和虚拟现实，以提供一种身临其境的感觉。

元（脸书）的首席执行官扎克伯格写道[①]：当我创办脸书时，我们主要在网站上输入文字。当我们拥有带摄像头的手机时，互联网变得更加视觉化和移动化。随着连接速度的加快，视频成为一种更丰富的体验分享方式。我们已经从桌面到网络再到移动；从文字到照片再到视频。但这还不是终点。下一个平台将更加身临其境——一个实体化的互联网，您可以在其中体验，而不仅仅是看着它。我们称之为元宇宙。这说明了元宇宙本质上是互联网体验的一种演化。在这个意义上，元宇宙是关于"物理空间、距离和物体的非物质化"。如果我们可以立即获得真正的传送到其他任何地方的体验；如果我们可以像处理它们的本地版本一样与世界对象的数字版本进行交互，那么物理距离和形状因素就不再

---

① Charles Shen, What is the Metaverse and where are we in the journey?, https://www.inweb3.com/what-is-metaverse-and-web3/.

重要了。那是物理世界和虚拟世界界限模糊的时候，也就是这两个世界融合的大门为我们打开的时候。

《麻省理工科技评论》（MIT Technology Review）的一篇文章也强调元宇宙本质上是一种用户体验的升级[①]：

"与我们通常认为的互联网不同，元宇宙是一个由多个用户共享的3D 沉浸式环境，您可以在其中通过头像与他人互动。在正确技术的支持下，元宇宙可以感觉像真实的生活，拥有所有常见的工作、娱乐、贸易、友谊、爱情元素——一个自己的世界。"

体验的场景可以在游戏领域、社交领域、电商领域等。为了更好地理解元宇宙中的体验，我们需要理解一下"化身形象"一词，元宇宙中所有的体验都围绕用户的化身展开，而化身的形象是元宇宙中自我呈现与形成自我认同的重要方式。因此，化身的形象将成为备受资本关注的一个领域。进一步而言，元宇宙带来的体验是第一人称的、深入到内容之中的。日本广播协会（NHK）在一次报道中称[②]，元宇宙正在成为互联网的下一个阶段，是互联网的沉浸式版本，用户可以从第一人称视角体验。不像我们现在那样从"外部"与内容互动，元宇宙会给用户一种他们存在于内容中的印象；如果他们正在与某人交谈，就会感觉他们与那个人在一起。

元宇宙也是我们与网络内容互动方式的变化，是接入到一个丰富的

---

① The metaverse could actually help people ǀ MIT Technology Review，https://www.technologyreview.com/2021/10/27/1036817/metaverse-facebook-virtual-reality-augmented/?truid=98219f068a5d0add1838c63fa19c5ff5&utm_source=acquisition_email&utm_medium=email&utm_campaign=tr_subscription.unpaid.acquisition&utm_term=11.15.21.1story.metaverse&utm_content=nov21-acq&mc_cid=9a2d59ead3&mc_eid=8070a3a861.

② Metaverse opens uncharted business frontiers ǀ NHK WORLD-JAPAN News，https://www3.nhk.or.jp/nhkworld/en/news/backstories/1881/.

数字世界的入口。塞巴斯蒂安·邦尼（Sebastian Bunney）写道，自互联网诞生以来，元宇宙就已经蓬勃发展。……元宇宙并不是它被塑造成的虚拟世界，而是一个人的数字自我的数字接口。这是我们的数字身份，我们与在线社交社区互动，管理我们的数字财产并存储我们的数字财富。因此，在本质上而言，向元宇宙的渗透并不是人们从物理世界进入数字世界的运动，而是财富和身份从物理领域到数字领域的转移[1]。

第三节　元宇宙：各国行动

元宇宙这个概念，在新冠肺炎疫情背景的推动下，通过资本、企业、舆论的助力，不仅成为社会公众热议的话题，以及企业投资未来抢占先机的行动，也引发了各国政府的关注。除了各大科技公司之外，一些国家和政府也认为，这是一个具有战略意义的领域，对未来经济增长、社会变革、数字产业持续增长等具有重要价值，寻求出台相应的政策。

一、韩国高度重视数字经济和文化产业，在元宇宙产业方面的政策体系更为完善

韩国元宇宙发展具有良好的基础，拥有全球领先的超高速 5G 网络和光缆网络，对脸书虚拟现实眼镜（Oculus Quest）等虚拟现实设

---

① SEBASTIAN BUNNEY, Future of Bitcoin And The Metaverse - Bitcoin Magazine: Bitcoin News, Articles, Charts, and Guides, https://bitcoinmagazine.com/culture/future-of-bitcoin-and-the-metaverse.

备的接受度和渗透率非常高，游戏产业十分发达。根据德国统计公司
（Statista）的数据，2021 年韩国的整体游戏市场价值 183 亿美元。虽然
这指的是整个行业，而不仅仅是与元宇宙相关的游戏，但这个数字自
2007 年以来一直在稳步增长，这表明韩国在游戏领域的影响力逐年增
长。整体来看，韩国在"虚拟数字人"方向的应用已经相对较为成熟，
与其成熟偶像工业相结合具有非常多的应用场景。

2021 年 5 月 18 日，韩国科学技术和信息通信部发起成立了"元宇
宙联盟"，该联盟包括现代、SK 集团、LG 集团等 200 多家韩国本土企
业和组织，其目标是打造国家级增强现实平台，并在未来向社会提供公
共虚拟服务，以推动"元宇宙"技术和生态系统的发展。同时，韩国
数字新政推出数字内容产业培育支援计划，共投资 2024 亿韩元，其中
XR 内容开发支援 473 亿韩元、数字内容开发支援 156 亿韩元、XR 内
容产业基础建造 231 亿韩元；之后，韩国还成立了一个关于元宇宙产业
的新联盟，由 17 家公司组成，包括主要无线运营商 SK 电信公司和汽
车巨头现代汽车公司，以及韩国移动互联网商业协会等 8 个行业团体，
该联盟实质性合作分享元宇宙趋势和技术，并就与元宇宙市场相关的文
化问题组建一个咨询小组，开展联合元宇宙项目。

2021 年 8 月 31 日，韩国财政部发布 2022 年预算，计划斥资 2000
万美元用于元宇宙平台开发。而根据之后发布的《元宇宙新产业领先战
略》，政府已承诺在 2022 年花费 5560 亿韩元（4.65 亿美元）来支持元
宇宙这一重要产业①。

2022 年 1 月韩国政府公布《元宇宙新产业领先战略》，该战略是其
数字新政 2.0 计划的一部分，旨在应对颠覆性创新、新兴技术并为未来

---

① https://www.coturemag.com/2022/01/23/south-korea-announces-metaverse-target/.

做好准备。根据该战略，到 2026 年该国在全球元宇宙市场的占有率将从目前的第 12 位提升至第 5 位①。韩国政府还将新办"元宇宙学院"，于年内培养 180 名专业人员。韩国政府还将为元宇宙技术、人文社会领域的四年制大学创办融合型专门研究生院提供支援，6 年内最高将各投入 55 亿韩元。最终在 5 年内培养 40000 多名元宇宙专家，以推动该国进入全球虚拟世界市场的顶端。为了进一步促进增长，韩国将开设一个"韩国元宇宙学院"（K-Metaverse Academy），帮助全球元宇宙初创公司进入韩国市场，并将它们与当地内容公司联系起来。大力拓展元宇宙应用，将该技术广泛应用于艺术、文化、教育、韩国流行音乐（K-pop）和旅游领域，同时在元宇宙平台上为外国人建立一个在线韩语学院。韩国政府也在探索将元界应用于旅游业的方法。根据韩国政府近期敲定的《旅游业复苏与再跨越计划》，韩国政府将利用元界平台打造融合韩国主要景点和热门电影的"韩国旅游宇宙平台"和电视剧外景地，并推广虚拟现实，以推动元宇宙旅游与线下智慧旅游"双轨制"同步发展②。在教育方面，韩国科学技术高等研究院（KAIST）打算在肯尼亚开发一个虚拟校园，该校园将于 2023 年 9 月在内罗毕附近的孔扎科技城（Konza Technopolis）启动。该大学希望开发一个虚拟世界，通过使用增强现实、虚拟现实和眼动追踪技术来运行教室并在校园内提供身临其境的学习机会。釜山市教育厅全面推进元宇宙教育应用。

韩国政府广泛鼓励地方开展元宇宙项目，在未来的 5 年内，将为

---

① 根据全球市场研究公司艾梅根研究公司（Emergen Research）的数据，全球元宇宙市场将从 2020 年的 477 亿美元增长到 2028 年的 8289.5 亿美元。2021 年韩国在全球的市场份额为第 12 位。

② South Korea Aims to Become One of the Biggest Metaverse Markets by 2026- Metaverse News6.com，https://metaversenews6.com/south-korea-aims-to-become-one-of-the-biggest-metaverse-markets-by-2026/.

250 个智慧城市项目提供资金。首尔市发布了《元宇宙首尔五年计划》，将建成首个元宇宙城市。首尔市政府于 2021 年 11 月 3 日宣布将建立元宇宙平台，计划以虚拟世界提供城市公共服务。据韩联社报道，项目计划耗资 39 亿韩元（约合 330 万美元），是市长吴世勋"首尔愿景 2030"计划中把首尔打造为未来之城的内容之一。这一元宇宙政务平台名为"元宇宙首尔"（Metaverse Seoul）。首尔市政府表示，"元宇宙首尔"将逐步实现市民和企业服务虚拟化，如举办虚拟跨年仪式、设立虚拟市长办公室以及提供金融技术、投资和"大学城"项目虚拟服务。预计 2023 年开设政务服务，通过元宇宙虚拟形象为公众提供可视化服务，而且一些曾经毁坏了的历史旅游资源，也将在元宇宙内重建。到 2023 年，首尔将成为第一个进入虚拟现实领域的主要城市。

在政府的支持下，元宇宙 ETF 在韩国蓬勃发展。数据显示，仅在 2021 年 10 月，韩国就推出了 4 只专注于元宇宙的新 ETF，共吸引了约 3 亿美元的资金流入。到 2021 年年底，这些基金的规模已超过 6 亿美元。

二、日本在元宇宙发展方面具有独到之处

日本一直高度重视 VR 产业发展，在技术与应用方面均具有较好的基础。索尼与 VR 开发商哈希拉斯（Hassilas）拥有游戏站（Playstation）主机系统和游戏生态，旗下的 PlayStation VR 的全球销量排名行业前三；并在 2020—2021 年两次投资英佩游戏，在虚幻引擎等技术方面有所布局；索尼还推出了"梦想大创造"（Dreams Universe），用户可以在其中进行 3D 游戏创作、制作视频，并分享到用户内容创作（UGC）社区。日本动画、漫画、游戏（Animation, Comics, Games，ACG）在全球领

先，这使其在元宇宙发展所需的 IP 资源方面具有优势。2021 年 8 月 5 日，爱贝克思（Avex Business Development）与数码动力（Digital Motion）合作成立虚拟爱贝克思（Vitual Avex），计划促进现有动漫或游戏角色，举办虚拟艺术家活动，以及将真实艺术家演唱会等活动虚拟化。在增强现实方面，日本创造了著名的虚拟偶像初音未来。在实际运用方面，虚拟聊天（VRchat）是一款充满动漫人物和现实创作的游戏，根据调查，90% 的日本人使用虚拟聊天，其他流行的 VR 应用程序包括虚拟直播（Virtual Cast）、丛聚（Cluster）和尼奥斯 VR（NEOS VR），因此很多人将这一程序称为元宇宙。按照这一标准，日本每天约有 50% 的用户访问元宇宙。其他 25% 的用户通常每周至少访问两次。几乎一半的访问通常持续长达 3 小时，而其中 32% 的访问通常持续 6—12 小时。有意思的是，只有 2% 的用户在登录时使用他们的真实姓名，而其他西方国家这个数字仍然在 20% 左右。大约 25% 的用户以某种方式改变他们的声音[1]。

在政策方面，日本政府一直高度重视数字及相关产业，有相对完备的政策体系。通产省于 2020 年 8 月成立了加速数字化转型研究小组（the Study Group for Acceleration of Digital Transformation），对数字化转型问题进行调查研究。2021 年 3 月通产省成立了半导体和数字产业战略审查会议，以研究有关半导体、数字基础设施和数字产业的未来政策为方向。到 2021 年 6 月，发布了《半导体与数字产业战略》，提出了半导体产业及数字产业的整体发展战略。2022 年 1 月，通产省成立了"数字产业转型研究组"（Study Group Working toward the Transformation to a Digital Industry），就数字产业及其转型的四条路径进行深入研究。这

---

① 资料来源：https://skdesu.com/en/all-about-metaverse-in-japan/。

些战略研究中，都包括与元宇宙相关的 VR、AR、人工智能、5G 等相关行业。就元宇宙产业而言，2020 年 12 月至 2021 年 3 月通产省委托毕马威日本对日本虚拟空间行业的现状和亟须解决的课题进行了全面调查，并于 7 月 13 日，日本经济产业省发布了《关于虚拟空间行业未来可能性与课题的调查报告》，归纳总结了日本虚拟空间行业亟须解决的问题，该报告也提到，日本虚拟空间产业的发展位于世界前列。为了在未来的全球竞争中抢占先机，日本政府应当和业内人士共同制定 XR 设备、数字内容等方面的行业标准和指导方针，在国内推行标准化的同时，向海外市场输出行业指导方针和行业标准，以期在全球的虚拟空间行业中占据主导地位。该报告将虚拟空间定义为"可供多人参加、使用虚拟形象、可以自由活动和与人交流的 3D 网络空间"。虚拟空间商业形式目前分为两种：一种是在虚拟空间中提供服务；另一种则是提供虚拟空间平台。对于元宇宙这种新兴形式，该报告将其暂时定义为"在一个特定的虚拟空间内，各领域的生产者向消费者提供各种服务和内容"，并不把元宇宙作为一种确定的商业形式。

三、美国是全球元宇宙领域最为发达的国家

美国在元宇宙基础技术领域具有领先地位，英伟达以图形处理器（Graphics Processing Unit，GPU）底层算力、人工智能全真宇宙平台（Omniverse Avatar）打头阵，在实时仿真模拟和数字孪生等方面具备强大的技术基础。英佩游戏在虚幻引擎等技术方面走在前沿。微软全息透镜 Hololens 拥有非常先进的 VR/AR 设备，而脸书也拥有 VR 眼镜等系列设备。在应用方面，美国企业布局十分超前，在元宇宙的布局最为激进，如英佩游戏创始人斯维尼一直强调其旗下的"堡垒之夜"作为元宇

宙平台的意义；罗布乐思首次将"元宇宙"一词写入招股说明书；脸书CEO 扎克伯格更是在 2021 年 10 月 28 日直接宣布将公司名称更改为"元宇宙"一词中的元，并将公司股票代码从 12 月 1 日起变更为"MVRS"，希望成为一家元宇宙公司。这使美国在元宇宙的大部分领域处于领导者地位，具有标杆性质。

在政府层面，美国政府虽然对元宇宙相关的技术高度重视，但对元宇宙整体上尚未出台一个清晰的战略。这主要是美国政府担心元宇宙影响个人数据安全和隐私保护。在技术方面，2017 年 5 月，5 名美国国会议员宣布成立一个"关于虚拟、增强和混合现实的国会小组"（Congressional Caucus on Virtual, Augmented and Mixed Reality）。其核心是确保国会尽其所能，鼓励而非阻碍这些先进领域的发展[①]。2019 年，国会通过了"政府虚拟现实技术法案"（VR TECHS in Government Act of 2019）提议创建"联邦政府现实技术可用性咨询委员会"（The Federal Advisory Committee on the Usability of Reality Technologies within the Federal Government），为政府发展 VR/AR/MR 技术提供政策咨询意见。2021 年的美国创新和竞争法案（The 2021 U.S. Innovation and Competition Act）将沉浸式技术（Immersive Technology）确定为十大关键技术重点领域之一，提出要提升这一技术的全球竞争力。

然而，美国政府在促进元宇宙相关技术发展的同时，对其广泛应用可能带来的数据与隐私保护问题一直持保守态度。2018 年，联邦贸易

---

① 该小组在联合声明中指出，随着这些技术的不断进步和壮大，这个"'现实'的小组"将努力促进国会和我们国家的世界领先的技术产业之间的信息共享。这些技术在娱乐、教育和医疗领域展现出巨大的创新潜力。随着这些技术的发展，隐私、知识产权等领域的问题不可避免地会出现。这是教育我们的同事和其他人的一个机会，国会会做一切来帮助这些有潜力的领域得到发展。我们期待双方（两党）的同事一道，来支持创新，并应对这一新兴部门带来的挑战。

委员会对脸书的消费者数据泄露事件处以 50 亿美元的罚款。元宇宙涉及 NFT、区块链等，必然使用智能合约。而对智能合约，美国人认为其可能违反相关的数据保护法律。2018 年 10 月 16 日，美国商品期货委员会（U.S. Commodity Futures Trading Commission，CFTC）专员布莱恩·昆滕斯（Brian Quintenz）在第 38 届年度海湾信息技术展（Gulf Information Technology Exhibition，GITEX）技术周会议上的演讲中讨论了一个假设，如果智能合约中的代码专门设计用于实现受美国商品期货委员会监管的一种交易活动，并且没有努力阻止其对美国人的可用性，那么建议美国商品期货委员会可以起诉智能合约代码的开发者，如果这些开发者可以合理预见到智能合约可能违反美国商品期货委员会法规。值得注意的是，昆滕斯澄清说，智能合约有无数潜在的形式和应用，其中许多不在美国商品期货委员会的管辖范围内。然而，对于属于美国商品期货委员会管辖范围内的智能合约，他表示美国商品期货委员会可以要求代码开发人员对因使用其智能合约协议而导致的某些违反美国商品期货委员会法规的行为负责 ①。

2020 年 10 月，美国两党参议员提出《政府对人工智能数据的所有权和监督法案》，要求对联邦人工智能系统所涉及的数据特别是面部识别数据进行监管，并要求联邦政府建立人工智能工作组，以确保政府承包商能够负责任地使用人工智能技术所收集的生物识别数据。这一新规体现出美国国会对于基于数据与身份识别的数字化渗透持谨慎态度，元宇宙同样基于类似技术理念。这一法案，说明了美国当局对智能合约所

---

① CFTC Commissioner Brian Quintenz Warns Smart Contract Code Developers may be Held Liable for Violations of CFTC Regulations，*Regulation Tomorrow*，https://www.regulation-tomorrow.com/us/cftc-commissioner-brian-quintenz-warns-smart-contract-code-developers-may-be-held-liable-for-violations-of-cftc-regulations/.

带来的潜在安全问题持谨慎态度。

2021 年 10 月 21 日，信息技术与创新基金会（Technology and Innovation Foundation，ITIF）和 XR 行业协会（the XR Association）合作举办了增强和虚拟现实政策会议（AR/VR Policy Conference），学者们讨论了沉浸式技术应用过程中政策制定者应当如何考量关键因素，并提出了相关建议。其内容主要包括五个方面：一是应提倡利用 AR/VR 提高公共服务，增加劳动者的就业机会。因此，应优先应用于教育培训、沟通协作等领域。二是数据管理是关键的政策问题。因为 AR/VR 设备需要大量关于个人及周围环境的信息，以提供沉浸式的、有吸引力的体验。这涉及大量的数据安全及隐私等方面的问题，需要进一步的政策措施。三是随着 AR/VR 在家庭和学校中的普及，保护儿童的身体和心理健康将更加重要。安全和安保（Safety and Security）方面的影响包括不法分子利用 AR/VR 影响现实，以及可能存在的数据泄露风险。四是无障碍和包容性（Accessibility and Inclusion）是基础。从一开始就构建惠及多数人的技术，而非事后补偿，将提供更广泛的就业和创新的机会。避免因新技术的应用而带来更大的数字鸿沟。五是展望未来。2021 年 AR/VR 政策会议明确指出，政策制定者、行业领导者、民间社会等不同群体，当前及潜在用户，应当努力合作，为元宇宙制定公共政策。

四、中国在元宇宙方面是跟随者

中国企业对元宇宙概念热情高涨，很多企业已开始在元宇宙的各个领域进行布局。从整体上看，我国在元宇宙发展方面具有独到的优势，有后来居上的潜力。在基础设施方面，2019 年 6 月中国发放了 5G 牌照。在 5G 建设过程中，我国处于全球领先地位。到 2021 年 9 月，我国 5G

基站数量超过 100 万个，占全球总数的 70%以上。5G 终端手机连接数量超过 3.92 亿，占全球的比重达到 80%。数字基础设施建设带动了网速的提升和费率的下降，移动宽带的速率在全球 139 个国家和地区中排名第四位。2020 年下半年以来，随着 5G 建设进程加快，移动网络单位流量平均资费下降 10%。据全球移动通信协会监测，我国移动通信用户月均支出 5.94 美元，低于全球的 11.36 美元平均水平 [①]。固定宽带也获得了较大的发展空间。截至 2021 年 4 月，我国光纤宽带用户占比达 94%，千兆光网覆盖家庭超过 1.2 亿户，固定宽带端到端用户体验速度达到 51.2Mbps。速率在全球 176 个国家和地区中排名第 18 位。

元宇宙需要大量的算力支撑。近年来，我国云计算快速发展，云计算市场迅速扩张，公有云市场规模从 2016 年的 170.1 亿元上升至 2020 年的 900.6 亿元；私有云市场规模从 2016 年的 344.8 亿元上升至 2020 年的 791.2 亿元。公有云市场发展尤其迅速。在 2016 年，公有云市场规模还只有私有云市场的一半；到 2019 年，公有云市场规模已经超越私有云市场。其中阿里巴巴在云计算领域处于全球领先地位，致力于以在线公共服务的方式，提供安全、可靠的计算和数据处理能力，让计算和人工智能成为普惠科技。根据国际数据公司（IDC）数据，2020 年阿里巴巴在全球公有云基础设施即服务（Infrastructure as a Service，IaaS）市场份额中排名第三，占比为 7.6%。在超级计算机方面，中国也成功跃升至世界先进国家的行列。2016 年，中国研发的"神威太湖之光"，成为当时世界最快的超级计算机。在 2020 年 6 月的全球超级计算机 Top 500 榜单中，"神威太湖之光"以高达 125.4 每秒所执行的千万亿次浮点运算 [floating point operations per second，以 P 次（千万亿次）计算，即

---

① GSMA_MobileEconomy2020_China_ENG.pdf，https://www.gsma.com/mobileeconomy/wp-content/uploads/2020/03/GSMA_MobileEconomy2020_China_ENG.pdf.

PFLOP]的峰值浮点性能位居世界第四，另一台由中国研发的超级计算机"天河 2 号"以高达 100.7 PFLOPS 的峰值浮点性能位居世界第五[①]。同时，全球最强的 500 台超级计算机中，中国有 215 台，居全球首位[②]。

在人工智能与区块链等元宇宙相关的技术方面，中国也有着一定的优势。近年来，中国在人工智能领域快速超越。人工智能专利申请量快速上升，到 2020 年，已达到 389571 件，占全球的比重接近 3/4（74.7%）。在人工智能论文数量方面，我国以 24 万篇的总量已远远超过美国（15 万篇）[③]，论文的引用率（20.7%）也于 2020 年超过美国（19.8%）。

我国互联网用户规模居全球第一，这对元宇宙的应用、内容和场景等方面的拓展具有独到的优势。根据中国互联网络信息中心（China Internet Network Information Center，CNNIC）发布的第 48 次《中国互联网络发展状况统计报告》，我国网民规模达 10.11 亿人，互联网普及率达 71.6%，互联网普及率超过全球平均水平。各种消费互联网应用的用户数量快速增长。网络购物用户规模达 8.12 亿人，渗透率达到 80.3%。网上外卖、在线旅行预订用户、在线办公、在线教育、在线医疗规模分别达 4.69 亿、3.67 亿、3.81 亿、3.25 亿、2.39 亿。在线办公、教育、医疗等方面，都有巨大的元宇宙应用空间。

在政策方面，由于元宇宙涉及非同质化代币等类金融产品，在中央层面尚未出台统一的政策。2022 年 1 月，在工业和信息化部召开的中小企业发展情况发布会上，工业和信息化部中小企业局局长梁志峰

---

① 资料来源：https://www.xianjichina.com/news/details_207685.html。

② 参见 Aiecosystem:WhereDoes India Stand Compared to the US & China，https://analyt-icsindiamag.com/ai-ecosystem-where-does-india-stand-compared-to-the-us-china/。

③ 统计时间段为 2012—2020 年，数据来源于 https://ai100.stanford.edu/。

表示，工信部将加大力度推进中小企业数字化发展，支持发展数字经济，抢抓国家推进新基建、大力发展数字经济的大好机遇。培育一批数字产业化专精特新中小企业，特别要注重培育一批深耕专业领域工业互联网、工业软件、网络与数据安全、智能传感器等方面的"小巨人"企业，培育一批进军元宇宙、区块链、人工智能等新兴领域的创新型中小企业。这是在中央层面首次对元宇宙进行支持的一个表态。

整体来看，我国目前在底层技术上仍处于跟随与追赶的态势，但是得益于强大的基建能力及人口规模优势，后续有望在 5G 等新基建、人工智能、内容与场景方面爆发出巨大的增长潜力。

第四节　元宇宙：地方推动

相对于中央政府对元宇宙以"稳"为主的政策方针，各地方政府对元宇宙的态度要相对明确一些。各地政府已开始在元宇宙政策方面进行发力，截至 2022 年 6 月，已有北京、上海、重庆、浙江、山东、江西、河南、贵州、安徽、黑龙江等省（市）及广州、深圳、成都、杭州、南京、厦门等城市发布了元宇宙建设规划。

2021 年 11 月，张家界元宇宙研究融合发展研讨会暨张家界元宇宙研究中心挂牌仪式在武陵源区大数据中心吴家峪门票站举行，张家界自此成为全国首个设立元宇宙研究中心的景区。这也是我国政府部门主持成立的第一个元宇宙研究机构[1]，这说明了地方政府对元宇宙产业与应用的明确态度。其成立的初衷是为了利用元宇宙技术，打造更具体验感

---

[1] 张家界元宇宙研究中心设置在张家界市武陵源区旅游高质量发展数字化转型工作领导小组办公室，具有明确的官方背景。

的旅游景区，推动旅游业数字化转型。

上海市是我国最早提出支持元宇宙产业发展的省级行政单元。2021年12月21日召开的上海市委经济工作会议指出，要"引导企业加紧研究未来虚拟世界与现实社会相交互的重要平台，适时布局切入"[1]。随后12月30日印发的《上海市电子信息制造业发展"十四五"规划》中提到，上海要前瞻部署量子计算、第三代半导体、6G通信和元宇宙等领域。同时，支持满足元宇宙要求的图像引擎、区块链等技术的攻关；鼓励元宇宙在公共服务、商务办公、社交娱乐、工业制造、安全生产、电子游戏等领域的应用。这也是元宇宙首次被写入地方"十四五"产业规划。2022年1月8日，上海经济信息化委员会召开会议谋划2022年产业和信息化工作，强调加快布局数字经济新赛道，紧扣城市数字化转型，布局元宇宙新赛道，开发应用场景，培育重点企业，这表明了上海市将元宇宙作为数字经济新兴领域而发力支持的决心。之后，《上海市建设网络安全产业创新高地行动计划（2021—2023年)》正式发布。据上海市经济信息化委员会副主任张英介绍，下一步，上海将聚焦数字经济、元宇宙、智能终端等10大重点方向，面向全国优秀企业，征集创新产品和解决方案，择优纳入《2022年度上海网络安全产业创新攻关成果目录》，并在城市数字化转型重大场景建设中率先应用、优先支持。2022年6月，上海市政府提出建设两个元宇宙产业园。这说明上海市已开始将支持元宇宙产业的发展落到了实处。2022年1月7日徐汇区首次将"元宇宙"写入政府工作报告，报告指出，及时抓住元宇宙这个数字经济发展的风口，将探索成立元宇宙创新联盟，推动人工智能与文化创意、绿色低碳、智能制造等融合发展，推进相关领域产品研发、生产与应用，

---

[1] 有媒体称这一次会议为"我国地方政府对元宇宙相关产业发展的第一次正面表态"。如前所述，张家界元宇宙研究中心其实也应该算一次官方的正面表态。

打造数字经济新高地。2022 年 2 月，虹口区发布了"元宇宙产业行动计划"。

浙江省也高度重视元宇宙产业的布局与发展。2021 年 11 月，为深入认识理解"元宇宙"概念，把握"元宇宙"未来趋势，抢抓机遇、超前布局，推动浙江省企业抢占"元宇宙"技术和产业发展制高点，浙江省经信厅组织召开了"元宇宙"产业发展座谈会。来自政府机构、学术界和省内"元宇宙"相关企业的代表均出席会议。与会嘉宾一致认为，"元宇宙"是未来发展的新趋势，是产业发展的新风口，其想象空间和对未来经济社会发展的影响巨大。浙江省在发展元宇宙产业方面具有一定优势，需要发挥优势，超前布局。1 月 5 日，浙江省数字经济发展领导小组办公室发布了《关于浙江省未来产业先导区建设的指导意见》，元宇宙与人工智能、区块链、第三代半导体并列，是浙江省到 2023 年重点未来产业先导区的布局领域之一；浙江省将在先导区重点建设任务中明确加快在脑机协作、虚拟现实、区块链等领域搭建开放创新平台，促进产业技术赋能、集成创新。2021 年 12 月 31 日召开的杭州市委十二届十四次全会上，杭州市委书记刘捷在工作报告中指出，要超前布局量子通信、"元宇宙"等未来产业，高水平打造"全国数字经济第一城"。2022 年 3 月，杭州未来科技城提出汇聚 10 亿元的 XR 产业基金。2022 年 5 月，杭州钱塘区发布了元宇宙产业政策，对创业项目最高给予 1 亿元补贴。

北京市作为全国在元宇宙领域最具有技术优势的城市，也在元宇宙领域进行发力。2022 年 1 月 19 日，在"北京城市副中心产业高质量发展推进大会"上，北京市通州区出台了包含"元宇宙相关政策"在内的一系列产业生态扶持发展政策。就具体政策而言：出台《关于加快北京城市副中心元宇宙创新引领发展的若干措施》，这是国内第一个专门针对元宇宙产业出台的支持政策。措施提出，将依托通州产业引导基金，采用"母基金＋直投"方式联合其他社会资本，打造一只覆盖元宇宙产业的基金，支持元宇宙初创项目和重大项目，完善服务体系，支撑产业生态建设，支持设立专注于早期和长期投资的元宇宙子基金。这也是国内第一只由政府部门主导的元宇宙产业基金。在内容设计上，突出元宇宙与文化旅游融合发展的特色；在产业空间上，规划"1 个创新中心 +N 个特色主题园区"的元宇宙产业空间布局。在应用场景上，瞄准数字赋能、文化科技融合领域，"打造实数融合的文旅新场景"，为企业提供技术展示创造空间。2022 年 1 月 7 日，在北京市十五届人大五次会议"推动新时代首都发展"新闻发布会上，北京市经济和信息化局党组成员、副局长王磊介绍北京启动城市超级算力中心建设，推动组建元宇宙新型创新联合体，探索建设元宇宙产业聚集区。此前，1 月 6 日晚上，北京市科委、中关村管委会党组书记、主任许强做客"市民对话一把手"直播间，提到北京市还会积极布局类脑芯片、脑机接口、空间计算、6G 等重大前沿技术，也包括元宇宙相关产业链。

江苏省打造元宇宙生态产业示范区。2022 年 1 月 1 日，在江苏省无锡市滨湖区举办的 2022 太湖湾科创带滨湖创新大会上，该区正式推出了《太湖湾科创带引领区元宇宙生态产业发展规划》，以及相配套的科技创新服务体系、科创载体建设、人才安置工程三年行动计划等，旨在打造国际创新高地和国内元宇宙生态产业示范区。据介绍，滨湖将依托无锡先进技术研究院、国家超算中心等重大研发载体，开展应用理论和核心技术研究，培育、引进一批区块链、人工智能等元宇宙生态链企业，推进一批典型应用示范项目，到 2025 年，基本形成技术引领、企业集聚、示范应用、标准完备的元宇宙产业生态，打造元宇宙的"滨湖名片"。

随后，围绕元宇宙，无锡市近年来动作不断。2022 年 1 月 11 日，无锡市元宇宙创新联盟成立，无锡市元宇宙产业园挂牌；4 天后，首届长三角元宇宙创新创业大赛总决赛在无锡市滨湖区举行，长三角元宇宙联盟、无锡市元宇宙创新创业基地也宣布落户滨湖区。

武汉市将元宇宙写入"政府工作报告"。2022 年 1 月 11 日，在湖北省武汉市第十五届人民代表大会第一次会议上，武汉市委副书记、市长程用文向大会作政府工作报告时指出，要加快壮大数字产业，推动元宇宙、大数据、云计算、区块链、地理空间信息、量子科技等与实体经济融合，建设国家新一代人工智能创新发展试验区，打造小米科技园等 5 个数字经济产业园。

合肥市前瞻布局元宇宙产业。2022 年 1 月 10 日，合肥市市长罗云峰代表市政府向合肥市第十七届人民代表大会第一次会议所作的《政府工作报告》中，同样出现了"元宇宙"的身影。罗云峰表示，未来 5 年，合肥市将前瞻布局未来产业，瞄准元宇宙、超导技术、精准医疗等前沿领域，打造一批领航企业、尖端技术、高端产品。此外，合肥市将培育 3 个千亿企业、300 个专精特新企业，加快建成具有国际竞争力的先进制造业高地。

成都市提出抢占元宇宙新赛道。2022 年 1 月 23 日上午，成都市第十七届人民代表大会第六次会议开幕，成都市市长王凤朝作政府工作报告，在推动新经济新赛道、加快布局方面指出，成都市将大力发展数字经济，主动抢占量子通信、元宇宙等未来赛道，打造数字化制造"灯塔工厂"。2022 年 3 月，厦门市发布了《厦门市元宇宙产业发展三年行动计划（2022—2024)》，这是我国在市级层次的首个元宇宙产业专项发展政策。

第五节　元宇宙：回归理性

2021 年是元宇宙元年，资本市场的热炒，使元宇宙这个概念深入人心。然而，正如美国消费者新闻与商业频道（CNBC）一篇报道所指出的，元宇宙这个概念已成为美国企业界最热门的词汇之一，从互联网企业到实体经济企业，都不想错过这波浪潮。从企业的视角来看，元宇宙被看成了与移动互联网同等重要的变革性体系，显然有不能错过下一波浪潮的焦虑感，这引发了对元宇宙概念的大幅度炒作，尤其是在资本市场、元宇宙虚拟地产、非同质化代币等领域。这些炒作推动了元宇宙概念的普及，但并没有从本质上解决元宇宙的技术、产业与商业模式等方面的问题。还有一部分企业则利用元宇宙的概念进行营销炒作，以证明该企业正处于技术的最前沿，并通过蹭元宇宙这个流行概念的热度，获得更多的消费者认知。高德纳·阮（Gartner Nguyen）指出，在今天，元宇宙主要是营销炒作，大多数供应商所做的工作只不过给用户洗脑而已。这就像几年前，每家科技公司都在大肆宣传其人工智能实力，但并没有太多实际落地应用一样①。因此，有必要从更理性的视角来看元宇宙的热潮。

元宇宙领域吸引的投资仍未占主流。2021 年以来，元宇宙成为投资的热点，其中不乏字节跳动 50 亿元收购 Pico，美国英佩游戏公司获得了由索尼领投的 10 亿美元融资，"沙盒"获得了由软银领投的 9300 万美元 B 轮融资，但这些大轮融资仍然是异常值。在大多数情况下，

---

①　Patrick Seitz, Metaverse: Is it Sci-Fi Hype or the Next Big Thing?, *Investor's Business Daily*, https://www.investors.com/news/technology/metaverse-is-it-sci-fi-hype-or-the-next-big-thing/.

投资者仍在进行观望游戏产业，看看哪些年轻的初创公司值得支持。大多数融资都是种子轮和 A 轮融资 ①。在中国同样如此，2021 年中国游戏市场中围绕 VR/AR 技术型企业的投资事件占比只有 4.31%，并没有成为游戏领域投资的主流。事实上，美国资本市场对元宇宙的热情正在下降。号称元宇宙第一股的罗布乐思，于 2021 年 3 月在纽交所上市，发行价为 45 美元，市值近 300 亿美元，在上市之初受到投资者的热捧，首日上涨超过 40%，在元宇宙概念的推动下，之后半年的股价一直持续上升，最高达到了 141.60 美元，之后一路下跌到了最低 20 多美元，当前市值也仅为 200 亿美元左右。脸书于 2021 年 10 月改名为元，号称要打造元宇宙平台企业，但这未能拯救其股价表现。2022 年 2 月 3 日，元公布其 2021 年第四季度报告之后，其股价创下了单日最大跌幅，下跌超过 20%，市值损失接近 1800 亿美元。事实上，之前元的股价就已处于下跌通道之中，在 2021 年中创造的最高价 384.33 美元基础上下降到了当前的 160 美元。

与元宇宙相关的虚拟地产及非同质化代币等价格也持续缩水。进入 2022 年后，沙盒、分布大陆两个平台的热度开始大幅下降，其平台上的代币 MANA 和 SAND 的价格也在 2 个月内跌幅超过 50% 以上。国内的同类型虚拟房地产平台虹宇宙价格也快速下跌。12 月中旬，虹宇宙上的虚拟房产项目的转让价曾一度超过 10 万元，而如今价格最高的项目也不超过 1 万元。

从概念上看，虽然元宇宙非常火热，但其技术应用、产业生态、商业模式等仍然非常模糊，除了资本市场的热炒之外，在实际生产生活中的用例非常少。这需要包含不同迭代努力和技术进步的汇合，并且目前

---

① Maija Palmer，The Metaverse: What it is and What to Invest in，*Sifted*，https://sifted.eu/articles/metaverse-what-is-it-guide/.

还没有达到可以大规模应用的终点①。摩根士丹利股票策略师爱德华斯坦利（Edward Stanley）在给客户的一份报告中写道，"目前还不能以最纯粹的形式提供元宇宙的体验，要达到这一点将需要很多年和跨公司的合作，才能让用户无缝地跨越数百万种体验，并随身携带他们的数字化身和财产"②。以 VR 技术为例，近些年来有着长足的进步，但是在设备轻便化、减少眩晕感等方面，仍有大量工作需要做。在观看了马克·扎克伯格（Mark Zuckerberg）对其未来元宇宙版本的 VR 演示之后，虚拟现实先驱杰伦·拉尼尔（Jaron Lanier）认为，扎克伯格的演讲是"对虚拟现实的一种奇怪的脱离实体的愿景"并且"并不完全连贯"。投资数据分析公司皮驰布克（Pitch Book）的新兴市场分析师瑞安·瓦斯瓦尼（Ryan Vaswani）在一份关于 AR 和 VR 的报告中表示："该行业普遍无法站稳脚跟，这表明基础技术缺乏成熟度。""在世界各地的人们都在要求技术来增加连接性和存在感的时候，大多数人都认为 AR/VR 还不符合要求"③。

而值得注意的是，很多利用元宇宙、非同质化代币、加密货币等新概念进行诈骗的案例已经出现。很多犯罪分子利用数字"庞氏骗局"（Digital Ponzi Schemes）的方式，利用规则漏洞来承诺高额财务回报，来诈骗消费者。区块链数据平台链分析（Chainalysis）报告称，2021 年仅在中国发生的以数字技术为幌子而发生的"庞氏骗局"诈骗金额已超

---

① Annie Zhang, Web 3 and the Metaverse Are Not the Same—CoinDesk—GoLoveTech, https://trend.golovetech.com/web-3-and-the-metaverse-are-not-the-same-coindesk/.

② Opinion: We have been Promised the "Metaverse" for Decades, but it is Still not a Sure thing—Market Watch, https://www.marketwatch.com/story/we-have-been-promised-the-metaverse-for-decades-but-it-is-still-not-a-sure-thing-11637786667?mod=article_inline.

③ Opinion: We have been Promised the "Metaverse" for Decades, but it is Still not a Sure thing—Market Watch, https://www.marketwatch.com/story/we-have-been-promised-the-metaverse-for-decades-but-it-is-still-not-a-sure-thing-11637786667?mod=article_inline.

过 20 亿美元，这将使其成为有史以来最大的骗局之一。增强代币（Plus-Token）是一种加密货币钱包服务，向用户承诺如果他们使用比特币或以太坊购买假冒公司自己的增强代币，将获得高额回报，这一诈骗案的受害者超过 300 万人 ①。即使没有恶意诈骗，在网上大热的非同质化代币是否能够真正成为具有投资价值数字藏品是否具有价值，也值得怀疑。全球最大的非同质化代币市场"开放海"（Open Sea）在 2022 年 1 月底时调整了其免费的非同质化代币铸造工具使用权限与规则，对使用政策进行了大幅度收紧，因为使用此工具创建的项目中，超过 80% 是抄袭作品、虚假收藏和垃圾邮件，没有任何价值，相当于一个骗局 ②。非同质化代币本身是否具有真实价值，也有很多人表示质疑，美国能源咨询公司指引屋洞察（Guidehouse Insights）首席分析师山姆·阿布塞米德（Sam Abuelsamid）认为，非同质化代币是更大傻瓜理论的最新迭代，因为非同质化代币并不会使人获得物质的东西，而数字产品都是可以复制的 ③。

随着致力于艺术市场的非同质化代币的成功，尤其是艺术家碧泡（Beeple）的数字作品《每一天：前 5000 天》（Everydays: The First 5000 Days）拍卖出天价，人们对非同质化代币的兴趣激增。很多游戏工作室甚至将非同质化代币视为潜在收入的新来源。然而，游戏玩家也开始对层出不穷的非同质化代币感到厌倦。受到元宇宙概念热潮的影响，很

---

① Azamat Abdoullaev，Digital Ponzi Schemes: The Dark Side of Metaverse, Cryptocurrency & NFTs，https://www.bbntimes.com/technology/digital-ponzi-schemes-the-dark-side-of-metaverse-cryptocurrency-nfts.

② https://www.tweaktown.com/news/84309/worlds-largest-nft-marketplace-admits-80-of-its-nfts-are-scams/index.html.

③ Automakers are Minting NFTs, but is there a Strong Use Case? MetaverseNews6.com，https://metaversenews6.com/automakers-are-minting-nfts-but-is-there-a-strong-use-case/.

多游戏公司准备在游戏过程中大规模发行非同质化代币，大部分玩家认为非同质化代币的大量发行影响了游戏体验，甚至导致数字劳工等问题的出现，对此持反对意见[①]。卡斯特罗瓦（Castronova，2016）曾预测，如果游戏中的装备等具有现实价值，那么有可能出现一批有钱人通过雇佣低技能人群来专门打游戏，从而获得装备的收入，玩游戏将成为一种合法职业。值得注意的是，他认为，这种"雇佣玩游戏"（Play-for-hire）将成为自动化时代收入再分配的一种重要模式。

　　例如，2021 年 12 月 7 日，游戏发行商育碧软件（Ubisoft）在其最为流行的"幽灵行动：断点"（Ghost Recon Breakpoint）中引入非同质化代币平台石英（Quartz），销售其游戏中名为"Digit"的非同质化代币物品[②]，在不到 24 小时的时间里，发布视频的大部分反应都是负面的，以至于"油管"（Youtube）上隐藏了负面评论的数量。12 月 15 日，当 GSC 游戏世界公司（GSC Game World）试图将非同质化代币整合到计划于 4 月 28 日发布的"潜行者 2"（STALKER 2）特许经营权中时，社交媒体上的玩家同样对此进行激烈的反对。事实上，在游戏中通过销售装备或其他物品赚钱的模式一直受到诟病。在 2009 年，当美国艺电（EA，Electronic Arts Inc.）发布"模拟人生 3"时，引入了辛点（SimPoints）游戏币，这种游戏币需要使用现金购买，而这些游戏币可以为模拟市民购买的任何新物品，这引起了游戏玩家的反感。非同质化代币的原理是它允许将游戏元素的所有权从发

---

① https://www.thestreet.com/investing/gamers-have-the-power-to-kill-the-nft-craze.

② 在非同质化代币主要以装备角色的配饰或战利品的形式出现。育碧（Ubisoft）特别为"幽灵行动：断点"中的汤姆克兰西提供了编号的头盔、裤子和枪支。育碧表示，育碧的代币（Digit）按特定批次发行，每一批次内会包含独立序列号的游戏内装饰物品，玩家未来可以自由定价买卖，具有很高的收藏价值。而为了保证购买代币的都是生态内用户，育碧还要求玩家必须要在"幽灵行动：断点"的 XP 等级达到 5 级（约玩 600 个小时）才能兑换。

行商转移给玩家。区块链的去中心化系统保证了他们对数字文件的真实所有权。一旦玩家成为所有者，即使发行商作出其他决定或破产，也可以保证其数字文件保持不变。事实上，很多玩家认为，游戏中的装备或其他产品销售的现有模式，与非同质化代币模式并没有太大的区别。

此外，由于元宇宙的逼真性，骚扰、攻击、欺凌和仇恨言论已经在虚拟现实游戏中猖獗，而相关的法律、法规仍不完善。自"地平线世界"公测两个多月以来，有多名女性用户已经向元提交报告，表示在体验过程中遭受到了来自陌生玩家不同程度的骚扰和言语侮辱。有的女性玩家表示当自己以虚拟化身走在地平线世界的广场时，碰到一堆男性玩家向她起哄并将她围起来捉弄她。互联网上的身体和言语骚扰本就是一个令人烦恼的问题，而地平线世界里玩家的真实声音再加上 VR 所带来的身临其境感受，让整个事情雪上加霜。据统计，很多玩家都在体验过程产生了不舒服的感觉，而为了避免这种感受，他们都曾在体验过程中使用过"安全模式"来隔绝周围的声音和隐藏自己，暂时逃离元想打造的元宇宙世界。

第六节　元宇宙：几点思考

元宇宙从热潮兴起到现在的理性冷静期，使我们更应该深入思考元宇宙的一些本质问题。

第一，元宇宙是互联网发展过程中的一个新阶段。

根据公认的观点，元宇宙是互联网第三波浪潮的开端。互联网第一波浪潮是将众多的网站连接起来，建立起一个信息海洋，将各种信息汇聚到虚拟空间。在这一波浪潮中，其核心商业模式是搜索引擎，将人与信息连接起来，从而使互联网的海量信息更好地发挥作用。第二波浪潮是建立参与感，让每个用户都能够参与到互联网的发展之中。诸如脸书等第三方应用程序使用户能够利用网络进行交互，并创作相关的内容。而元宇宙将实现广泛的 3D 沉浸式在线体验，将互联网带入第三波浪潮之中。这种体验使物理世界与虚拟世界之间的界限变得模糊，而用户在网络空间中完成更多的事务，其交互的深度与沉浸度都会有大幅度的提升。元宇宙还只是一种雏形，但很多研究者对它的未来仍表示乐观，加里·福勒（Gary Fowler）指出，元宇宙可能是科技界无数趋势中的另一个流行语，但与许多其他趋势不同，它已经扎根于社会。元宇宙不再是虚构的科幻未来。事实上，这是比其他任何一种可能性都更接近全面实现的可能性之一[1]。

从本质上看，元宇宙将是未来互联网发展的一个方向。当然，这并不意味着其会立即取代我们今天互联网的架构，而是在现有的互联网架构基础上进行边际改进。这也是互联网技术革命的一个特点，新旧技术之间是一种互补关系而非替代关系。例如，电子邮件仍然是我们日常生活的重要组成部分，但它是互联网 Web 1 时代发明的一种协议。

第二，元宇宙是对人类生存维度的一种拓展。

元宇宙之所以引发热潮，很重要的一个原因是元宇宙给人类社会带来了改变。元宇宙作为一个虚拟化的数字空间，将工作、学习、娱乐等活动都可以在这个空间中完成，因此，元宇宙并不单纯是移动游戏、视频流媒体和社交媒体的融合，而是人类生存空间的一种拓展。

---

[1] Gary Fowler, The Future of Work and Society in the Metaverse，https://www.forbes.com/sites/forbesbusinessdevelopmentcouncil/2021/11/15/the-future-of-work-and-society-in-the-metaverse/.

元宇宙将为人类生存带来三个维度的扩展：

一是生存维度，元宇宙是一个新的生存空间与生存体验。元宇宙提供了一个既独立于现实世界又能与现实世界相结合的综合环境，每个人都能以化身在其中工作、学习、娱乐，这种体验既与现实世界相联系，也将超脱与独立于物理世界，从而为人类获得另一种生存体验。

二是人类感官维度的扩展，在元宇宙中用户将体会到虚拟世界和现实世界的多重感官，虚拟世界也将不仅是视觉，而是虚拟视觉、现实视觉、听觉、触觉的综合感官体验。元宇宙也能更好地拓展人类对物理世界的感官体验，因为这些元宇宙的 AR 技术等，强化了人类的感官维度。例如，现有的一些旅游项目，在加入元宇宙的技术和理念之后，将给消费者带来超越物理空间的体验。

三是自我实现的维度。随着社会物质生产的日益丰富，人的精神需求越来越重要。美国心理学家马斯洛于 1943 年在《人类激励理论》论文中提出了著名的"层次需求理论"，将人类需求动机分为五个层次，呈阶梯型从低到高，按层次逐级递升，分别为生理需要、安全需要、情感和归属需要、尊重需要和自我实现需要。在之后的研究中，马斯洛又增加了两个维度即求知需要和审美需要，认为这两种需求介于尊重需要和自我实现需要之间。按照这个理论，基础物质产品主要是满足生理需要、安全需要。之后的情感和归属需要、尊重需要和自我实现需要，都跟人类在社会中的位置有关，但是，现实之中的地位获得非常困难。很多人需要通过消费等方式来体现其地位，因此消费具有符号的意义。也就是说，更多的服务内容被嵌入实物消费过程中，实物成为服务消费的一种载体。

在符号消费过程中，消费被赋予符号消费的意义，按"物—文化—虚拟"层层递进。正如鲍德里亚在《消费社会》里所指出的，"为了构成消费的对象，物必须成为符号"。因此，日常生活消费的主要用途之一就是与他人形成差异，正是符号之间的关系，使"差异"得以确立。但是，这种符号化的"个性化的"差异再也不会把个体相互对立并真正区别开来。元宇宙这个概念以及模型的出现，为人类获得地位开创了新的可能性。在现有的世界秩序里，大家都在同一个物理世界里争取地位，并通过地位来达到自我实现的目标，在这个过程中，物质消费的符号化很重要，各人都只关心自己的相对地位，造成了社会的零和博弈。在元宇宙空间里，符号消费仍然是主流，一个根本的变化是体现个人地位的符号多元化。每个人都可以在元宇宙空间里充分表达自己的才能，从而在元宇宙中持续创造文化价值、心理价值等虚拟价值，这样有利于不同的人员在不同空间的自我实现。

第三，元宇宙将创建人类社会试验的新场域。

人类社会一直希望有一个不同于现有物理世界的"另类现实"（Alternative Realty）[①]。因为在另类现实中，不但个体可以选择不同的生存体验，更可以进行各种大规模的社会实验。而在物理空间中，由于各种条件的限制，大规模的社会实验不可能进行，即使勉强进行，也会带来巨大的代价。元宇宙的出现，给人们进行大规模社会实验提供了空间和工具。

2001 年年底，一位名叫爱德华·卡斯特罗诺瓦（Edward Castronova）的经济学家发表了一篇论文（Castronova，2007），论文以 1999 年发布的一款非常受欢迎且具有影响力的大型多人在线角色扮演

---

① 奇点大学未来研究和预测主席保罗·萨夫（Paul Saffo），人类社会追求另一个现实的想法，可以上溯至萨满教时期。参见 We have been Promised the "Metaverse" for Decades, but it is Still not a Sure Thing—Market Watch, https://www.marketwatch.com/story/we-have-been-promised-the-metaverse-for-decades-but-it-is-still-not-a-sure-thing-11637786667?mod=article_inline。

游戏"无尽的任务"（Ever Quest）为研究对象，研究了游戏中的虚拟国度诺拉斯（Narrot）中的经济、社会等诸多方面的问题。该论文发布后立即受到了广泛关注，到现在为止，其下载量已超过了 50000 次，成为社会科学研究网络历史上下载次数最多的论文之一，并使作者成为"虚拟经济学领域的创始人"，获得了大学终身教职，而这只是一篇在在线期刊上发表的论文 [①]。这篇文章之所以受到热捧，很重要的一点就是以视频游戏社区对社会经济运行进行模拟，其方法是协调博弈。协调博弈论对政治学、经济学、社会学和人类学的许多文献都非常重要，但很少有直接的实证检验，因为这需要大量人物参与实验。该论文认为，游戏与任何其他社会科学研究技术不同，可以有足够的参与人数，并且能够对实验条件进行精准控制。因此，游戏对社会科学研究的意义，相当于超级对撞机对物理学家的意义。

事实上，人类一直在寻找一种方法模拟社会的运行，以找到社会运行的规律。但是，这种试验模拟的方法非常难以实现，著名的生物圈 2 号试验于 1984 年开始设计制造，第一次实验于 1991 年 9 月 26 日开始，历时两年，但最终以失败告终。而元宇宙能够创造出比生物圈 2 号规模更大的社会结构，而且试验条件可控，开创了社会科学研究的新途径。元宇宙是一个与现实世界相联系的虚拟世界，这个世界提供与物理世界高度相似的体验，而且能够以可控的方式，进行各种试验，从而开拓社会科学研究的新领域。

第四，元宇宙在研究与实践中仍有不少难题需要解决。

元宇宙虽然代表了互联网发展的新方向，拓展了人类生存发展空

---

① 参见 That Time a Video Game had an Economy Almost as Strong as Russia，https://www.todayifoundout.com/index.php/2019/03/that-time-a-video-game-had-an-economy-almost-as-strong-as-russia/。

间，并可能成为社会科学研究的试验场域，但是，对其研究以及未来发展，仍有很多问题需要进一步分析。

第一个问题是元宇宙的技术和经济的互动机制。从研究来看，现有的研究对元宇宙技术、元宇宙产业链、元宇宙经济、元宇宙内在经济系统这些基本概念并没有完全厘清。例如，很多研究者认为，只要运用了XR技术，就可以认为是构建了一个元宇宙，这显然是一种误解。元宇宙的核心本质是需要形成一个与物理世界有联系的虚拟世界，在这个世界上，有经济系统、社交关系、文化娱乐等，而不是运用某种单一技术就可以实现。所以很多单纯使用XR技术强化体验的3D游戏，在本质上不能算是元宇宙。从元宇宙经济来看，构建元宇宙的一系列软件、硬件等形成的产业链，形成了在物理世界中的元宇宙经济。然而，与我们平时理解的产业链不一致的地方在于，元宇宙利用这些软硬件构建一个虚拟空间之后，还会形成一个自我完善的经济系统，这个系统甚至可以独立于物理世界来运行。因此，元宇宙经济在本质上应该包括两个部分：一个是与元宇宙物理构建相关的产业链，这个在本质上就是现有的信息技术产业在相关领域进行组合；另一个是元宇宙内在经济，这个主要是虚拟商品的生产、交易、融资等相关产业，甚至包括元宇宙内在的房地产开发。

第二个问题是元宇宙的互操作性问题。元宇宙发展必然是多元的，一家平台或者企业或者去中心化组织（Decentralized Autonomous Organization，DAO）无法实现元宇宙所有的功能，也无法满足所有的需求。因此，标准化、互联互通、互操作性是一个必然的工作。元宇宙研究马修·鲍尔（Matthew Ball）指出，今天的互联网能够提供非常好的用户体验，其原因是建立了一套完整的标准体系。元宇宙将需要一套更广泛、更复杂、更有弹性的标准体验。更重要的是，互操作性和实时同步体验的重要性意味着需要对现有的互联网标准进行修改，并围绕每个功能的较小集合进行"标准化"①。从硬件上看，访问元宇宙的基本硬件设施主要由私营企业开发。2019 年，超过 80％的 VR 头戴设备市场由四家公司控制，每家公司都使用专有软件，各个硬件设施之间没有实现互联互通，这限制了内容的共享，从而制约了 VR 产业的整体发展。而从各个平台来看，平台对元宇宙的构建中，也缺乏统一的标准，现有为数不多的平台之间，也没有实现互联互通，不能进行互操作，这样势必给元宇宙发展带来不利影响。

---

① Matthew Ball, The Metaverse: What it is, Where to Find it, and Who will Build it, https://www.matthewball.vc/all/themetaverse.

第二章　元宇宙：
为什么是现在

元宇宙的概念在当前突然流行起来，其背后有其深刻的社会经济原因，是很多客观因素共同推动的结果。

第一节　大平台的困境

互联网经济的发展，造就了平台经济的辉煌。数字平台是一种存在于数字空间的虚拟交互场所，平台利用数字技术为平台各方之间的交互提供支持。平台的快速成长已成为数字经济领域最重要的现象。截至2021年6月30日，全球市值最高的10家企业中，有7家是数字平台型企业，这些企业的市值接近9万亿美元。而这些企业中更是诞生了至少两家有史以来市值首次超过2万亿美元的企业（苹果和微软）。但是，大型平台企业在增长过程中，也出现了如隐私、垄断、监管、增长乏力等诸多方面的问题，对平台企业而言，需要一个新的概念来支撑其未来成长。元宇宙这个概念，集成了互联网领域最近发展起来的新兴技术，又能够创造出一个新的虚拟世界，成为这些平台摆脱自身困境的一个重要手段和工具。

一、增长困境

平台企业在经历了十多年的高速发展之后，已形成了非常高的盈利水平和市值。下一步的增长空间在哪里，对很多平台企业而言，是需要深入研究的。在全球市值最高的平台企业中，苹果依托其软硬件一体化的优势，打造了现象级产品，在生态系统、芯片等方面具备了非常宽的护城河，这推动了其市值一直居于高位。而微软抓住了云计算时代的到来，在服务器、企业服务、云服务等方面具有优势，受到了市场追捧。以广告模式为主的大平台企业，面临着增长的"瓶颈"。谷歌在人工智能等领域具有非常厚实的技术储备，在未来智能社会来临时，还具有成长的空间。然而，以社交软件成名的脸书，却面临着增长的困境与新平台的巨大竞争压力[①]。这就是为什么脸书这么全力以赴地提出向元宇宙转型的深层次原因。

从用户增长来看，在过去十年中，年青一代对脸书的兴趣有所减弱，国外版抖音（TikTok）等更具动感的社交媒体已对脸书构成挑战[②]，其业务已进入增长"瓶颈"[③]。根据公开数据，2021年第四季度脸书的日活跃用户数达到19.3亿人（预期19.5亿人），月活跃用户数为29.1亿人（预期29.5亿人），低于预期水平。脸书旗下所有的App（application，指手机软件）总日活跃数据达到28.2亿人，月活跃数据达到35.9亿人，均较前一季度仅上升了0.1亿人。这一数据，与全球

---

① 例如，参见FT中文网2022年2月4日发表的《Meta的完美风暴：用户逃离、苹果隐私新规冲击广告业务》一文。

② App Annie报告称，TikTok是2021年下载量最大的移动应用程序。

③ Angela Hickey，Facebook Metaverse: What-is-it? https://iranaict.com/the-facebook-metaverse-what-is-it/.

互联网用户增速都有差距 ①，说明公司的业务已陷入低速增长甚至零增长的境地。从整体形势看，目前各个内容平台对消费者使用时间的竞争正在加剧。即便是在公司内部的产品线中，消费者的黏性也呈现向 Reels 这样的视频界面转移的倾向，但该功能的货币转化率要低于信息流等传统社媒业务。用户量增长的放缓，也导致了利润增速的放缓，2021 年第四季度实现营收 336.71 亿美元，净利润 102.85 亿美元，这也是公司自 2019 年第二财季后首度出现利润同比下滑（-8%）。2022 年第一季度公司营收仅为 279.08 亿美元，远逊于分析师 301.5 亿美元的预期，利润仅为 74.65 亿美元，较上年同期下降了 21%。

从竞争视角来看，全球用户在网络使用时间方面已接近极限，各个平台在用户时长竞争方面进入直接竞争阶段。2021—2022 年，全球用户平均每天上网时间为 6 小时 58 分钟，如果假设普通人每天大约睡 7

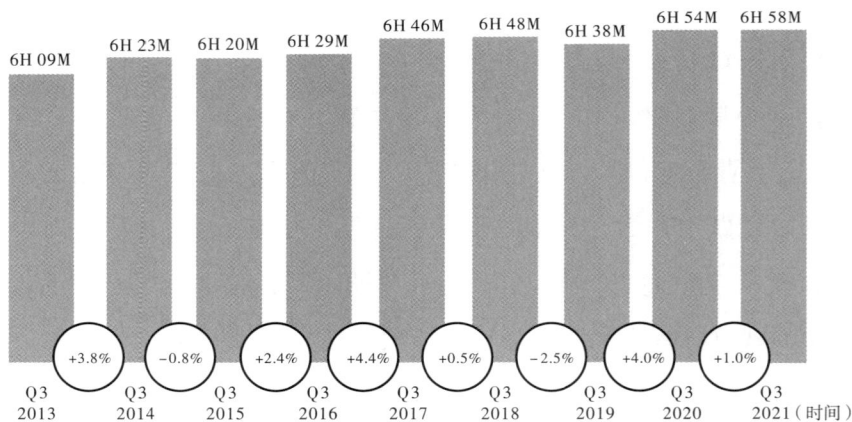

图 2-1　全球用户网络使用时间

资料来源：Hootsuite and We Are Social, Digital 2022: Another Year of Bumper Growth, https://wearesocial.con/uk/blog/2022/01/digital-2022-another-year-of-bumper-growth-2/。

---

①　据 Digital 2022 Reports from Hootsuite and We Are Social 报告，全球 2021—2022 年互联网用户增加了 1.92 亿人，社交媒体用户增加了 4.24 亿人。

到 8 个小时，那么典型的互联网用户有超过 40% 的清醒时间是在网上度过的。

从业务模式来看，与苹果和谷歌不同，脸书没有自己的操作系统。以社交软件起家的脸书，其业务高度依赖于广告，广告业务占总营收超过 95%，而依赖于社交软件的精准广告，越来越受到隐私保护等相关法律以及企业政策的挤压，例如，在苹果修改隐私保护策略后，广告技术公司乐突姆（Lotame）做过估算，脸书或在 2021 年第三季度和第四季度损失约 12% 的收入。

这意味着脸书需要一个新的概念来激活其已有的资源，重获增长通道。脸书急需一个代表未来的新故事。"元宇宙"是在互联网上再造一个具备高沉浸感、体验感、互动感的虚拟世界，这个虚拟世界在当前的技术条件下，主要是通过互联网融合 XR 技术来实现，而最直接的应用场景就是游戏和社交。XR 和社交，正是脸书的优势所在。

为什么说元宇宙这个概念，在理论上为脸书提供了一条重新增长的路子呢？有几个方面的可行性：

一是利用 VR 等技术，打造一个新的社交入口，实现用户的迁移，重新获得用户的增长，创新广告的玩法，使广告业务重回增长路径。利用元宇宙这种新的沉浸式虚拟世界，在广告的商业模式与创意方面，将有更多的创新，这将吸引更多的广告主到元宇宙中做广告。

二是利用元宇宙的概念，推动其硬件销售。利用元宇宙，打造软硬件一体的 VR 设备，形成虚拟世界的完整产业生态，使 VR 设备成为类似于苹果手机的现象级产品。从 VR 技术诞生以来，多次被人看好，但一直没有大火，这其中有技术方面的原因，也有产业生态方面的原因。利用元宇宙的概念，吸引更多的人和企业到虚拟世界的产业生态之中，从而推动硬件的销售。事实上，在元宇宙概念推出之后，其社交游戏场景的确有利于 VR 设备的销售。从 Quest 2 上市后的情况来看，表现亮眼，其不断蚕食其他平台 VR 头显的份额，高通首席执行官克里斯蒂亚诺·阿蒙（Cristiano Amon）在投资者日直播中表示："Oculus Quest 2 的销量已达 1000 万台"。最近的硬件调查也显示，meta 系列头显的占比已超过 35%[①]。投资公司安德森霍茨基金（Andreessen-Horowitz）的合伙人、脸书的前员工杰克·索斯洛（Jack Soslow）也提出，2021 年 Quest 2 的销量约为 810 万部，超过了 xbox（微软开发的电子游戏平台）（约为 800 万部）[②]。

在技术上，Oculus 正在开发三个项目——坎布利亚(Cambria）项目、纳扎雷（Nazare）项目和艾利亚（Aria）项目。这三个项目将对 Quest 2 进行升级，Cambria 预计将于 2022 年发布，被称为"探索之眼增强版"，很可能是 Oculus Quest 2 的高端机型。纳扎雷是元宇宙中的"真正的增强现实（AR）眼镜"，这些眼镜可以收集和使用数据，读取用户动作并作出反应，允许与网络上的其他人交流，甚至将全息图投射到物理环境中。艾利亚是与纳扎雷相关的一个项目。主要区别在于与 Aria 相关的 AR 眼镜将没有内置的 AR 显示器。纳扎雷项目和艾利亚项目当前还没有具体发布时间表。可以设想，随着元宇宙概念的深入，这些产品都将进入大众消费视野。

三是拓展新的业务。元宇宙打造了一个虚拟世界，对游戏有一个很大的促进作用。而对于脸书来说，利用 Quest 2 的软硬件一体化优势，可以引入游戏开发者，从而形成切入游戏领域的生态，甚至未来还可能

[①] 《高通 CEO 称 Quest 2 销量已达 1000 万台》，https://baijiahao.baidu.com/s?id=1716646227451555954&wfr=spider&for=pc。

[②] 《Quest 2 在 2021 年的销量可能超过 Xbox》，https://baijiahao.baidu.com/s?id=1719836395202105644&wfr=spider&for=pc。

直接通过并购、研发等方式，切入游戏领域，这将获得新的增长。许多游戏开发商在 Quest 上的游戏都取得了不错的销量，威替哥游戏（Vertigo games）推出的"灭亡之后"（After the Fall）在所有平台上线仅 24 小时就取得了 140 万美元的销售额。VR 游戏"半条命：Alyx"自上线以来高居蒸汽平台评分榜前列，获外媒 IGN（Imagine Games Network，一家多媒体和评论网站）满分 10 分好评。而且，元宇宙这种全新的虚拟世界，也给电商带来了新的玩法，有利于创造出一个全新的电商生态。有媒体消息称，有内部文件显示，元计划从 2022 年开始，将通过旗下众多 App"直销更多商品"，优先投资"现场商务与购物"（on-site commerce and shopping），考虑到全球社交电商的发展趋势，以元宇宙这种新概念切入电商领域，具有很大的想象空间。

对于脸书更名为元一事，不知道是有意还是无意，由扎克伯格和他的妻子普莉希拉·陈（Priscilla Chan）经营的慈善组织陈-扎克伯格（Chan Zuckerberg Initiative）于 2017 年收购了一家名为元的加拿大科学文献分析公司。在脸书更名为元之后，该文献公司的 Meta.org 宣布它在 3 月底停用。与此同时，Meta.com 域名被重定向到前脸书重新命名的公司网站[①]。

从中国的各大互联网平台来看，他们也对元宇宙表现出了极大的热情。除了各大公司蹭热度进行资本炒作的原因之外，还有就是目前各大平台面临的困境。互联网市场已经相对饱和，达到发展的极限。互联网市场产品和应用同质化严重。各大互联网公司都显现了增长乏力的迹象，出现了互联网行业的"内卷"。从外部环境来看，互联网的人

口红利正在逐渐消失，我国移动互联网用户达到 10 亿人，渗透率超过 70%，用户增量即将见顶，意味着流量为王的商业模式正在受到巨大的挑战。

根据中国互联网络信息中心（CNNIC）发布的第 48 次《中国互联网络发展状况统计报告》，我国网民规模达 10.11 亿人，互联网普及率达 71.6%，互联网普及率超过全球平均水平。移动互联网渗透率达 99.7%。根据贵士移动（Questmobile）数据，互联网巨头也已实现高度渗透，其中 2021 年 3 月腾讯系、阿里系、百度系渗透率已达 96.1%、95.8%、92.4%，互联网流量格局基本稳定，而用户时长基本稳定在 27—30 小时 / 周左右（见图 2-2）。数字经济在消费端已进入存量竞争，存量竞争意味着各大平台企业需要在用户数量、时长方面展开激烈的直接竞争，而竞争的结果，可能是一场零和博弈，这样，互联网平台企业需要一个新的概念来支撑。元宇宙这个概念从国外兴起，流传到中国之后，激发了互联网平台企业的高度热情。

（单位：小时）

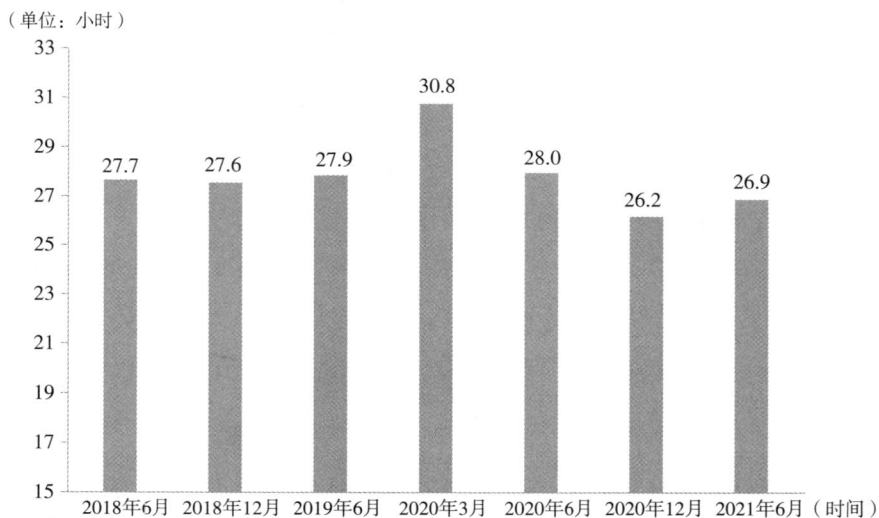

图 2-2　网民平均每周上网时长

在平台企业中，主要依赖于广告收入的字节跳动等企业对这个新概念的热情最高。2020 年字节跳动收入达 2366 亿元。根据彭博社此前的报道，其广告营收占比达 77%。但 2021 年，抖音的增长也开始趋缓。据《证券时报》消息，11 月 18 日字节跳动商业化产品部召开全员大会，会上披露其国内广告收入过去半年停止增长。这是字节跳动 7 年来首次出现这种情况。因此，在元宇宙这个概念出来之后，字节跳动立即有了实质性动作，包括大手笔收购 VR 设备企业 Pico 等，这是由其业务逻辑与业务性质决定的。

二、隐私与监管困境

从整体上看，依赖于大数据进行精准广告的大型平台企业都面临着巨大的隐私挑战。2021 年年初，苹果公司和脸书围绕用户数据的问题出现严重争执。苹果公司发布了新的系统（iOS 14），其最大的特点之一是极大地加强了用户的隐私保护：要求手机 App 明确透露如何收集数据、如何共享数据，以及是否将其用于广告跟踪。用户也可以明确选择是否让手机 App 对自己的信息数据进行追踪和分析。这对脸书来说是沉重一击。目前，脸书的商业模式是以大数据为基础的精准广告投放，即通过追踪用户的使用数据，帮助广告商精准地找到用户，并推送精心策划的个性化广告。广告投放的精准度和转化效果取决于对用户数据的深度挖掘与分析利用。苹果手机的隐私保护功能将极大地影响脸书的商业运作。2021 年 1 月，扎克伯格指责苹果公司的这种行为是"个性化广告和隐私之间的错误权衡"，认为苹果公司滥用其"主导平台地位"推广自己的应用，同时干扰脸书的应用。他表示，尽管苹果公司声称这项举措是为用户提供隐私保护的，但这实际上只是为了苹果公司自身的竞争利益。有消息称，脸书正准备针对苹果公司的苹果应用程序商店（App Store）规则提起反垄断诉讼。苹果公司首席执行官蒂姆·库克（Tim Cook）在计算机、隐私和数据保护会议上则针锋相对："技术的成功并不需要从几十个网站和应用程序中收集大量个人数据……如果一项业务建立在误导用户、利用数据、根本没有选择的选择之上，那么它不值得我们称赞，就应该改革。"实际上，苹果公司对脸书等巨头公司在用户数据保护上的质疑已经持续多年。2014 年，库克公开抨击脸书和谷歌是"从收集用户数据中获利的科技公司"，并表示消费者有理由担心自己的个人数据被滥用。2018 年，脸书经历了史上最大规模的数据泄露事件，也就是恶名昭彰的"脸书—剑桥分析事件"。库克曾就此事发言称："我压根儿不会让自己陷入这样的境地……脸书应该在用户数据问题上加强自我监管。"苹果公司和脸书围绕数据的争执告诉了我们一些"真相"：中心化互联网巨头不仅无偿"霸占"我们的数据，而且它们对数据的滥用已经危害到了我们每个人的数据安全，对社会发展也产生了负面影响。

在政府层面，针对平台企业数据隐私保护的调查日益增加。2016 年 3 月，德国联邦反卡特尔办公室（FCO）就脸书融合数据、跨 APP 使用数据等问题进行调查。2019 年 2 月，德国联邦反卡特尔办公室裁定，脸书滥用市场支配地位，在用户不知情的情况下收集、整合多个渠道的用户数据，并责令脸书限制在德国的数据收集行为。8 月，德国地方法院裁定德国联邦反卡特尔办公室禁令无效。2020 年 6 月 23 日，德国联邦法院裁定，关于脸书滥用市场支配地位非法收集用户数据的指控成立。

从 2017 年开始，全球加大了对互联网平台垄断行为进行调查的力度。据"南都数字经济治理论坛"提供的数据，自 2017 年 8 月—

2020 年 10 月，全球针对谷歌、亚马逊、脸书、苹果四家大的平台企业（Google、Amazon、Facebook、Apple，GAFA）发起的反垄断调查达到 84 起[①]，其中大部分的调查发生于 2019 年之后。我们根据媒体公开报道发现，自 2020 年开始，针对全球重要数字经济平台的调查就有 27 起，其中大部分还在调查或者起诉过程中。而这些调查，相当一部分与数据隐私有关。例如，2020 年，意大利竞争管理局（Autorità Garante della con Correnza e del Mercato 或 AGCM）对谷歌的展示广告业务展开了调查。认为谷歌"歧视性地使用通过各种应用程序收集到的大量数据，从而阻止竞争对手有效竞争，并对消费者产生不利影响"。

综上所述，互联网平台企业利用其商业模式，形成了独特的、封闭的生态系统。平台企业面临着巨大的隐私与数据等方面的挑战，为了适应这些挑战，平台企业必须推出一个新的业务模式，减少社会公众与政府对其所存在问题的关注。元宇宙这个概念，既具有一定的科幻色彩，又对人类本身的未来有一定的影响，能够引起足够的公众话题，从而被提出来作为下一代互联网发展的方向，成为下一个主要的计算平台，在硬件、软件和体验方面引起现象级的变化。

三、公众形象困境

经过十多年的发展，互联网平台企业已从当时锐意创新的技术型企业，向构建围墙花园的垄断者转变，昔日屠龙的少年已变成了恶龙，大多数平台企业都面临着公众形象困境。滥用自己的主导地位、泄露用户信息、资本无序竞争等问题，一直成为社会公众诟病平台企业的缘由。

---

① "报告：近四年来，美国四大科技巨头卷入近百起反垄断调查"，https://baijiahao.baidu.com/s?id=1675412993767549521&wfr=spider&for=pc。

在政策层面，响应社会公众的声音，政府部门出台了对平台企业进行严格监管的政策，以避免互联网出现巨头大而不能倒、赢家通吃的现象。

普遍的批评认为，谷歌和脸书等大型科技公司普遍存在不道德的数据收集和使用、鼓励仇恨信仰、使用病毒式错误信息的算法。而且，互联网企业的技术能力也越来越被用于不利于消费者的方面，例如大量的数据收集被用于个性化定价（"大数据杀熟"）；高超的算法可能带来种族歧视、阶层歧视等诸多方面的问题；劳动者权益也得不到保护，在亚马逊的仓库中，大量高科技数字技术被用于监控劳动者的行为，这带来了不正当的劳动；优步等数字平台利用数字技术拒绝提供基本工人权利。根据消费者报告 8 月对 2263 名美国成年人的调查，63%的脸书 / Instagram（照片墙，脸书公司旗下社交应用）用户表示他们曾成为错误信息的受害者。此外，在弗雷斯特市场咨询（Forrester）调查的美国在线成年人中，只有 41%的人表示他们信任前脸书[①]。

社会公众对大平台企业的好感日益被削弱，他们将这些平台称为"比特暴君"（Bit Tyrants）[②]或者尼尔·波兹曼（Neil Postman）所称的"技术垄断者"（Technopolies）。作为新经济的代表，它们实际上利用自己的力量和影响力，使用旧经济的传统做法来扼杀创新和竞争。

在这个背景下，高科技企业急需一个新的概念来挽救其社会公众形象。这在历史上并不是第一次。谷歌 2015 年更名为"字母表公司"（Alphabet），反映了其希望不仅仅是一个搜索引擎，而是扩展到其他领域，如无人驾驶汽车、医疗设备、智能家电和无人机交付。脸书的新名

---

① Benedict Evans，Metabrand，https://www.ben-evans.com/benedictevans/2021/11/7/metabrand.

② Metaverse: How Facebook Rebrand Reflects a Dangerous Trend in Growing Power of Tech Monopolies（2021，November 5）Retrieved 12 December 2021 from https://techxplore.com/news/2021-11-metaverse-facebook-rebrand-dangerous-trend.html.

称是"元"，它的新使命是发明一个"元宇宙"，让所有人都忘记它对现有的现实世界做了什么。在介绍元宇宙时，扎克伯格说："我们不是为了赚钱而打造服务；我们赚钱是为了打造更好的服务。"在这个意义上，利用品牌的变更改变公众形象也是营销策略的一个重要方面。20年前，德国电信收购了一个名为一对一（One 2 One）的英国移动网络，这个网络价格低、性能差，德国电信收购之后将其更名为T-Mobile，之后，其用户数量和盈利能力都有了较大的提升。

而从元宇宙概念的大热来看，从脸书更名到元，其背后的逻辑是从VR到元宇宙。VR是一个古老而陈旧的术语，脸书希望将VR变成不仅仅是一个头显和一些游戏。元宇宙是一个具有更多想象力的术语，这样能够使脸书重新回到其锐意进取的形象上来。从人口统计角度来看，其大多数用户现在已经"超出"了理想的目标年龄。脸书的核心受众正在迅速老龄化，因此其用户可能不一定像国外版抖音（Snapchat或Telegram）的用户那么年轻而喜欢接受新的事物[1]。在这个意义上，脸书也需要一个新的概念来激活新的核心用户群，以保持持续的竞争力。

四、技术变现的困境

近年来，在各类信息技术方面有不少进展，如区块链、人工智能、XR等，这些技术看上去特别高大上，好像具有改变世界的能力，但是，从现实发展看，这些技术都面临一个普遍的问题，即如何变成商业利润的问题。

脸书于2014年以21亿美元收购Oculus，并在之后又收购了11家AR/

---

① Benedict Evans，Metabrand，https://www.ben-evans.com/benedictevans/2021/11/7/metabrand.

VR 公司。2016 年，包括 Oculus VR、索尼和谷歌在内的公司推出了一系列 VR 产品[①]。这说明，各大企业均看好 VR 产业的发展前景，尤其是将内容整合到 AR/VR 技术与设备，形成产业发展生态，这是一个新的赛道。

事实上，在 2016 年，谷歌就推出 VR 平台"白日梦"（Daydream），并提供一款 VR 头显和控制器的参考设计，它希望通过智能手机、VR 头戴设备和带有 VR 功能的 App 三者的联动形成一个庞大的 VR 生态，将几十亿安卓（Android）手机用户与大量的 App 开发者吸引到这个新的平台上。谷歌拉上了小米、HTC、华为等手机厂商配合这个计划，为谷歌"白日梦"做硬件和性能支持，并让开发商与创业者负责内容环节，谷歌彼时也从底层重构了油管，生产 VR 视频；此外，谷歌街景、谷歌应用商店（Play Store）和谷歌照片（Google Photos）等都率先推出 VR 版的应用。但是，VR 技术的领先者是脸书的 Oculus，其应用数量与质量都超过了谷歌，所以谷歌的这个宏伟的计划并没有获得成功。

从全球 VR 头显设备的出货情况来看，在 2016—2019 年全球 VR 头显设备的出货量较少，均不超过 400 万台，主要原因在于 VR 头显设备售价较高，并且设备与内容发展不协调。这样，巨头在 VR 领域的投资难以回收，技术变现困难。2020 年 VR 在内容、质量上出现了跃升，根据蒸汽平台的统计数据，2020 年 VR 游戏的会话数量达到 1.04 亿次，新增用户达到 170 万人（初次使用蒸汽平台 VR 的用户数量），VR 游戏时间比 2019 年增加了 30%；VR 游戏销量相较于 2019 年增长了 71%。例如"半条命：Aylx"等 VR 内容发布，受到了用户的追捧。而 5G 应用等推动了新一代设备硬件更替，为 VR 设备使用提供了更稳定高速的网络，推动其出货量大幅度上涨，达到了 670 万台，根据 IDC

---

① https://www.weforum.org/agenda/2017/09/augmented-and-virtual-reality-will-change-how-we-create-and-consume-and-bring-new-risks.

数据，2021 年第一季度，VR 头显全球出货量同比增长 52.4%。其中，以 Oculus Quest 2 和 HTC Vive Focus 为代表的拥有独立计算能力的一体机头显品类，在 2021 年第一季度占据 VR 头显出货量的 82.7%，远高于 2020 年第一季度的 50.5%。但 VR 设备的出货量与手机、电脑等大众终端消费品相比，仍有几个数量级的差距。

其他号称具有改变世界能力的技术，其产业规模其实也小得可怜，以区块链为例，甚至被人称为构建下一个社会的底层技术，其 2020 年的产业规模仅为 48.15 亿元[①]。人工智能产业的意义更是不用多说，但其产业规模也停留在千亿级水平。2020 年中国人工智能产业规模达到 1606.9 亿元，同比增长 24.43%；到 2021 年年末，中国人工智能产业规模达到 2035.6 亿元，增长率为 26.68%[②]。

在互联网产业，有一个定理叫作安迪—比尔定理（Andy and Bill's Law），也就是硬件提高的性能很快被软件消耗掉。其原文是"Andy gives, Bill takes away"（安迪提供什么，比尔拿走什么），安迪指英特尔前首席执行官安迪·格鲁夫（Andy Grove），比尔指微软前首席执行官比尔·盖茨（Bill Gates）。从这个意义上看，软件规模的持续扩大，推动着硬件的进步。也就是说，对一些先进技术来说，需要一个大众化的故事，来推动其快速进入大众消费领域，形成巨大的产业规模。

如果元宇宙能够快速应用推广，那么，脸书将像苹果一样成为房东，而不是租户。虚拟商品利润丰厚，创建虚拟商品的任何副本基本上是无成本的，因此利润非常可观。此外，用户在任何一个平台内的虚拟

---

① 《人民邮电报：区块链产业规模约达 50 亿元！》，https://www.163.com/dy/article/GRE3OJLB0552EX6H.html。

② 《增长或超 26%，今年我国 AI 产业规模将破 2000 亿》，https://baijiahao.baidu.com/s?id=1713303306428207517&wfr=spider&for=pc。

环境中投入的时间和金钱越多，这些投资就会成为沉没成本，导致该用户转移到其他地方的可能性要小得多。就像为苹果手机（iPhone）用户购买了大量应用程序组合的苹果系统（Apple iOS），用户不太可能转向安卓并失去之前的投资一样①。元宇宙这个新的概念，对创立一种新的盈利模式具有重要的意义与价值。

元宇宙作为一个新的故事，能够集成 XR、通信技术、计算架构（云计算、边缘计算）、算法（人工智能、音视频解码）、区块链等技术，从而推动产生一个新的现象级消费领域，为这些技术变现提供基础能力。

事实上，2018 年，脸书旗下的虚拟现实公司（Oculus）的高管杰森·鲁宾（Jason Rubin）就写了一份 50 页的文件，文件名就是"元宇宙"。在文件中，他用了 12 次"震惊和敬畏"这个短语来描述元宇宙可能带来的体验。他将文件发送给脸书董事会成员和一些高管，要求公司高层下定决心，立即行动，将力量投入元宇宙之中，以获得对谷歌、苹果、索尼、HTC 和维尔福集团（Valve）等竞争对手的竞争优势。从这个视角来看，脸书的改名及其押宝元宇宙的做法，并非一时兴起，而是有着长期的谋划。

第二节　需求：新消费世代的兴起

在网民增速放缓的背景下，新消费世代的兴起，对新事物接受度与容错度提升，推动了元宇宙概念的普及。作为互联网的原住民，长期生活在网络空间中，对虚拟世界接受度非常高。元宇宙概念适合他们的价

---

① Dave Hendrick，The Metaverse and its Implications for Our Digital Future，https://techxplore.com/news/2021-12-metaverse-implications-digital-future.html.

值观与世界观，使他们对这种新的事物能够迅速接受。

全球网民数量在过去的 20 年保持了较快的增长（见图 2-3）。根据社交媒体公司互隋和"我们即社会"（Hootsuite and We Are Social）发布的《数字 2022》报告（Digital 2022 Reports），截止到 2022 年年初全球网民数量已达到 49.5 亿，渗透率为 62.5%（见图 2-3），在过去一年

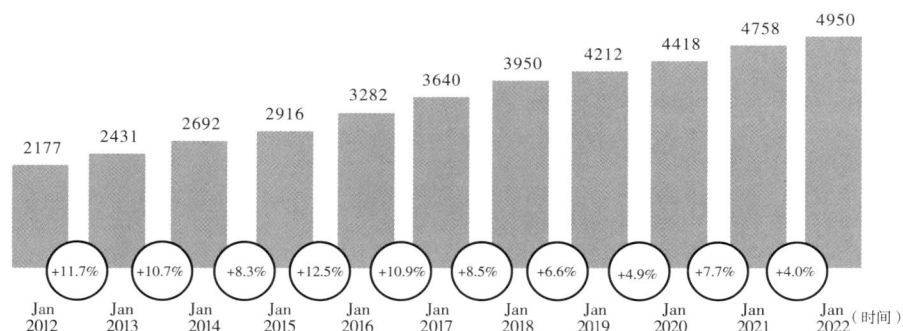

图 2-3　全球互联网用户数量

资料来源：Hootsuite and We Are Social, Digital 2022: Another Year of Bumper Growth, https://wearesocial.con/uk/blog/2022/01/digital-2022-another-year-of-bumper-growth-2/。

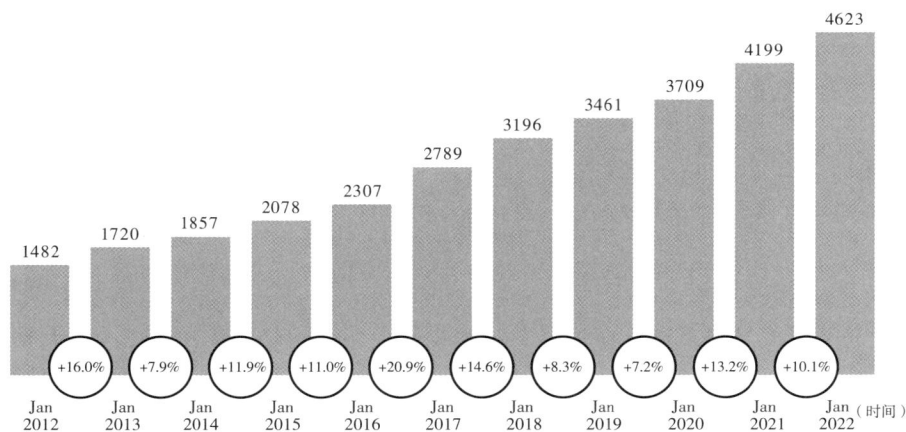

图 2-4　全球社交媒体用户数量

资料来源：Hootsuite and We Are Social, Digital 2022: Another Year of Bumper Growth, https://wearesocial.con/uk/blog/2022/01/digital-2022-another-year-of-bumper-growth-2/。

中增长了 1.92 亿，增长率为 4.0%），其中活跃社交媒体用户达到 46.2 亿，渗透率为 58.4%，较上一年增长了 4.24 亿，增长率在 10% 以上（见图 2-4）。

其中，社交媒体占据了全球互联网用户最多的使用时间，平均每天达到 2 小时 27 分钟，占比为 35%。

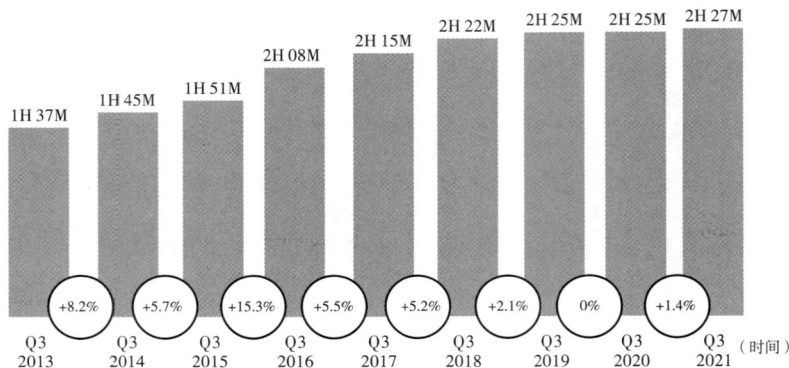

图 2-5 社交媒体用户的每天使用时间

资料来源：Hootsuite and We Are Social, Digital 2022: Another Year of Bumper Growth, https://wearesocial.con/uk/blog/2022/01/digital-2022-another-year-of-bumper-growth-2/。

在网民仍保持增长、社交媒体时间占比最大的情况下，网民对社交媒体以及互联网变更有着更大的期待。

首先，网民年龄正在变小，Z 世代 [1] 在互联网用户中的比重越来越高。根据贵士移动发布的《"Z 世代"洞察报告》，截至 2020 年 11 月，"95 后""00 后"活跃用户规模达到 3.2 亿人，占全网比例 28.1%。Z 世代是数字世界的原住民 [2]。他们生长于数字时代，将数字世界视为其一种

---

[1] Z 世代（Generation Z，或 Gen Z），指 1995—2009 年出生的群体。

[2] 互联网原住民，他们的出生和成长不是伴随报纸、广播和电视，而是伴随互联网。网络对他们来说就像是不可分割的器官，是生活的一部分。

生活方式，这与之前的 X 世代将数字技术视为一种效率工具有着本质的区别。正是因为这一世代伴随着互联网而成长，他们对元宇宙这些新的概念有着期待与需求。元宇宙第一股罗布乐思招股说明书显示，大约 95％的 9—12 岁美国儿童都是"罗布乐思"的用户。从用户体验来看，元宇宙的确提升了互联网的使用体验，元世界是一个身临其境的虚拟世界，人们可以在其中社交、工作、娱乐，甚至创造，为人类提供更自然的体验。

其次，元宇宙强调"创作""分享"等理念，这些理念符合人们自我实现的需求。元宇宙中，每个人都有一个虚拟化身份，以虚拟身份自由参与数字世界的生活。而且元宇宙还提供了大量的创作工作，可供所有人进行创作、分享、出售等，这样，个人的创作欲望能够激发出来，其参与感、成就感与获得感将提升。在元宇宙的游戏中，很多游戏就是一个创作过程，通过游戏，可以获得各种激励，这些激励既可以分享，也可以交易。例如，"罗布乐思"就是一个重视创作的平台。与传统的游戏分发平台发行专业游戏制作商的游戏作品不同，"罗布乐思"允许玩家使用其专有游戏引擎罗布乐思工作室（Roblox Studio）来创建游戏并提供给其他玩家游玩。同时，该引擎提供了相比专业游戏引擎更低的上手门槛，使个人开发基于该引擎的游戏变得更容易，其平台又为用户创作的内容提供了展示的平台，从而带来了社交属性。注重玩法交互的游戏和平台是极易在玩家社区中流行开来的。"罗布乐思"约有 1.64 亿名月活跃用户，其中包括 700 万名日常活跃的开发者与创作者。

最后，元宇宙准备建立一种去中心化的治理机制。这对当前饱受中心化平台压迫的互联网用户来说具有吸引力。以创作为例，现有的 Web 2.0 架构的确能够使每个人都参与到创作过程中来，但其创作的成果能否发布，受到了中心化平台的内容过滤机制的影响，而且，即使发布出来，其所获得的经济利益也大部分被平台所获得。而元宇宙决定了将没有一个中心化的平台来帮你制定规则，各种规则将由全体元宇宙公民共同制定、共同进化。这样，元宇宙用户的利益能够得到更好的保护。

第二篇　元宇宙：经济现实

第三章　元宇宙：
产业高歌猛进

第一节　元宇宙的产业生态

元宇宙以体验为核心，构建了一个从硬件到软件再到商业模式的生态系统，这个生态系统描述了一个独立的虚拟世界，这个世界不单纯是现实世界的数字映射，更是超越了物理空间的限制。位于物理世界中的人类用户可以通过 XR 和用户交互技术来控制他们的化身，以进行各种集体活动，如社交、娱乐、内容创建、交易等。

要实现这个生态系统，元宇宙的相关生态必须包括五个部分：硬件板块、软件板块、服务板块、内容板块、元宇宙经济体。

一、硬件板块

硬件板块是实现元宇宙的物质基础，提供用于开发、交互或使用元宇宙产品物理技术和设施设备，它为元宇宙提供了物质载体。具体而言，硬件包括消费者硬件、企业硬件、互联网基础设施三大部分。消费者硬件包括智能设备、影像设备、传感设备、交互设备等；企业硬件包括物联网设施、云服务设施、算力设施等；互联网基础设施包括实时通讯连接设施、带宽供给、去中心化信息传输设施等。

消费者硬件设施是最受关注的。为了达到元宇宙所需要的沉浸、拟真体验，当前的 PC 和手机设备无法达到完美还原真实世界的感官体验，因此在交互方式上，需要能够实现 3D 显示、超高分辨率、大视场角的 VR/AR/MR 设备以及在此基础上升级直观体感交互，甚至进一步通过脑机接口实现更加深度沉浸的交互方式。头戴式 VR 显示设备是当前较为成熟的产品，已经实现了大规模量产，而且价格也相对亲民。有一些人认为，VR 头显是元宇宙必备设备，戴上头显设备，就能一下子进入完全虚拟的世界中。VR 具有完全合成视角的突出特征。商用 VR 头盔提供了用户交互技术的通常方式，包括头部跟踪或有形控制器。因此，用户位于完全虚拟的环境中，并通过用户交互技术与虚拟对象进行交互。元宇宙的核心是给消费者提供一个能够完全沉浸于其中的虚拟环境，VR 显示设备要求用户全面投入，提供了较好的沉浸感，这也是当前普通用户能够体验元宇宙的一个重要入口级设备。

然而，从当前的发展现状来看，VR 设备仍没有解决重量、续航、舒适感等问题。目前主流的 VR 头显重量都在 500g 以上。这些 VR 头显的重量主要集中在人眼前方，重心太靠前，需要用头带固定在头上，进一步加剧了 VR 头显的不适感。笨重的 VR 头显自然成为 VR 普及的障碍。一般消费用户在佩戴后都会出现眩晕感，从而无法实现大规模的普及。

在元宇宙概念热潮来临时，VR 设备成为一个投资热点。例如，2021 年 8 月，字节跳动以 90 亿元的价格收购了中国排名第一的 VR 公司 Pico。

显示交互设备现在的另一个发展方向是在所有表面都能够显示（Screens on All Surfaces）的柔性设备，以及微型发光二极管（micro-LED，

Light-Emitting Diode，LED）显示设备。柔性显示设备现在的主流是有机发光二极管（Organic Light-Emitting Diode，OLED），这种柔性屏支持凹凸、扭曲、旋转等大尺度变形，可以应用于各种复杂的、不规则的甚至是动态的表面，比如头盔挡风玻璃、太阳镜甚至服装面料。例如，配备弹性柔性屏幕的仿生机器人可以将身体的任何部位"包裹"在显示面板上，实现全面的信息显示和控制交互。微型 LED 弹性柔性屏具有更高的分辨率和视野，被很多人视为未来沉浸式显示的解决方案。这种柔性屏能够在很多表面上形成显示屏幕，从而使人从笨重而不舒适的 VR 头显中解脱出来。从未来看，随着显示方案与交互技术方案的演进，可以通过眼动仪、运动传感器、无处不在的柔性屏幕甚至空中投影为自己打造一个专属空间。在这个空间里，我们不仅可以获得身临其境的视听游戏体验，还可以随时随地与朋友、同事进行无拘无束的云聚会和云会议。

消费者级硬件的另一个方面是各种传感设备，包括触感手套、电子皮肤等。比如，元公司公开展示了一款触觉手套，看上去就像是一款手套上连接了很多线路和塑料片。当你戴上这款手套进入虚拟世界，去碰触虚拟物体的时候，这副手套就能在手掌和手指上给你施加一些细微的压力，模拟出虚拟物体的形状，让你产生真的触碰到的感觉。该手套由元的现实实验室（Reality Labs）研发，被元视为 VR 和 AR 交互的未来。当用户佩戴其抓握虚拟物体时，能够真实地感受到触碰感觉，这种感觉还将与视觉及音频软件一起工作，从而产生以假乱真的错觉。

触感设备对体验元宇宙具有极其重要的价值。因为人的感觉很大一部分来源于触感。现实实验室的创始人和负责人肖恩·凯勒（Sean Keller）表示："手在解决 AR 和 VR 交互方面的价值非常巨大。我们用手与他人交流，了解世界，并在其中采取行动。如果我们能将双手完整呈现在 AR 和 VR 之中，我们就可以像真实世界一样触摸、感觉和操纵虚拟对象，无须学习新的交互方式。"

从企业级硬件来看，都需要对现有的设施进行升级。云计算方面，单纯使用云计算的去中心化架构会带来一个问题：延迟或数据滞后。现有的解决方案是引入边缘计算，通过云计算与边缘计算的协同，使计算无所不在。云边协同通过资源整合，将计算变成一种服务，利用网络提供廉价、便捷、高弹性、高灵活度的计算服务，大量应用可以脱离硬件限制而实现。在元宇宙中，空间计算系统需要理解更复杂的环境，特别是虚拟对象和物理世界的集成。因此，期望更精确和更高效的空间和场景理解算法很快用于元宇宙，支持元宇宙的空间计算能力，包括物理计算、渲染、人工智能、投影、动作捕捉和翻译等多样化和高要求的功能。目前的云计算能力仍然难以满足元宇宙对海量计算能力的需求。英特尔曾指出，即使按照现有的方案实现元宇宙，也需要 1000 倍以上的算力[1]。

从互联网设施来看，元宇宙实现需要更高的带宽。5G 高容量传输、实时交互、海量终端连接等技术特性，可以为元宇宙提供支撑。从未来发展看，从 5G 到 6G 的转换，是发展元宇宙的一个必然选择。

二、软件板块

软件层主要由支撑软件以及软件开发包组合而成，在构建元宇宙的过程中起着引擎驱动的作用，在元宇宙的产业链中处于核心地位。软件板块为硬件提供支持与赋能。实现物理计算、渲染、数据协调、人工智

---

[1] 《实现元宇宙需算力提升 1000 倍，英特尔让元宇宙降温了吗？》，https://baijiahao.baidu.com/s?id=17196692040071559221&wfr=spider&for=pc。

能等功能。总的来说，软件板块主要分为算法支持和交互工具两大部分。算法支持主要聚焦于物理计算、数据协调、人工智能、动作捕捉等方面；交互工具主要聚焦于行业标准、操作系统等方面。

在软件板块上，元宇宙的建设必然会产生大量的数据以及各式各样的场景。而如何处理这些数据以及场景就成为元宇宙软件板块需要解决的一个棘手的问题。有效的人工智能可以处理海量的数据与场景。数据对人工智能的重要性显而易见，只有数据能够覆盖各种可能的场景，才能得到一个表现良好的模型，使人工智能实现真正智能，最终达到数据协调。从现实看，元宇宙还没有通用的数据模型，甚至没有一个适用于现有环境的通用数据模型。

近年来，人工智能发展进入爆发期，相关新技术不断涌现，同时在底层算力提升和数据资源日趋丰富的基础下，人工智能对各种应用场景下的赋能不断改造着各个行业。人工智能在元宇宙中作为底层的支撑，其算法等仍需要进一步演化。在元宇宙的实现过程中，涉及大量的非玩家角色（Non-Player Character，NPC）、虚拟人物等，都需要利用人工智能进行搭建，这需要软件层面的支撑。

三、内容板块

内容板块是元宇宙发展的核心，也是前景最广阔的产业链环节。元宇宙的应用都是靠内容支撑的，在面向消费者的元宇宙内容方面，社交、游戏、娱乐、艺术、学习等各个方面的内容都必不可少。而在面向企业级应用方面，商业、房地产、教育、医疗、工程等领域也需要大量的内容支撑。元宇宙内容提供沉浸式数字模拟（通常是三维模拟）、环境和世界的开发和操作，用户和企业可以在其中参与探索、创造、社交等各种各样的体验，并从事经济活动。这些业务不同于传统的在线体验和多人视频游戏，因为存在一个由开发者和内容创作者组成的大型生态系统，在底层平台上产生大部分内容并获得大部分收入。

硬件设备是媒介，是工具，用户要通过这些媒介、工具进入元宇宙这个虚拟世界。如果内容生态还没搭建好，硬件设备当然找不到用武之地，发展得再热火朝天也没用。在元宇宙这个赛道上，内容生态的搭建肯定不能落后于硬件设备，这就像是在家看电视，肯定首先要考虑的是看什么节目、什么电影，内容是不是足够多，要不要买个会员看更多的内容，然后才会想要不要换个更大的电视。例如，元宇宙中所有的体验都围绕用户的化身展开，而化身的形象是元宇宙中自我呈现与形成自我认同的重要方式。化身的形象设计，将成为元宇宙内容生产的一个非常重要的方面。

元宇宙的内容可以从生产者的视角，分为专业生产内容（Professional Generated Content，PGC）、用户生成内容（User Generated Content，UGC）、人工智能生成内容（AI-Generated Content，AIGC）。专业生产内容在元宇宙中只会占一小部分的份额，但对元宇宙的形成具有引导性作用。而用户生成内容在元宇宙中占据了重要地位。这需要建立一整套内容生产工具，需要更加成熟的人工智能技术赋能内容生产，实现所想即所得，降低用户内容创作门槛。同时，在元宇宙中，需要建立对用户生成内容形成激励机制，其核心是利用非同质化代币等技术对用户生产的内容进行确权，并建立高效的交易交换体系。元宇宙一旦形成，创作者经济将会成为一个主流，其内容将空前丰富，而用户依据兴趣形成以内容为基础的社群，就要求系统有非常高的效率，实现实时生成、实时体验、实时反馈、实时交互。

元宇宙内容生产将使创作者经济规模更为可观。大量数字创作可以与它们的物理同行联系起来，甚至只存在于数字世界中。与此同时，连接的生态系统，包括文化、经济、法律和法规、社会规范，可以支持这些数字创建。这样的生态系统类似于现实世界社会现有的规范和法规，支持实物商品和无形内容的生产。元宇宙可以提供代表不同虚拟世界的平台之间的互操作性，即使用户能够创建内容，并在整个虚拟世界中广泛地分发内容，由于内容的可复制性，这就可以快速地完成低成本的规模经济与范围经济，成为一种具有异质性的属于创造者的特有经济。很多平台企业也将为内容创作者提供激励，元（改名后的脸书）提出，将投资 1.5 亿美元用于培训下一代创作者，以创造更多沉浸式学习内容。

面向企业级的元宇宙内容更为丰富和专业。以教育、医疗、商业等领域为例，要求有非常生动丰富的内容，使企业能够在元宇宙领域获得竞争优势。

四、服务板块

元宇宙如何与游戏、社交、电商、教育、政府公共服务等充分结合，是元宇宙发展的一个大趋势，而在这些服务应用层面上的匹配度，沉浸感，也是不同元宇宙公司拉开差距的关键所在。服务板块主要分为虚拟平台、数字支付、内容运营三大部分。

虚拟平台需要解决技术问题与商业模式问题。在技术层面，要求虚拟平台在算力、技术等方面具有优势。以人工智能为例，一个好的虚拟平台，要能够提供非常具有逼真性的NPC，要能够为用户提供非常优秀的创作工具套件。在商业模式方面，虚拟平台要为去中心化的开源项目解决参与者获得利润的问题。例如，分布大陆是一个分布式共享虚拟平台，是第一个基于区块链的虚拟世界平台，解决了参与者的利润来源问题，从而达成内容创造者和游戏玩家之间的低费用支付模式。用户可以拥有自己的虚拟空间，并且可以对自己的虚拟空间进行控制，发布自己的应用，从而创造价值，如在虚拟空间平台发布自己知识产权的游戏，另外，玩家直接在虚拟世界平台可以进行低费用的支付。

数字支付是元宇宙服务板块的重要内容。元宇宙与现有虚拟世界游戏的一个重要区别是其中会形成一个包括生产、交换、交易等全过程在内的经济系统。在这个经济系统中，数字支付是非常重要的。元宇宙中的支付主要依赖区块链技术，以代币（Token）作为支付工具。这个系统的问题在于效率低而且支付成本高。然而，在未来，元宇宙内部更多的经济是交换型经济，这也需要一个类似支付系统的支撑体系，以解决现有支付方案中的问题。

元宇宙体系对内容生产非常重视。因此，要有一整套设计或创建、销售、存储、安全保护、融资、托管、变现数字资产的系统。随着大量商家入驻元宇宙，对相关内容变现的渠道将会打得更开，这需要在内容运营方面建立更为完备的体系。还有一个问题，就是如何将现实生活中的生动内容、高价值内容全方位地融入元宇宙中，元宇宙中的优质内容如何在现实物理世界中持续发挥功能，这些都需要有相应的运营体系。

五、元宇宙经济体

在考虑元宇宙产业生态时，需要考虑元宇宙与现实世界的交互。元宇宙建立一个与现实世界有联系的虚拟世界，其中将会形成经济循环。由于虚拟世界的用户也将是现实世界的居民，虚拟经济和现实经济的孪生必然会交织在一起，不应被视为两个相互排斥的实体。因此，在研究虚拟经济对元宇宙生态系统的真正含义时，应该采用整体视角，需要全面考虑的领域包括个体主体在虚拟和现实世界中的消费行为，以及两个世界中的总体经济活动如何相互影响。

第二节　元宇宙的产业规模

如前所述，元宇宙虽然很热，然而，正如我们在第二章中所说的，对其进行严格的学术定义仍是一个比较困难的事情。因此，估算其产业规模仍存在一定的难点。本质上，元宇宙的产业规模可以从狭义和广义两方面来看，狭义上的元宇宙产业规模，包括为了构建元宇宙而必需的硬件、软件和其他相关产业（如云计算等），这些都是物理世界中产业的一个重要组成部分。广义上的元宇宙产业规模，包括元宇宙产业链和元宇宙内经济系统的规模。

一、元宇宙产业总体规模

由于缺乏明确的内涵与外延，对元宇宙的产业规模估计仍存在非常大的差异。就元宇宙所涉及的硬件及软件产业规模、元宇宙内经济系统（广义的元宇宙经济规模）而言，很多机构分别作出了估计和预测。普遍的观点是，在未来的十年内，元宇宙将成长为一个万亿美元级的产业。

根据市场研究和咨询公司艾梅根研究（Emergen Research）的分析，元宇宙的产业规模在 2020 年达到了 476.9 亿美元，其中北美占据了全球最大的市场份额，为 45.3%。2021—2028 年的市场收入增长率将达到 43.3%，到 2028 年将达到 8289.5 亿美元。这么高的增长率得益于教育部门将在元宇宙方面进行更大的投资与率先应用，以及硬件部门的快速增长（预计增长率为 43.9%）[①]。数据公司 Statista 的数据显示，到 2024 年，全球元宇宙市场将从目前的 307 亿美元增长到 2690 亿美元。

报告与数据网站（reportsanddata.com）对元宇宙市场规模的估计略高一些，他们认为，2020 年全球元宇宙市场规模为 481.2 亿美元，在预测期内的收入复合年增长率预计为 44.1%，到 2028 年将达到 8723.5 亿美元。这得益于市场对虚拟资产的需求不断增长，越来越多地使用非同质化代币来交易数字资产；得益于科技巨头开发越来越多的元宇宙平台，得益于去中心化金融的快速发展。由于元宇宙需要的算力设备以及其他硬件设备要求比较高，到 2028 年之前，大量的元宇宙应用仍集中于桌面端，占比为 56.6%。

而彭博社对元宇宙的市场规模估计更为庞大。根据他们的估计，2024 年元宇宙市场可能达到 7833 亿美元，而 2020 年为 4787 亿美元，复合年增长率为 13.1%。其中，游戏、AR、VR 创造了 4130 亿美元的元宇宙一级市场。这主要是因为视频游戏制造商继续将现有游戏平台升级到更类似于社交网络的 3D 在线世界（元宇宙），这使元宇宙的市场机会可以扩大到包括音乐会和体育赛事等在内的现场娱乐活动，而且，元宇宙在社交方面的应用将进一步扩大，这使其分享社交媒体广告收入。进一步来看，元宇宙总体市场规模可能仅为游戏软件、服务和广告收入的 2.7 倍[②]。其中，在线游戏制造商和游戏硬件的主要市场在 2024

---

① Metaverse Market Size Worth USD 1,607.12 Billion in 2030，https://www.emergenre-search.com/press-release/global-metaverse-market.

② Metaverse may be $800 Billion Market, Next Tech Platform，https://www.metaverse.world/post/metaverse-may-be-800-billion-market-next-tech-platform.

年可能超过 4000 亿美元，而其余业务将来自现场娱乐和社交媒体。

　　而普华永道从元宇宙经济影响的角度对 VR/AR 产业进行了分析，具体而言，他们考虑了 VR/AR 产业对生产率的影响。根据他们的分析，2019 年 VR/AR 产业的经济影响为 464 亿美元，到 2030 年将增长 1.5 万亿美元。他们利用 "S" 型曲线进行预测，到 2025 年，VR/AR 产业的经济影响将达到 476.4 亿美元。

表 3-1 VR/AR 产业的经济影响

年份	合计（10 亿美元）	VR（10 亿美元）	AR（10 亿美元）	就业（人）
2019	46.4	13.5	33.0	826434
2021	95.7	27.8	67.9	1695547
2025	476.4	138.3	338.1	7538001
2030	1542.9	450.5	1092.4	23360639

资料来源：https://www.pwc.com/SeeingIsBelieving。

　　元宇宙兴起的一个重要原因是在元宇宙平台上可以以非同质化代币的方式交易数字资产。这个市场规模正在快速扩张。2021 年 3 月，Beeple（Mike Winkelmann, 迈克·温科尔曼）的数字艺术品《每一天：前 5000 天》以 6934 万美元高价拍卖，这使 NFT 市场进入一个狂热状态。据统计，以太坊（Ethereum）上非同质化代币销售额在 2021 年已超过 90 亿美元，比 2020 年的总销售额增长了 2500%。

　　非同质化代币也将推动游戏内各种物品的交易。游戏内交易一直是一个热点，在广泛采用非同质化代币之前，游戏内交易就有数百亿美元的收入。仅在 2020 年的全球收入中，优质虚拟世界游戏的游戏内支出模式就达到了 400 亿美元。英佩游戏仅在 2018 年就在其免费游戏 "堡垒之夜" 中靠销售游戏内的服饰获得了 24 亿美元的收入。而非同质化代币交易爆发之后，以轴心无限为代表的区块链游戏迎来爆发增长，游戏内非同质化代币交易额快速增长，轴心无限（Axie Infinity）在 2021 年三季度非同质化代币交易量和交易额迅速拉升，9 月 6 日之前的 30 日内市场交易总额达到 28.42 亿美元。这也带火了虚拟土地交易。元宇宙数据和分析公司（MetaMetric Solutions）数据显示，2021 年四大元宇宙平台（沙盒、分布大陆、加密体素和梦幻空间）上的虚拟房地产销售额达到 5.01 亿美元（约合人民币 32 亿元）。这将带动元宇宙发展的另一个市场，即元宇宙内部交易。这个交易除了虚拟土地、游戏用品或装备之外，还将拓展到奢侈品、演唱会、体育比赛等领域，有研究指出，这个市场将达到 1900 亿美元[1]，预计 2025 年活动门票市场将达到 680 亿美元。

2021 年 11 月，加密资产投资商灰度研究（Grayscale Research）发布了一份题为《元宇宙、Web 3.0 虚拟云经济》（The Metaverse, Web 3.0 Virtual Cloud Economies）的报告，该报告认为，受益于休闲时间增加、非同质化代币的广泛推广、社交网络的庞大用户基础、花费在数字兴趣和爱好上的总资金增长、从付费游戏到免费游戏的文化转变、"玩中赚"（Play to Earn），以及其他 Web 3.0 创新等因素，元宇宙已达到爆发增长的临界点，在近年内将达到万亿美元的规模，更重要的是，随着元宇宙的普及，元宇宙将在既有的 14.8 万美元的 Web 2.0 市场中获得更大的份额，其增长有着无限的想象空间。随着 Z 世代的成长，社交生活和游戏正在融合，这将带来一个新的市场空间。虚拟游戏世界的收入可能会从 2020 年的约 1800 亿美元增长到 2025 年的约 4000 亿美元。这些增长将全部来源于虚拟物品的交易。

从收入构成来看，随着元宇宙的快速普及，其收入将多元化。广告、社交商务、数字活动、硬件和创作者变现方面创造数万亿美元的

---

[1] The Metaverse Mall & Why it Matters，https://www.cbinsights.com/research/metaverse-virtual-world-retail/.

（单位：亿美元）

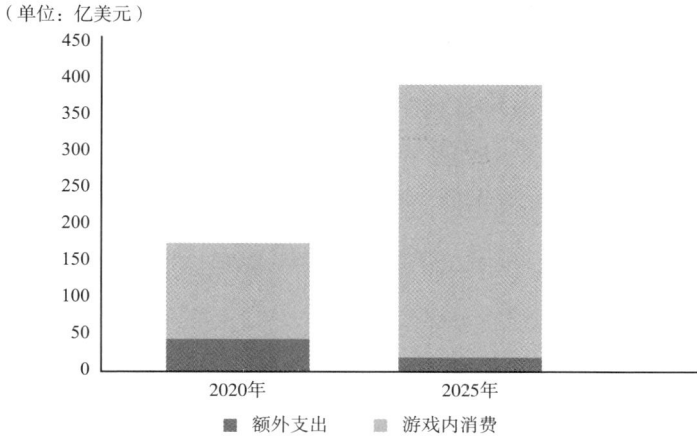

图 3-1　虚拟游戏世界的收入情况

资料来源：灰度研究（Grayscale Research，2021），The Metaverse, Web 3.0 Virtual Cloud Economies, http://grayscale.com/the-metaverse/。

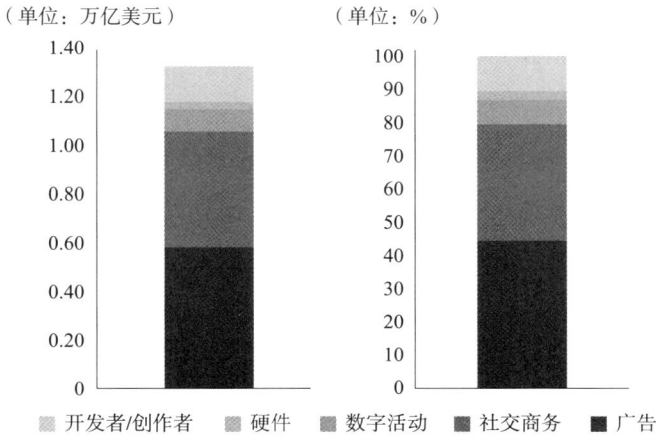

（单位：万亿美元）　　　　（单位：%）

■ 开发者/创作者　　■ 硬件　　■ 数字活动　　■ 社交商务　　■ 广告

图 3-2　元宇宙收入构成

资料来源：灰度研究（Grayscale Research，2021），The Metaverse, Web 3.0 Virtual Cloud Economies, http://grayscale.com/the-metaverse/。

收入机会。

从未来发展看，目前领先的 Web 3.0 元宇宙加密网络的总市值约为 275 亿美元。这与脸书约 9000 亿美元的市值、游戏行业 1.98 万亿美元的市值以及那些可能转向元宇宙或面临颠覆风险的 Web 2.0 公司的 14.8 万亿美元市值相比，相形见绌。这意味着元宇宙在未来将通过替代 Web 2.0 而获得巨大的成长空间。

（单位：万亿美元）

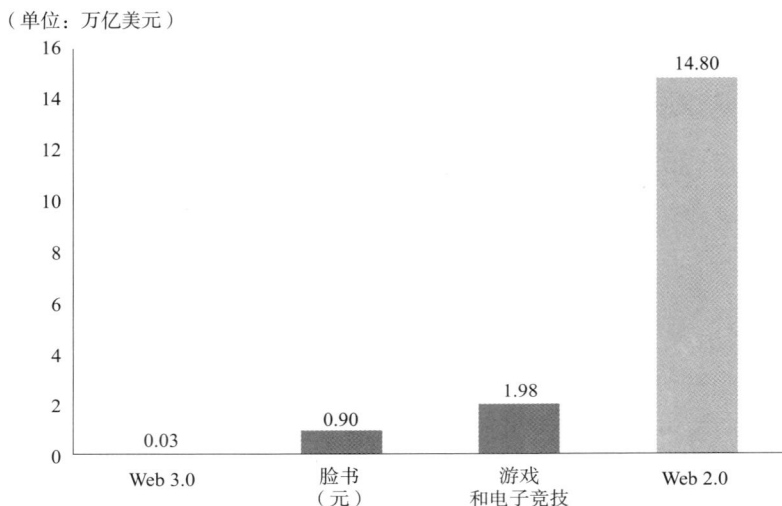

图 3-3 Web 2.0、Web 3.0、脸书、游戏市值

资料来源：灰度研究（Grayscale Research，2021），The Metaverse, Web 3.0 Virtual Cloud Economies, http://grayscale.com/the-metaverse/。

从整体上看，元宇宙仍将处于起步阶段。近年来，Web 3.0 元宇宙虚拟世界的用户增长迅速，到今天，已经共有 50000 名用户（活跃钱包），自 2020 年年初以来增长了约 10 倍。但是，与现有的互联网平台的用户数量相比，还差了几个数量级。这意味着元宇宙的产业规模仍有上百倍的增长空间。

还有一些研究认为，元宇宙一旦爆发，其所能够影响的市场会非常大。马修·鲍尔认为[①]，未来 10 年，元宇宙经济的价值可能在 10 万—

---

① Matthew Ball, The Metaverse: What it is, Where to Find it, and Who Will Build it, https://www.matthewball.vc/all/themetaverse.

（单位：人）

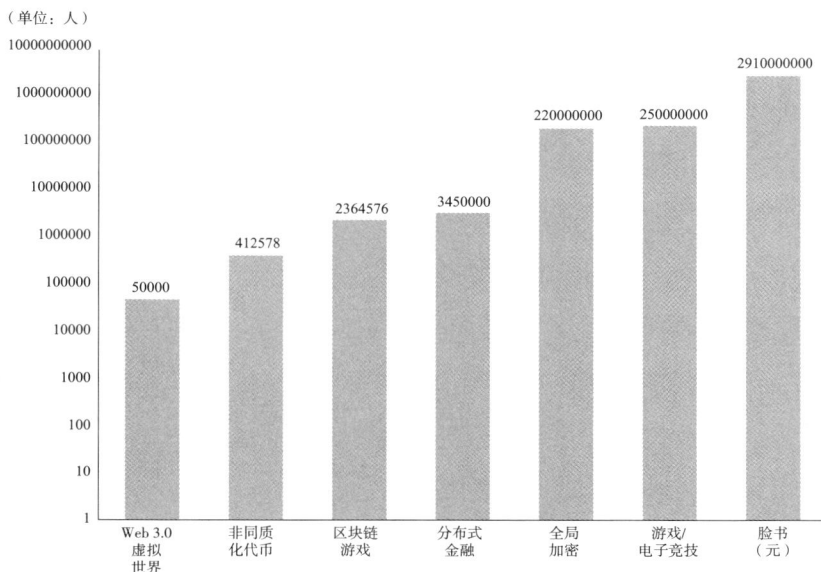

图 3-4　全球不同领域用户数对比

资料来源：David Grider & Matt Maximo, Greyscale Research，2021。

30 万亿美元。当然，他指的是元宇宙所能够影响到的经济范围。英伟达的黄仁勋也曾指出，元宇宙经济发展到极致时，可能会超过物理世界经济的规模[①]。摩根士丹利分析师布赖恩诺瓦克（Brian Nowak）则认为，元宇宙与美国 8 万亿美元的消费额有关，但是，由于元宇宙体验的不确定性、消费者对企业数据保护方面的不信任等诸多方面的原因，VR 眼镜在 5 年内取代智能手机的可能性几乎为零。元宇宙要实现 8 万亿美元的潜在市场"不会很快也不会容易"[②]。方舟投资（Ark Invest）的知名

[①]　Robert D Knight，Metaverse Economy Could Value up to $30 Trillion Within Next Decade - BeInCrypto，https://beincrypto.com/metaverse-economy-could-value-30-trillion-in-a-decade/.

[②]　Jon Swartz，What is the "Metaverse" and How Much will it be Worth? Depends on Whom You Ask, *Market Watch*，https://www.marketwatch.com/story/what-is-the-metaverse-and-how-much-will-it-be-worth-depends-on-whom-you-ask-11637781312?mod=article_inline.

创始人兼首席执行官木头姐（Cathie Wood）认为①，元宇宙是不可预测但快速发展的技术，可能会以我们现在甚至无法想象的方式渗透到每个领域，其市场规模将上升到数万亿美元的水平，并远远超出"游戏和消费品"。

而另外的预测数据则要小得多。根据研究公司战略分析（Strategy Analytics）的数据，2021 年元宇宙交易市场将达到 61 亿美元，到 2026 年全球将达到近 420 亿美元。其中全球无线 VR 头戴设备市场价值将达到 60 亿美元。其他元宇宙相关市场达到 360 亿美元②。罗布乐思首席执行官大卫·巴斯祖基预计，移动、流媒体内容和社交媒体类别的潜在市场总额约为 2000 亿美元或更多③。

二、元宇宙产业链的发展

元宇宙包括大量的硬件与软件产业链，其产业规模将在未来几年高速成长。

1. XR: VR/AR/MR

根据德勤研究报告显示，目前元宇宙处于起步阶段，需要实现的支撑性技术要点，主要包括对基础设施及设备的建设及开发，其中包括

---

① Kylie Logan, Cathie Wood Says the Metaverse could be Worth Trillions, *Fortune*，https://fortune.com/2021/12/03/cathie-wood-metaverse-trillions-affect-every-sector/.

② 参见 https://www.strategyanalytics.com/access-services/devices/wearables/reports/ report-detail/untethered-vr-headsets-to-hit-6-billion-by-2026?slid=1877821&spg=6。

③ Jon Swartz, What is the "Metaverse" and How Much will it be Worth? Depends on Whom You Ask, *Market Watch*, https://www.marketwatch.com/story/what-is-the-metaverse-and-how-much-will-it-be-worth-depends-on-whom-you-ask-11637781312?mod=article_inline.

VR/AR/MR 在内的 XR 系列硬件 ① 是进入元宇宙的硬件入口，是现阶段的关键产品。在元宇宙概念的带动下，这些产业将快速增长。

众多 VR 企业如遇甘霖死而复生。2021 年 8 月，美国专利和商标局公布授予苹果的 62 项新专利中，部分内容与 VR 有关。波希米亚互动模拟公司（Bohemia Interactive Simulations，BISim）于 8 月 12 日宣布已正式接受美国陆军发出的训练模拟软件 / 训练管理工具（TSS/TMT）合同，总报价为 1.79 亿美元。VR 的教育功能首先在军事训练领域得到了关注，"安德的游戏"正式成为不远的将来。9 月，日本科技公司 Diver-X 正式宣布了全球首款可在躺平甚至睡眠时使用的 VR 头显 HalfDive，让我们真正窥见了科幻电影《头号玩家》成为现实的可能性。10 月，XR 平台提供商 GridRaster 宣布与美国空军签署中小企业技术创新研究项目（Small Business Innovation Research，SBIR）阶段 II 合同。为美国空军拥有的 CV-22 "鱼鹰"倾转旋翼机提供 AR 工具组，以改善飞机的航线维护。10 月底，以手部跟踪技术闻名的 Ultraleap 公司（原名 Leap Motion）正式发布了第五代软件"Gemini"。此软件跟踪技术得到了进一步改进，包括改善手部交互和应对周围环境的变化。眼光转向国内，华为正式推出 VR Glass 6Dof 游戏套装，蔚来与深圳太若（Nreal）、北京凌宇智控（NOLO）公司共同打造基于 AR/VR 技术的全景数字座舱（PanoCinema）等。

2021 年元宇宙概念的火爆，带动了整个 VR 产业的发展。根据数据公司 Omdia 的调研分析，2021 年全年消费级 VR 头戴式设备销量将会达到 1250 万部。2021 年 11 月，元旗下的 VR 头显设备"探索之眼"（Oculus Quest）2 销量已达 1000 万台。按照市场数据统计机构对

---

① XR 是指通过计算机将真实与虚拟相结合，是 VR（Virtual Reality，虚拟现实）、AR（Augmented Reality，增强现实）、MR（Mixed Reality，混合现实）等多种技术的统称。

位研究（Counterpoint）发布的最新报告显示，XR 设备在 2021 年全年的市场销量达到了 1100 万台。XR 头显的出货量预计将从 2021 年的 1100 万台增长到 2025 年的 1.05 亿台，增长约 10 倍。VR 眼镜的采用在 2020 年和 2021 年加快了步伐，这主要归功于 Oculus Quest 2 在消费者领域的良好表现以及 DPVR 和 Pico 在企业领域的良好表现[1]。根据中信证券的 VR 产业研究报告数据，2021 年 VR 设备出货量首次突破千万量级，我们预计 2022 年行业同比增速可达 80% 以上，达到 2000 万台，至 2023 年约 2900 万台规模。其他机构的预测数据相对比较保守，IDC 预测，2025 年全球 VR 头显出货量将超 2800 万台。

中国的 VR 市场规模也快速增长。2021 年 1—9 月，VR 头显设备出货量同比增长 28.9%，VR 产业市场规模超 300 亿元[2]。另有数据显示，2020 年中国 VR 终端硬件市场规模为 107.0 亿元，AR 终端硬件市场规模为 125.9 亿元，预计到 2025 年，中国 VR 和 AR 终端硬件市场规模分别达到 563.3 亿元和 1314.4 亿元[3]。

根据高盛估计，到 2025 年，AR 和 VR 预计将增长到 950 亿美元的市场。目前对这些技术的最强劲需求来自创意经济行业——特别是游戏、直播活动、视频娱乐和零售——但随着时间的推移，将在医疗保健、教育、军事和房地产等不同行业找到更广泛的应用[4]。安信证券认为，2021 年为 VR/AR 产业规模化元年，据国际数据公司（IDC）预

---

① 《Counterpoint：预计 2025 年全球 XR（VR/AR）头显出货突破 1 亿台》，http://www.bianews.com/news/details?id=111406。
② 《2021 元宇宙年度报告：能否扛起互联网大旗，再造一个 10 万亿市场？》，https://www.36kr.com/p/155054408833.8310。
③ 《2021 年中国元宇宙行业用户行为分析热点报告》，艾媒咨询。
④ Stefan Brambilla Hall，Ryo Takahashi，Augmented and Virtual Reality：The Promise and Peril of Immersive Technologies，https://www.weforum.org/agenda/2017/09/augmented-and-virtual-reality-will-change-how-we-create-and-consume-and-bring-new-risks。

计，2020 年全球 VR/AR 方面支出约为 120.7 亿美元，预计 2024 年增长至 728 亿美元，复合年均增长率（CAGR）为 54%。世界经济论坛认为，预计 VR 和 AR 眼镜最早将在 2024 年超过全球游戏机的出货量①。其他机构的数据相对保守一些，由全球数据公司于 11 月 9 日发布的 VR 市场调研报告中预测，到 2030 年，VR 产业将达到 510 亿美元②。

在 AR 和 VR 的软件方面，Statista 预计，到 2025 年，元宇宙应用的软件产业规模将达到 350 亿美元的规模，其中最大的应用部门是视频游戏，将达到 116 亿美元。

在对 XR 产业发展前景乐观的支撑下，大量资本涌入这类产业之中。根据德勤的不完全统计显示：2018—2020 年全球的 XR 融资并购规模年复合增速达 31%，由 2018 年的 142 亿元快速增长至 2020 年的 244 亿元；融资并购数量也由 2018 年的 109 起增长至 2020 年的 166 起③。据 VR 陀螺数据，2021 年 1—11 月 VR/AR 投融资事件同比提升 64%；11 月同比提升 112%；2021 年 1—11 月 VR/AR 投融资金额同比提升 126%，11 月同比提升 284%。④

当然，也有部分分析师不看好这一市场。皮驰布克的新兴市场分析

---

① Stefan Brambilla Hall，Moritz Baier-Lentz，The Future of the Metaverse will be Shaped by These 3 Technologies，*World Economic Forum*，https://www.weforum.org/agenda/2022/02/future-of-the-metaverse-vr-ar-and-brain-computer/.

② Global VR Revenue by end User，2020 to 2030, GlobalData Thematic Research, https://store.globaldata.com/report/virtual-realing-vr-thematic-research.

③ 《元宇宙系列白皮书—未来已来：全球 XR 产业洞察》，德勤会计师事务所，https://www.sohu.con/a/507642661-121123919。

④ IDC 全球增强与虚拟现实支出指南，IDC 咨询，https://www.idc.com/getdoc.jsp?container=prUS47012020。

师瑞安·瓦斯瓦尼在最近一份关于 AR/VR 的报告中表示 ①："该行业普遍无法站稳脚跟，这表明基础技术缺乏成熟度。""世界各地的人们要求用技术来增加连接性和存在感的时候，大多数人都认为 AR/VR 还不符合要求"。

2. 云计算

云计算是分布式计算的一种，将为元宇宙提供重要的算力来源。元宇宙对算力的需求是无穷的。算力支撑着元宇宙虚拟内容的创作与体验，更加真实的建模与交互需要更强的算力作为前提。人工智能在元宇宙的广泛应用导致元宇宙对算力的消耗呈指数式爆炸增长，大规模用户的持续在线和创作需要近乎无尽的算力作为支撑。总体估计，元宇宙将产生人类历史上最大的算力需求。数据显示，2019 年我国云计算整体市场规模达 1334.5 亿元，增速 38.6%。2021 年中国云计算产业规模达 2109.5 亿元，增长率为 26.3%。

在元宇宙算力需求下，云计算将保持快速增长。预计 2023 年中国云计算产业规模可突破 3000 亿元。

而放眼全球，全球云计算市场保持稳定增长态势。2019 年，以基础设施即服务（Infrastructure as a Service，IaaS）、平台即服务（Platform as a Service，PaaS）和软件即服务（Software as a Service，SaaS）为代表的全球云计算市场规模达到 1883 亿美元，增速 20.86%。到 2023 年市场规模将超过 3500 亿美元，2025 年超过 4500 亿美元。2019—2025

---

① Therese Poletti, Opinion: We have been Promised the "Metaverse" for Decades, But it is Still not a Sure Thing, *Market Watch*, https://www.marketwatch.com/story/we-have-been-promised-the-metaverse-for-decades-but-it-is-still-not-a-sure-thing-11637786667?mod=article_inline.

年复合增长率达到 15.87%。[①]

3. 人工智能

人工智能是元宇宙的重要支撑技术。在元宇宙中，无论是治理体系还是创作工具，都离不开人工智能的支持。

中国正崛起成为人工智能市场上的全球领袖之一，是人工智能解决方案商业化落地的先驱市场之一。据国家工业信息安全发展研究中心和工信部电子知识产权中心报告，2000—2019 年，中国人工智能专利申请数量迅速上升，2019 年申请数量超 14.6 万件。截至 2019 年年底，中国人工智能专利申请数量已超越美国，成为全球申请数量最多的国家[②]。2020 年，中国研究人员发布了 18.0% 的人工智能刊物文章，在全球人工智能刊物引用的占比最高，超过美国和欧盟这两大人工智能强经济体。中商情报网数据表明，2020 年中国人工智能市场规模约 1858 亿元，占全球人工智能市场的 12.2%[③]。而根据艾瑞咨询的测算，2021 年我国人工智能核心产品超过 1800 亿元规模，延伸产业突破 7400 亿元，约合 7400 亿元的泛 AI 产业空间将孕育出 407 亿元的元宇宙业务空间。

4. 区块链与非同质化代币

近几年，区块链的热度大增。从区块链应用来看，虽然各大机构做了大量的试验性应用场景，但还没有找到一个普及化的应用场景。数据

---

① 前瞻产业研究院：《2022—2027 年中国计算产业发展前景预测和投资战略规划分析报告》，https://bg.qianzhan.com/report/detail/f47119f08554e43.html。

② 《中国人工智能产业全景与预测》，海通国际证券，https://www.jiemian.com/article/5443385.html/。

③ 《2022 年中国人工智能市场规模及驱动因素预测分析》，中商情报网，https://www.askci.com/news/chanye/20220111/1411141721183.shtml。

显示，从 2017 年到 2021 年，中国区块链支出增长了约 12.8 倍，其间增速较快，但随着行业整顿，预计 2022 年增速有所下降。中国区块链注册企业（含经营范围）数量持续增加。2015 年，仅有 21564 家；2018 年，区块链相关企业数量激增，达 24279 家；2019 年，区块链相关企业总量为 36224 家，但与 2018 年相比增幅出现回落。其中，"1024 会议"后两月内新增区块链相关企业达 3000 余家，相比新兴企业增长量最大。[①]另外，据研究与市场公司（Research and Markets）预测，到 2022 年，全球区块链市场规模将达到 139.6 亿美元。2007—2022 年，该市场的年复合增长率为 42.8%。

区块链可以作为元宇宙的基础架构之一，用于在虚拟空间中对数字资产确权和交易。其主要表现形式为非同质化代币（NFT）。近年来，非同质化代币市场逐年呈倍数级增长：2019—2020 年，非同质化代币的全球交易总额从 6286 万美元上涨到 2.5 亿美元，增长近 3 倍。2021 年非同质化代币受益于去中心化金融（DeFi）生态取得繁荣发展，据 NonFungible 网站数据显示，仅第一季度非同质化代币市场交易额便已超过 2020 年全年的 8 倍，约为 20 亿美元。份额方面，2020 年元宇宙（虚拟世界）贡献非同质化代币交易 / 流通空间的 27%，为最重要的场景之一（仅次于收藏品，两类场景存在协同性）。市场空间：仅以非同质化代币衡量，当前已达百亿元级别。2021 年第一季度的非同质化代币交易空间达到 20 亿美元，约合 120 亿元人民币，年化处理后全年交易额推算 480 亿元（仅作数量级参考），若元宇宙场景继续贡献其中 27%（参考 2020 年）份额，则元宇宙—区块链环节在 2021 年的市场空间至少达 130 亿元。而全球市场存量非同质化代币的市值目前已超过 450 亿

---

① 《全球半年度区块链支出指南》，IDC 咨询，https://www.idc.con/getdoc.jsp?container=prUS47012020。

美元。

当前来看，元宇宙—非同质化代币的赛道仍在初始发展期，分布大陆、"沙盒"领衔市场。真正有稳定数据的项目包括分布大陆、"沙盒"、加密体素、梦幻空间、轴心无限，此外，还有一些项目状态稳定但还未发行虚拟土地的项目，包括阿维戈奇（Aavegotchi）和特拉虚拟（Terra Virtua）。市场份额方面，根据 Nonfungible 网站的数据：截至 2022 年第一季度，分布大陆持续领跑，贡献 30% 以上份额，而"沙盒"紧随其后，贡献超过 20%。

第三节　巨头纷抢元宇宙入场券

元宇宙概念的提出，打开了互联网经济发展的新空间，为很多陷入增长困境的互联网平台企业提供了新的发展思路，因而，大量的互联网巨头企业纷纷涌入这个赛道。从整体上看，各家平台企业对元宇宙的未来以及其市场规模等，看法并不一致，对元宇宙给自家业务带来的影响，紧迫程度也不一样。

从平台企业对待元宇宙市场来看，主要有以下几种：第一种是以流量盈利又面临着流量"瓶颈"的互联网企业。这类企业包括脸书和字节跳动等平台，这类平台在前期经历了高速增长，其盈利模式主要靠以广告为核心的流量来变现。当其普及程度达到一定水平之后，用户增长放缓，从而需要有新的理念来推动其增长。这类企业不但想成为元宇宙行业的领导者，还想按照自身的业务逻辑对元宇宙作出定义。因此，在元宇宙方面的投入力度最大。第二种是以游戏为主的互联网企业，这既包括腾讯这种以多元化游戏为主的平台，也包括本身就具有元宇宙性质的游戏平台，如英佩游戏、罗布乐思等。这类企业具有比较好的元宇宙基础，而且游戏场景本身适合元宇宙，因此在投资元宇宙方面有积极性。第三种是一些技术型互联网企业，将通过元宇宙为其技术变现寻找出路，包括微软、百度等。第四种是其他互联网企业，他们害怕错过一个新的现象级赛道，因此也加入了元宇宙的投资赛道之中。

一、流量型平台企业"抢跑"元宇宙

互联网企业在过去 20 多年的发展过程中，依托流量红利，成长了一大批平台企业。而随着互联网普及率的迅速提升，流量增长速度下降，需要寻找新的空间。还有一部分流量型平台企业的主要商业模式是利用用户数据来进行精准广告，在全球各国倾向于加大数据保护力度的背景下，也面临着业务转型。元宇宙这个概念，使流量型企业看到了其流量转化和变现的新空间，因此，这类企业在元宇宙宣传、投资方面最为积极。

1. 脸书：立足社交构建 3D 虚拟世界

脸书是各大平台企业中对元宇宙最为积极的。在 2021 年 10 月，脸书宣布该公司将更名为元，说明其未来全力投入元宇宙的决心。

事实上，脸书在元宇宙相关领域已有多年的运作。在硬件方面，2014 年，脸书以 20 亿美元收购 VR 公司 Oculus，2020 年 10 月，脸书推出了第二代独立 VR 眼镜 Oculus Quest 2，并成为全球销量最高的 VR 眼镜。2021 年 9 月，脸书与雷朋（Ray-Ban）合作推出了第一代智能眼镜雷朋故事（Ray-Ban Stories），该产品的双集成 5MP 摄像头允许用户以第一人称视角捕捉生活中发生的瞬间。2021 年 10 月，在脸书一年一度的链接（Connect）大会上，元宣布了一款名为坎布利亚项目（Project Cambria）的新一代 VR 眼镜，预计在 2022 年上市。

在元宇宙虚拟空间方面，2019 年 9 月，脸书推出供奥库卢斯（Oculus VR）的特定用户访问的"地平线世界"的 Beta 版；2021 年 8 月，脸书正式推出了 VR 会议软件地平线工作室（Horizon Workrooms）。2021 年 12 月，脸书宣布将向美国和加拿大 18 岁及以上的用户开放"地平线世界"。而之前用户需要受到邀请才能够加入"地平线世界"。至此，脸书已打造了包括地平线家园（Horizon Home）、地平线工作室和地平线世界在内的虚拟空间体系。同时，脸书还宣布，公司将投资 1.5 亿美元用于培训下一代创作者，以创造更多沉浸式学习内容。

在人事方面，2021 年 9 月，脸书更换首席技术官（Chief Technology Officer，CTO），元宇宙重要性持续攀升。脸书的现实实验室的长期负责人博斯沃思（Bosworth）将接替脸书 CTO 一职。博斯沃思于 2006 年 1 月加入脸书，他此前曾领导公司的硬件部门和广告部门，最近负责 AR/VR 运营，接任 CTO 后，他将继续负责 VR/AR 运营，体现出元宇宙正成为脸书最重要的关注点。

脸书重点是建立完善的用户社区，帮助他们去了解元宇宙和新的平台技术，比如 VR 和 AR 等。从已经发布的产品来看，脸书试图将其发展成为一个可扩展的多人 VR 社交平台——用户在脸书账号登录后，进入"地平线世界"创建一个 3D 虚拟化身，在这里，用户就可以构建自定义世界和游戏。从长期看，我们认为，脸书有机会建立起一个元宇宙社区和虚拟经济体。元宇宙的商业模式不会围绕着卖硬件设备；相反，脸书可以服务尽量多的用户，其在元宇宙中的角色是开发基础技术架构、社交平台和开发工具，类似移动时代的苹果和谷歌。

2. 字节跳动：元宇宙赛道游戏＋硬件并举

字节跳动以内容分发起家，到后来打造全球最大的 UGC 内容平台，其"社交＋内容"的模式，为其获得了流量的爆发式增长。在流量增长放缓的背景下，字节跳动需要寻找一条将其"社交＋内容"所吸引的流量进一步稳固，从而挖掘新的增长空间。

从具体的投资策略来看，字节跳动的逻辑是以元宇宙来抢占游戏赛道，并突破 VR 硬件，从而减小其对流量增长的依赖，扩张其业务空间。

游戏业务在字节跳动的业务扩张中占有很重要的地位，元宇宙所提供的新游戏发展模式，使字节跳动更为积极。2021 年 4 月，字节跳动投资国内元宇宙概念公司代码乾坤，该公司有中国版"罗布乐思"之称，不仅是游戏 UGC 平台，更重要的是聚集一批创作者，由游戏作为入口构建元宇宙性质的虚拟世界，旗下沙盒手游"重启世界"采用罗布乐思模式，是沉浸式 3D 互动创造和体验社区，采用搭建平台、激发 UGC 的策略来吸引玩家。2021 年 8 月初，字节跳动推出 AR 开发平台"特效工作室"（Efect Studio），开发者还开启了中重度游戏自研"绿洲计划"。以借助该平台为国外版抖音构建 AR 效果滤镜，目前还处于早期测试阶段。

在硬件方面，2021 年 8 月，字节跳动以 90 亿元巨资收购头部国产 VR 硬件公司小鸟看看（Pico），以打造"内容＋生态＋硬件"的元宇宙发展模式。

二、游戏企业拓展元宇宙应用

在元宇宙概念提出后的 30 年中，游戏一直是实践元宇宙的急先锋。

2021 年元宇宙概念大热，很多以元宇宙概念为依托的游戏公司也趁机加大发展步伐，而市场上原有的游戏巨头也拓展了对元宇宙的布局。

1. 腾讯：提出"全真互联网"愿景，社交为基，全面拓展

作为全球头部的游戏企业，腾讯对元宇宙已形成了自己的理念，并在相关领域进行了全面布局。2020 年年底，马化腾在腾讯年度特刊中首次提出"全真互联网"的概念，主张发展"虚实结合"，线上、线下社会之间的界限将越来越模糊。这个概念与元宇宙有异曲同工之妙。在腾讯的第三季度财报业绩电话会上，腾讯董事局主席马化腾更是明确谈到，"元宇宙是个值得兴奋的话题，我相信腾讯拥有大量探索和开发元宇宙的技术和能力，例如在游戏、社交媒体和人工智能相关领域，我们都有丰富的经验。将虚拟的世界变得更加真实，以及让真实的世界更加富有虚拟的体验，这是一种融合的方向，也是腾讯的一个大方向"。

腾讯是罗布乐思的股东（且有"罗布乐思"中国版发行的独家代理权），并投资了若太科技（Nreal）（AR 科技公司）、阿瓦金人生（Awakin Life）（洛克伍德公司开发的类似"第二人生"的 3D 虚拟世界）、声田（spotify）（音频流媒体服务平台）、wave（虚拟演出服务）、discord（专为游戏社区设计的网络通话软件和数字发行平台）、soul（社交）、英佩游戏（行业标准的游戏制作引擎）、威魔纪元（VR 游戏内容商）、灵犀科技（开放世界游戏制作商）等，是国内在元宇宙领域布局最为全面的平台，处于领先位置。其模式是以流量生态为核心的护城河，为用户提供高质量的沉浸式内容。

腾讯在国内企业元宇宙布局中处于领先位置，以流量生态为核心护城河。腾讯旗下社交生态（微信 +QQ）、游戏（"王者荣耀"等传统游戏、

腾讯即玩等云游戏平台）、视频（腾讯视频）、直播（虎牙＋斗鱼）已形成内部良性循环与迭代的经济系统，为用户提供高质量的沉浸式内容。

事实上，腾讯对元宇宙的具体布局已达 10 年之久：

2012 年，腾讯以 3.3 亿美元买入英佩游戏 48.4% 的股权。其代表作为"堡垒之夜"，英佩游戏首席执行官蒂姆·斯维尼是近年来元宇宙最大倡导者之一，"堡垒之夜"被认为是最接近元宇宙维形的产品之一。2018 年 6 月 22 日，进行迷你玩战略投资，代表作品：迷你世界，这是一款与"我的世界"相似的国内开放世界 3D 沙盒游戏，可以充分构建属于自己的世界独特体验。2018 年 8 月，自研沙盒类多人在线游戏（MMO）"我的起源"上线，"我的起源"是沙盒大型多人在线角色扮演（MMORPG）两大品类玩法的融合创新，采用世界进化简史题材，为玩家提供多在线交互、合力创造世界的新奇体验。2018 年 9 月，与乐高合作手游"乐高无限"，"乐高无限"是沙盒类手游，非常接近元宇宙雏形。2019 年 12 月，腾讯代理"艾兰岛"，"艾兰岛"在创新教育领域模块已作出诸多大胆的实践，可成为元宇宙与教育融合的一个案例。2020 年投资有史以来收入最高的沙盒手游"罗布乐思"公司 1.3% 的股权，并获得该游戏在中国的独家代理权。2020 年 11 月，500 万美元投资 3D 虚拟社交游戏"Avakin Life"，2021 年 9 月，投资"永恒战士 VR"，自 2018 年退出首款 VR 游戏"猎影计划"后，腾讯重新开始布局 VR 游戏内容。

2021 年，天美工作室群总裁姚晓光主管 QQ，带队开发 Z-计划（Z-plan）项目，探索将 QQ 社区和游戏、互联网与传媒打通的模式。Z-计划产品可能会将 QQ 进行 3D 升级，再加入天美积累的社交小游戏，同时借助腾讯在游戏、社交方面的开发能力，有望打造第三代具有元宇宙概念和性质的社交模式。

2.具备元宇宙雏形的游戏企业：利用元宇宙概念加快发展步伐

在元宇宙概念提出之后，事实上有很多游戏企业就一直想利用游戏的模式来复现这个概念。最有名的包括"第二人生""哈宝饭店"等。在元宇宙概念大热之后，这些具有元宇宙概念的游戏公司也开始借机加快发展步伐。

英佩游戏是游戏"堡垒之夜"的开发商，也是游戏开发引擎 UNREAL ENGINE（虚幻引擎）的所有者。英佩在 2021 年 4 月收购了动感孪生（Twinmotion）公司。这样，英佩游戏提供了帮助每个人都能够创造和贡献"内容"和"体验"的工具套件，他能够提供三种模式：使用标准的"编码"虚幻引擎，更简化和"可视化"的动感孪生，以及适用于没有编程和设计经验的人的"堡垒之夜"创意模式。动感孪生能够提供直观的、基于图标的软件，使建筑、施工、城市规划和景观专业人士能够在几秒钟内生成基于虚幻引擎的逼真、身临其境的数字环境，允许开发人员进行跨"索尼＋微软＋任天堂＋电脑端＋苹果系统＋安卓系统"的跨平台开发。2021 年 4 月，英佩游戏完成了 10 亿美元的新一轮融资。

根据元宇宙的特点，"堡垒之夜"引入了派对世界（Party Worlds），增加社交体验，派对世界允许玩家一起闲逛并参与不同的活动。用户可以在那里玩小游戏、相互交流、开派对和放松身心。这些世界被设计为和平区。而且，英佩游戏也强调了其虚拟世界的性质，通过举办不同的活动，使其虚拟空间与现实世界更具有联系。

在游戏领域，罗布乐思号称元宇宙第一股，罗布乐思成立于 2004 年，是一个可在计算机、游戏机和移动设备上使用的免费在线平台。它提供了数百万由开发人员创建的多人游戏，从在线课程到收养和交易虚拟宠物。这是一个基于共同兴趣的 3D 虚拟社区，强调由用户生成内容，具备了元宇宙的基本特征。"罗布乐思"的大部分收入是通过销售罗布克斯（Robux）产生的，罗布克斯是平台上的一种虚拟货币，玩家可以用真钱购买，以在平台上获取虚拟商品。"罗布乐思"于 2021 年 3 月 10 日上市，一度得到了投资者的追捧。

作为中国第二大游戏平台，网易也强调从游戏切入元宇宙领域。网易首席执行官丁磊在网易第三季度财报电话会议上回答元宇宙问题："元宇宙的确是一个非常火的概念，但是老实说，目前谁也没有接触到元宇宙。在技术和规划各个层面上，网易已经做好准备了，我们懂得怎么去做规则的设计和技术的储备。所以，当元宇宙降临的那一天，我们不会没有准备，我们可能是枪一响跑得比谁都快。"丁磊说的这个准备工作，与网易影核、网易伏羲等有关。

网易影核于 2018 年由网易游戏和美国顶级 VR 内容开发商超越现实（Survios）合资成立，于 2020 年 12 月从网易游戏分拆。影核曾在国内发行网易、超越现实及其他优秀海外开发商所研发的多款 VR 游戏，并通过对这些游戏进行本地化及运营，为中国玩家提供优质的虚拟现实游戏内容。具体包括："节奏空间"（蒸汽平台 VR 首周营收超百万美元）、"荒野潜伏者"（网易 Viva 工作室自研）等 VR 游戏。

从 VR 自助机到电竞，"网易影核"将打造软硬一体 VR 内容生态。网易影核打通其发行游戏各平台间的数据体系，玩家能够使用自有的 VR 头显或通过 LBS 小程序定位到最近的 VR 线下站点进行游玩并加入竞技排行机制。除了搭建电竞赛事体系来提高 VR 内容的复购和用户参与感，影核还针对线下市场，推出具备一体化分账与运营系统的 VR 自助机，以低成本、低占地面积及无人值守的特点铺设线下业态，降低商家运营成本。

2021 年 12 月 2 日上午 9 点 30 分，网易云音乐成为首个以元宇宙方式"云敲锣"的上市公司。网易云音乐在杭州总部举行小规模线下仪式，并同步在网易伏羲沉浸式活动系统"瑶台"举办线上敲锣仪式，邀请三位"丁磊"跨越 2021 年线上、线下同敲锣。网易伏羲的"元宇宙"分会场，不仅还原线下敲钟仪式的黑胶签到、大事件墙、音乐人墙等布置，参与观礼的嘉宾还可以操控自己的"数字分身"，见证网易云音乐上市。

此外，市场上也出现了很多基于区块链技术的元宇宙游戏。自成立以来取得最大进展的实现是分布大陆：一个分散的，基于以太坊区块链网络的 VR 平台，使用户能够购买三维虚拟空间中的产品。通过分布大陆，用户可以探索、创建、玩各种游戏、收集物品并参与更多活动。与分布大陆类似的还有梦幻空间、"沙盒"、加密体素和上行大陆（Upland）。

三、技术型平台企业寻求技术变现通道

元宇宙概念汇聚了近几年互联网领域的重要技术创新，包括人工智能、区块链、云计算、5G 等，使很多技术型平台企业看到了技术变现的通道。

1. 微软：从元宇宙内工作入手的全面展开

微软在元宇宙领域具有非常多的资源，包括 office 365 和领英（LinkedIn）在全球已有数亿的用户，微软 Azure（Microsoft Azure）是全球第二大云供应商，"我的世界"、Xbox +、Xbox Live 和 HoloLens 能够提供元宇宙的软硬件服务。因此，元宇宙能够为微软提供重新夺回它在从 PC 到移动设备切换过程中放弃的操作系统／硬件领导地位的机会。

在元宇宙领域，微软着力于从虚拟工作场所入手。2021年8月，微软董事长兼CEO萨蒂娅·纳德拉在全球合作伙伴大会微软启发（Inspire）上公布了"企业元宇宙"解决方案，旨在帮助企业客户将数字世界与现实世界融合。并宣布将在2022年上半年落地虚拟工作组（Mesh for Teams）。混合现实网格（Mesh）是微软推出的一项沉浸式体验技术，而与工作组（Teams）相结合，是混合现实网格商业化探索中的一个里程碑，这使人们能够创建3D化身以用于电话会议和其他虚拟会议。虚拟工作组的核心是混合办公。混合办公并不是线上办公和线下办公的简单结合，微软混合现实网格的混合现实功能，允许不同位置的人们通过生产力工具工作组加入协作，召开会议、发送信息、处理共享文档等，共享全息体验。在使用工作组进行线上会议的过程中，用户可以用自定义的数字替身来代替静态图片或视频图像，在混合现实网格的虚拟空间内，企业员工可以使用虚拟白板与同事进行协作讨论。很显然，微软是要使虚拟工作组成为企业协作办公的超级入口，成为类似于Windows操作系统一样的角色。据悉，第一批运用这一技术的埃森哲咨询公司已经与微软一起测试了其中的一些内容。该公司为其员工建立了一个虚拟办公区域，以"聚集在一起喝咖啡、演讲、聚会和其他活动"。与此同时也在用它来招聘新员工。

与现有的虚拟化身技术不同的是，虚拟工作组将采用音频提示，这样每当用户说话时，表情就会变得生动，用户的数字替身会拥有极富表现力的动画效果，面部表情也随着语义作出丰富的变化，营造出一种临场感。在未来甚至能够模仿用户的头部和面部动作。还有一个特点就是其硬件门槛低，融合了混合现实网格技术的工作组可以通过普通电脑、传统智能手机直播接入。当然，如果需要更好的体验，需要更为沉浸式的硬件设备，如VR/MR设备、全息透镜（Hololens）显示眼镜等。

在企业元宇宙方面，微软还拟打造"动态 365 连接空间"（Dynamics 365 Connected Spaces），提供了一个全新视角，帮助管理者深入了解客户在零售商店、员工在工厂车间等空间内的移动和互动方式，以及如何在混合工作环境中优化健康及安全管理。人们能够通过人工智能驱动的模型和观察数据，在零售商店、工厂车间等任何空间进行交互。这个产品已在医院的新冠肺炎病房、丰田汽车工厂以及国际空间站等应用场景中进行全方位测试。

在硬件方面，纳德拉在接受彭博社（Bloomberg）电视台的采访时表示，公司旗下的视频游戏设备 Xbox（微软游戏设备，类似索尼的 PS5）未来将专注于将元宇宙融入他们设备上的游戏中。2019 年，微软在手机平台上推出了"我的世界·地球"，进一步强化了原版的 AR/VR 体验。不过该游戏已于 2021 年 6 月底停止运营。而事实上除了游戏设备之外，微软也专门开发了 AR/VR 相关设备，即全息透镜。如今已经迭代至第二代了。

在游戏方面，2022 年 1 月底，微软斥 687 亿美元收购游戏公司暴雪动视。微软 CEO 纳德拉称，这笔交易是迈向"元宇宙"的一步。

2. 苹果：从增强现实接入元宇宙

苹果 CEO 蒂姆·库克接受《时代》杂志采访，被问到元宇宙时表示："我对增强现实能带来的东西感到非常兴奋。这是虚拟世界与现实世界的叠加，而且不会分散你对现实世界和现实关系的注意力，因为它能加强彼此之间的关系和合作。不要讲什么元宇宙，就是增强现实。显然总有不同的说法，我就不炫那些流行语了。我们只将其称为 AR，但我对这些新东西超级兴奋，并相信科技可以给世界带来很多好处。当然，这取决于创造者，取决于他们是否全面考虑过新技术如何使用和误用的方式。但最重要的是，这些事情能让我们有更多时间进行休闲娱乐活动、做更多想做的事，我对生活中会发生的这些非常乐观。"

从 2015 年开始，苹果就一边着手 VR/AR 产品里核心技术的研发迭代，一边收购 AR 中小科技公司。目前，苹果已有 400 多项公开可查的 VR/AR 关键专利，超过 20 笔 VR/AR 相关并购，其中重点收购了有"AR 鼻祖"之称的 Metaio。

到 2019 年年底，苹果内部专门做 VR/AR 项目的员工达到 1200 人。另外据郭明錤预测，苹果 2022 年推出的 AR 头戴设备将具备 Mac 水平的计算能力，它可能成为下一代移动终端设备。在接下来的时间里，苹果将会推出自己的 AR 产品，AR 眼镜会跟手机共存，引领元宇宙风尚。

在手势识别方面，苹果在 2013 年收购了一家研究 3D 运动捕捉的团队原动力公司，这家公司曾开发出世界上最小的 3D 传感器。据美国专利局 2021 年公布专利显示，苹果通过该公司在申请一项通过 3D 映射技术实现眼球、手势追踪的专利，通过这项专利可以让 AR 眼镜拥有手势识别功能。与此同时，苹果还一并申请了一项通过注视点数据预测眼前物体位置的专利。

在面部识别方面，苹果此前收购了面部动作捕捉（Faceshift）、表情分析（Emotient）、面部识别（RealFace）、复原（Regaind）、图像分类（Perceptio）等做面部识别技术的团队，实际上，苹果早在 2017 年 9 月发布苹果 X（iPhone X）时就已经开始在前置摄像头中用 3D 结构光方案做 3D 人脸识别（Face ID），为此，苹果甚至取消了 Home（返回）键。为此，苹果还申请了一项通过 3D 人脸识别 AR 设备游戏玩家的专利。

在空间定位方面，苹果此前收购了 WiFiSLAM、Flyby Media、Indoor.io 等团队，在苹果 AR/VR 的专利池中，也有诸如基于空间音频定位还原 3D 声场、通过超声波进行空间定位、多人同时定位等技术专利。

因此，不管苹果本身对元宇宙这个概念如何理解，苹果在元宇宙领域的布局是有目共睹的，在 2017—2021 年，库克 15 次在公开场合表达了自己是 AR/VR 的忠实支持着，他认为 AR/VR 将是苹果的下一个业务增长点，而且目前苹果已经在 AR/VR 领域投入了近千人的研发团队。苹果将要推出 AR/VR 头显的信息也在坊间流传了很久。当然，正如国外的评论者所指出的，苹果不太可能从底层驱动或运营元宇宙，构建一个开放的创作平台——每个人都可以访问所有用户数据和设备应用程序接口（Application Programming Interface，API）——与苹果的精神和商业战略背道而驰。

3. 谷歌：以人工智能为核心布局元宇宙

谷歌是人工智能领域的领导者，它所作出的在人工智能领域的里程碑的事件是 2016 年阿尔法狗（Alpha GO）打败围棋棋手李世石，推动了人工智能在市场上受到广泛的关注，之后一级市场也产生了非常多的投资事件，很多的人工智能"独角兽"企业也是在那个阶段进行大力发展的，而阿尔法狗背后就是谷歌旗下的 Deep Mind 开发团队。2017 年，谷歌正式提出将他们的战略由原来的移动优先（Mobile First）转变为人工智能优先（AI First），将 AI 作为公司最核心的战略。发展到现在，谷歌在 AI 上具有很强的综合实力，不管是从学术的研究能力和场景的落地能力来看，都属于在全球科技巨头中排名第一的公司。

谷歌底层架构上面拥有 Tensor Flow 开源算法，是全球范围内使用最为广泛的 AI 开源算法，被广泛地应用到各种的开发场景中。此外，谷歌自研了适配 Tensor Flow 算法框架的芯片张量处理单元（TPU），传统芯片面对 AI 场景下急剧增长的数据量，可能会存在性能不足的问题，而谷歌推出的 TPU 芯片是采用矩阵计算的方式，能够同时处理更大的数据量级，从而能够更好地适应人工智能场景下飞速增长的数据规模。

在应用层面，谷歌现在不仅将自己的 AI 技术应用到搜索、油管等前端业务，最重要的是在安卓系统上也进行了不断的迭代，将其开放给采用安卓系统的这些智能手机厂商去使用，比如从 2018 年谷歌发布安卓 9.0 开始，我们就能看到像谷歌助手以及目前在智能手机上用到的一些相册自动分类等功能，都是基于谷歌的人工智能算法。

在云计算这方面，谷歌是最早提出云架构概念的公司，但对云计算的重视是相对比较晚的，晚于亚马逊和微软，当其开始重视云计算时，由于自身更崇尚技术文化，在面向需要较强的销售能力的云计算商业化时，两者文化不是非常的契合，因此，谷歌在云计算上也经历了一段时间的探索。目前，公司在经历几任高管的组织架构调整与变化后，在云计算方向的布局上也在不断加速。2020 年谷歌云在全球公有云的市场份额大概占 4.8%，排在全球第四，排在前面的分别是亚马逊、微软和阿里。

从硬件入口层面来看，谷歌主要推动的是 AR 方向，也是经历了几个阶段的转折与变化：谷歌起步于 AR 方向，2014 年推出谷歌眼镜（Google Glass），并且开放了网上的订购；2015 年谷歌又搁浅了谷歌眼镜的研发，转而加入了三星的阵营进行手机 VR 方向的研发，此后由于移动 VR 一体机成为市场的主流，谷歌在手机 VR 方向的研发又停滞了；2017 年谷歌又重新回到了 AR 的方向，新推出谷歌眼镜版本，但这次主要发布的是企业版本，到 2019 年谷歌又发布了谷歌眼镜企业版的 2.0 版本，主要面向企业用户，覆盖农业、制造业、医疗等场景和领域。

4. 英伟达：以工业元宇宙入手

英伟达作为全球顶尖的计算硬件企业，其芯片（RTX 系列 GPU 显卡、HGX、Tegra X2 计算平台等）是元宇宙最底层的基础硬件，元宇宙对算力的强大需求，将带动英伟达的硬件销售，给公司带来新的发展机遇。

英伟达在元宇宙领域并不甘心只做一个硬件供应商，而是以其硬件为入口，全力打造以全真宇宙为平台的工业元宇宙生态。全真宇宙可以运行具有真实物理属性的虚拟世界，并与其他数字平台对接，在元宇宙中主要扮演链接者（链接 Maya、3DS-Max 等软件，助力开发者实现协同办公）、数字孪生（目前已用于宝马、爱立信、西门子能源等企业）、AI 助力开发提供商等角色（可助力开发者创建虚拟角色，进而有效地形成立体肖像并进行人机对话），将成为进入工业元宇宙的重要入口。

英伟达在元宇宙领域中商业化布局的思路主要是："前期重视生态系统搭建，后期软件成熟后收取许可费，并带动硬件销售增长。"收费用户主要包括：(1)2B 端的企业许可授权业务，收费标准为 0.9 万美元 / 年；(2) 2C 端的设计者、开发者授权业务，收费标准为 0.1 万美元 / 年。

中国技术公司则从多个方面关注与实践元宇宙。华为从 AR/VR 切入元宇宙赛道，此前，在 2020 年华为开发者大会上，华为发布了赛博宇宙（Cyberverse）地图技术，致力于打造一个地球级的、不断演进的、与现实无缝融合的数字新世界。同时，在 VR 领域的技术突破加速实现沉浸式体验，为 VR 内容开发者提供平台华为 VR。TCL 雷鸟科技布局 XR 市场，计划推出全新的可穿戴设备——XR 眼镜，宣布进入"元宇宙"。百度推出了沉浸式虚拟社交 App"希壤"，这是一个身份认同、跨越虚拟与现实、永久续存的多人互动虚拟世界，是一个具备元宇宙概念要素的虚拟世界。百度计划将"希壤"用于 VR 教育、VR 营销、VR 云展会、VR 实训、VR 产业园。

四、电商平台企业抢抓元宇宙机遇

电商平台对元宇宙有浓厚的兴趣，因为购物本身是元宇宙的一个天然应用场景，包括虚拟主播、机器人客服、3D 购物、AR 试用等。而且，电商平台在用户数量与黏性、人工智能应用、云计算等基础能力方面已积累了一定的优势，能够抓住元宇宙机遇，推动其业务进入新的发展阶段。

1. 阿里巴巴：基于电商的应用场景和生态

阿里本身发展云计算也是基于自己在淘宝和天猫的电商场景下有支付、物流这样庞大的需求，于 2009 年开创了云计算方向的业务布局，由王坚带领团队研发了云计算操作系统飞天，满足天猫和淘宝零售业务对于算力的需求。2014 年开始，阿里云服务向外拓展，开始提供对外的服务，并且逐步走向全球化的布局。

在 2021 云栖大会上，阿里巴巴达摩院宣布增设两大实验室：操作系统实验室和 XR 实验室。两大实验室将研究下一代云网端融合架构下的操作系统和新一代移动计算平台。

发展至今，阿里已经成为全球第三大、中国第一的云服务商。2020年阿里云在全球的市场份额大概是 7.6%，仅次于亚马逊和微软；在中国市场，2020 年阿里云的市场份额是 38.5%，远高于腾讯的 12.7% 和华为的 11.1%。

在产品方面，阿里云目前想要打造从硬件、软件以及上层应用的软硬件一体技术体系：硬件层面，阿里自研了芯片、服务器以及自己的数据中心。芯片方面，阿里不光有通用芯片，还打造了 AI 芯片等一共三个系列的芯片体系；服务器方面，阿里推出"磐久"自研服务器产品；软件层面，阿里有最核心的飞天云计算操作系统以及面向自研服务器的龙蜥操作系统、自研数据库和融合 AI 一体的平台阿里灵节，希望在软件方面提高易用性；应用层面，阿里以钉钉为依托，致力于打造云钉一体的战略，从 IaaS 往平台即服务（PaaS）和软件即服务（Saas）逐渐渗透。钉钉是目前中国最大的 SaaS 企业，据官方宣布，用户突破 5 亿，覆盖组织超过 1900 多万。

阿里在产品体系中形成了非常成熟的从硬件到软件以及上层应用的完善的生态体系。基于此，阿里现在所覆盖的用户规模很庞大。在客户规模快速发展的情况下，也推动了阿里云计算收入的飞速增长。

面向元宇宙的方向，阿里主要从云游戏的角度进行切入。2021 年 9 月，阿里云游戏事业部发布了全新产品——元境，主要面向云游戏的方向提供研运一体化的服务平台，致力于打造云游戏的底层基础设施。客户一旦上云将会面临非常大的迁移成本，从目前的内容形态来看，云游戏是目前最为接近元宇宙的形态之一，未来随着云游戏不断升级，向元宇宙的内容形态不断迭代，这一批客户可能基于系统依赖继续成为阿里云的客户。考虑阿里云计算在国内处于非常领先的行业地位，我们判断阿里云在云游戏以及向未来元宇宙演进的过程中，还是具备比较强的先发优势，有望成为中国在云计算厂商中布局元宇宙方向的一个非常重要的参与方。

此外，阿里最核心的还是基于电商的应用场景和生态，阿里具有非常强大的变现效率和能力。对于用户体验的优化，2016 年阿里就做过尝试，推出过 VR 购物计划，可以打造一个虚拟的场景，让用户在虚拟世界里和人、物进行交互，也可以把现实中的场景进行虚拟化，从而让用户更加有沉浸感。

目前，阿里云官网上已经上线了一个入口叫虚拟数字人，为天猫淘宝的商家提供了虚拟主播的技术能力，商家可以通过"品牌智能直播间"所提供的虚拟主播和虚拟人直播运营平台实现直播间的运营，让虚拟主播能够像真人主播一样进行商品的介绍和观众的互动，预计这种方案将有效解决现在直播需要轮班，才能保证 24 小时在线的痛点，从而更好地解决人力成本的问题。

总结来看，阿里现在元宇宙方向的布局主要有两个方向：一个方向是基于云计算底层技术的积累，逐步拓展元宇宙方向的解决方案，比如云游戏；另个一方向是基于电商场景的探索，比如 VR 购物、虚拟数字人、虚拟主播等方向。

2. 亚马逊：以云计算为核心布局元宇宙

首先，亚马逊的核心竞争力在于本身具有非常领先的技术实力，同时对面向元宇宙底层可用性的工具进行了开发；其次，亚马逊云计算实力得到了全球的认可，在用户上涵盖非常广泛，而且客户绑定非常深厚，随着向元宇宙方向逐步迁移，客户依赖性将会持续存在，从而使亚马逊能够顺势迁移到元宇宙的时代去。

亚马逊也非常重视云计算在元宇宙方向的布局，2021 年全球发布大会上，亚马逊全球副总裁认为元宇宙是一个云计算可以大量赋能的领域。亚马逊更多的是基于元宇宙所需的技术底层能力的建设，目前亚马逊以云为核心，形成了丰富的开发工具矩阵，比如 VR/AR 开发平台"亚马逊苏美尔"（Amazon Sumerian）、数字孪生服务亚马逊物联网孪生制作器（Amazon IoT TwinMaker）、游戏引擎亚马逊伐木场系统（Amazon Lumberyard）等。

基于其最基础的电商业务，亚马逊将倾向于创建一个虚拟经济系统，以及可以在虚拟经济中访问的虚拟商店。例如，如果顾客想买一件衬衫，可以用虚拟的色板来看实际的上身效果。亚马逊也正在开发 AR 眼镜，以应用于多种场合。

基于云计算能力，亚马逊与布局元宇宙相对激进的一些公司也都进行了合作，与元在 2021 年的全球发布大会上宣布将进一步深化合作，将亚马逊的云计算用于加速元在 AI 方向上的研发；英佩游戏几乎所有的游戏负载都跑在亚马逊的云上。

在游戏方面，亚马逊同时购买了游戏火花公司（GameSparks）和游戏托管公司（GameLift），以便向需要大量服务器和智能化工具的游戏开发商出售其云计算和其他技术服务。为销售其云计算能力，亚马逊正在构建第一个专为云计算时代设计的主要游戏/渲染引擎。

第四章　元宇宙与实体经济

对实体经济而言，元宇宙的核心将世界数据化，包括人、物、环境等进行数据化搭建，通过数据化搭建，超越物理世界时间和空间的限制，从而获得更高的效率，产生更广阔的市场。数据化的特点是数据传输、转换、改造、运用等成本远低于物理世界进行同样操作的成本，这样，元宇宙的应用过程中，必然蕴含着效率提升与市场拓展的空间。

第一节　元宇宙 + 零售

元宇宙为线上商业与线下商业都带来了新的发展机会。一项数据表明，66%的消费者表示，他们在购物时对使用 AR 特别感兴趣，并且许多人希望能够在网上购物时看到产品如何融入他们的生活[1]。另一项调查表明，93%的全球消费者同意技术是我们的未来，76%的消费者说他们的日常生活和活动依赖于技术，81%的消费者认为品牌的数字

---

[1]　https://www.retailcouncil.org/community/technology/what-the-metaverse-could-mean-for-retailers/.

化形象与其店内形象同样重要 ①。很多研究机构认为，在接下来的 5 年中，"元宇宙 + 零售业"这一趋势可能会演变为设计更完整、更充实的虚拟世界，提供身临其境的购物体验 ②，最后从电子商务演化为虚拟商务（V-commerce）③。

从线上商业来看，由于线上商业本身的局限（消费者缺乏良好的体验、线上价格优势下降），线上商业发展本身遇到了一定的"瓶颈"。

从电商的增长速度来看，2021 年，我国网上零售额首次突破 13 万亿元，达全国网上零售额 130884 亿元，同比增长 14.1%。其中，实物商品网上零售额 108042 亿元，同比增长 12%。占社会消费品零售总额的比重为 24.5%，对社会零售总额增长的贡献率为 23.6%。从增长速度来看，全部网上零售额的增长速度要高于 2020 年全年（10.9%），实物商品网上零售额增长速度低于 2020 年（14.8%），且首次低于社会消费品零售总额增长速度（12.5%）。事实上，近年来，我国网上零售额增长率呈逐年下降的趋势非常明显（见图 4-1）。且从 2019 年开始，我国网上零售额的增长率已低于全球平均增长率。

电商的核心是将商品或服务变成一种可在网上自由流动的数据，从而实现跨时空的交易。因此，商品数据化是电商发展的核心。现有的电商强调利用图文或者短视频的方式将商品数据化，解决了商品上网的问题，但是，图文方式或者短视频使商品变成一种冷冰冰的数据，缺乏形

---

① Wunderman Thompson Intelligence, New Trend Report: Into the Metaverse, https://www.wundermanthompson.com/insight/new-trend-report-into-the-metaverse.

② The Metaverse Mall & Why it Matters, https://www.cbinsights.com/research/metaverse-virtual-world-retail/.

③ Cagnina, Maria Rosita and Poian, Michele, How to Compete in the Metaverse: The Business Models in Second Life, U of Udine Economics Working Paper, No.01, 2007, Available at SSRN:https://ssrn.com/abstract=1088779 or http://dx.doi.org/10.2139/ssrn.1088779.

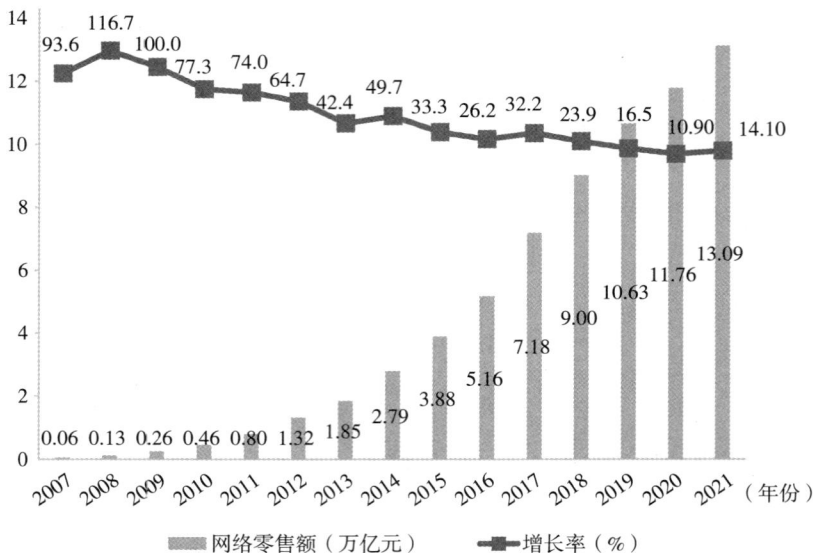

4-1　2007—2021年我国网上零售额历年增长速度

象立体的生动呈现。其所面临的一个问题是促进消费者作出购买决策依据不足。

具体而言，元宇宙与电子商务融合发展，不单纯是从平面化图文化的电子商务向3D立体化的电子商务转变，而是要解决当前电子商务发展所面临的以下问题：

一是数据真实性与完整性问题。

将鲜活的商品转换为数据，这里涉及的一个基本问题就是"数实是否相符"。也就是说，数据是否由真实商品产生的、数据是否真实地反映商品的情况、数据是否传达商品的重要信息。这个问题在电商发展早期就曾出现过，很多商家利用图片过度宣传，从而对消费者产生误导。

例如，在衣服拍照时，出现色差；有些商品并不由卖家自己拍摄，而是直接在网上盗图；还有一些商家故意隐瞒商品重要信息，不提供商品的核心信息。这些不完整、不真实的信息，使消费者对电商产生了天然的不信任感，这也就是为什么电商需要更严格的售后服务（如七天无理由退货）、更低的价格的重要原因。

在元宇宙中，商家可以对数据进行更丰富的呈现。例如，可以利用虚拟现实技术，对消费者衣服的上身效果进行呈现。拿化妆品举例，化妆品在每个人身上的效果会有所不同，而且需要在众多颜色中挑选适合自己的，所以如果能虚拟试妆，那就要比模特试色效果好得多，而这正是元宇宙所能提供的。

二是数据符合需求性问题。

与商品相关的数据非常多，包括材质、样式、规格、颜色、认证等诸多信息，消费者对这些信息的关注度是不一样的。因此，卖家数据的呈现方式需要符合消费者对数据的需求。

例如，对于女装，消费者的退货理由通常是由于衣服有色差、尺码不合适、不喜欢、穿上没有想象中好看等，真正因品质问题退货的不到1%。退货的主要原因是顾客的期望值太高，但期望值太高有时也是因为销售过度夸张，或者照片拍得不符合实际，消费者被模特误导。而消费者真正需要的上身效果等数据，在线上店铺所提供的数据里一般都非常稀缺。

从实际情况来看，在图文电商时代，尽管商家呈现了非常多的数据，然而，这些数据是否是消费者所关心的，或者消费者能否在最短的时间内找到所需要的信息，商家缺乏必要的反馈信息。而精准提供符合消费者需求的信息，不但对消费者降低购物成本、节省购物时间有重要意义，也对商品卖家提高营销效率、降低沟通成本、减少售后事件有重要价值。如何提供更符合消费者需求的数据，是电子商务必须要解决的一个问题。

在图文电子商务时代，电子商务卖家依赖于平台提供的大数据来优化数据提供模式，这使电子商务卖家对平台的依赖进一步加深。而且，这种模式本身也有需要进一步优化之处。

因为平台虽然有大数据，但是这些数据存在严重的"片断化、碎片化"问题，这导致真实的关系更难以发现。这一观点是由纳西姆·塔勒布（Nassim Taleb，著名商业思想家，著有《黑天鹅：如何应对不可知的未来》等作品）提出的。随着我们掌握的数据越来越多，可以发现的统计上显著的相关关系也就越来越多。这些相关关系中，有很多都是没有实际意义的，在真正解决问题时很可能将人引入歧途。这种欺骗性会随着数据的增多而呈指数级地增长。在这个庞大的"干草垛"里，我们要找的那根针被越埋越深。大数据时代的特征之一就是，"重大"发现的数量被数据扩张带来的噪声所淹没。

元宇宙可以利用其庞大的数据能力与计算能力，还有 VR 等技术手段，提供更符合消费者需求的数据。

三是娱乐性不够。

娱乐化是当今文化的一个重要特征。娱乐化正是吸引消费者注意力的一个重要方面。在任何直播运营过程都要适应这种娱乐化的趋势，任何流程设计都要考虑到"泛娱乐化"的因素，使整个营销过程更能直击人性。

元宇宙天然具有娱乐性，通过满足娱乐性的要求，元宇宙将实现对电子商务的升级，从而推动其有着更好的发展空间。在元宇宙中，电商行业也将呈现游戏化趋势，以沉浸式体验，打造全新的购物与生活方式，人们可以以游戏化、娱乐化的方式购物，也可以以购物的方式模拟一场游戏或者娱乐体验。作为娱乐化的一部分，也可以在 VR 游戏中融入互动体验，在热门游戏中宣传新的服装系列、推出新的化妆品。例如，主流手机游戏模拟人生和零售企业欧摩时（Asos）进行虚拟时装秀合作，虚拟时装秀在游戏中展示后，相关产品通过欧摩时平台进行销售。又如，路易·威登于 2021 年推出了 200 周年纪念版电子游戏，路易流（Louis the Game），由玩家寻找隐藏在 6 个世界中的宝藏（蜡烛和 NFT）。

另外，元宇宙并不是非要有一套独立的经济系统，可以在元宇宙里继续使用微信支付、支付宝，或者使用数字人民币、比特币都可以，元宇宙与现实是高度连接的。

四是互动化程度仍有待提升。

互动是人类的刚需。按照尤瓦尔·赫拉利在《人类简史》一书中的观点，人类之所以能够从猿进化而来，八卦是一个非常重要的因素。人类喜欢八卦，才会聚集在一起进行沟通，而沟通产生了合作的可能，从而使人类逐步走上了演化之路。图文电商也由各种客服提供互动，然而这种互动仍然是由消费者发起的，在回复的准确性、及时性等方面仍有待于进一步提升。

元宇宙可以与消费者实现实时互动，甚至由人工智能与消费者进行互动，其互动性能够更好地加强。利用元宇宙，能够呈现更多可供消费者互动的东西，例如，让消费者参与到虚拟生产、虚拟设计等，从而提高互动的程度，提供更丰富的互动体验。

五是信任度的问题。

从电子商务来看，这种利用互联网进行传播信息的模式，天然会产生信任问题。凯文·凯利（Kevin Kelly）在《必然》（*The Inevitable: Understanding the 12 Technological Forces That Will Shape Our Future*）一书中提出，"互联网是一台复印机。在最根本的层面上，它将我们使用它时所提供的一切行为、一切特征、一切想法拷贝成为复制品。为了将信息从互联网中的某个角落传输到另外一边，通信协议使信息在传输过程中经过了数次的复制。而当复制品免费时，你就要去销售那些无法复制的东西"。他进一步指出，无法复制的事物有很多。比方说"信任"。信任无法复制，也无法购买。信任必须通过时间积攒得到。我们无法下载信任，更无法伪造信任（至少无法长期伪造）。在所有情况大体相当的情况下，你永远会倾向于和自己信任的人打交道。因此，信任是一种无形资产，它在复制品泛滥的世界中具有的价值越来越高。

图文电商主要通过平台利用评分、强制售后服务等各种治理机制来建立信任机制，这种方法的成本很高，而且效率有待于提升。有数据显示，目前 92% 的用户最相信的是熟悉的朋友的推荐，而只有 47% 的用户相信广告的推荐。

从这个意义上看，元宇宙与电商的融合力图解决图文电商在商品数据化过程中所面临的真实性、完整性、娱乐性、互动性、合需求性、社交性、可信性等问题，是电子商务商品数据化的 2.0 版，将对电子商务产生新的推动作用。

元宇宙提供了更丰富的电商发展路径，将为电商发展提供更丰富的空间。例如，美国视频电商企业乔伊斯公司（Joyus）曾经做过一个分析：通过优质视频来推广商品的转化率，会比传统图文展示的方式高 5.15 倍；其视频观看者购买商品的次数，为非产品视频观看者的 4.9 倍。

德国学者霍尔茨在《预言大未来》中写道[①]，在未来，经济发展将缔造一批新型消费者，他们将从勇敢的最终消费者成为体验先锋，他们将使用情感购物、感官购物、社会购物等，替代了"个人消费"。适应这一需要，消费过程将变得更加深入、感情化与私人化。元宇宙将其消费过程、经验、感悟等通过更为沉浸的方式传递出来，将是对电子商务的一个重大变革。

---

① [德] 霍尔茨：《预言大未来》，中国海关出版社 2004 年版，第 166 页。

元宇宙对线下商业同样能够起到促进作用。在线下商店，通过利用 XR 技术，混合了虚拟和物理体验，消费者可以在商店的元宇宙化身中体验更丰富的内容，从而使线下商店变成模糊现实（blurred reality）。例如，在元宇宙空间，消费者可以了解到商品的制造过程，可以全程更直观地看到使用之后的效果。在元宇宙里，消费者甚至可以与其他同时在线的消费者进行互动，交流商品使用体验。这种新颖的销售方式，实时性、互动性、场景性以及可体验性等方面大幅度增强，尤其是对一些特别重视体验的商品或者新奇的商品而言，利用元宇宙的沉浸式体验，对线下商品的销售具有极大的促进作用。另外，元宇宙甚至可以让消费者体验店内没有的商品，从而扩展商店的经营范围，将线下线上更加无缝地融合起来。

总之，在零售领域，元宇宙的应用将无所不在。例如，在线下逛家具商店时，看到一套家具，可以用 AR 应用程序来想象家具和装饰产品在自家空间中的样子。又如，在线上看见一副眼镜时，可以使用亮视点（Lens Crafters）、沃比派克（Warby Parker）等眼镜供应商提供的工具进行虚拟"试戴"镜架，从而解决眼镜的体验问题。在网上购买化妆品时，也可以利用元宇宙之中的工具进行试妆，看看哪些产品和色调在脸上看起来最好。

值得指出的是，利用元宇宙进行营销并不是大企业的专利。很多平台也在开始推出大量的 AR 工具，使小品牌能够进入到元宇宙领域。例如，一站式 SaaS 模式电商服务平台美犀电商（Shopify）在其产品页面上支持 3D 模型，让客户在 AR 中查看产品，并聘请专家帮助创建这些 3D 模型。各大电商平台将允许商家自行搭建 3D 购物空间，让顾客进入虚拟商店以后，体验云逛街的全新购物感受！消费者也可以运用自己的虚拟形象，在元宇宙里试衣服、试口红色号，现实世界中本人足不出户就可以进行试装和试色的体验，非常具有科技感。

然而，对于企业而言，需要在元宇宙中对他们的新客户做市场调查。人们在元宇宙中的行为方式和偏好可能与他们在现实生活中的行为方式和购物习惯完全不同。正如咨询公司敏捷逻辑（Brisklogic）所指出的，简单地将工业时代的购物概念和惯例转移到元宇宙中是缺乏想象力的。元宇宙将使我们超越实体店的功能和形式，并提供一个新的购物体验[①]。从未来发展看，各个电商平台可以直接入驻元宇宙，在虚拟世界里建立自己的交易平台或者虚拟商城，比如京东、天猫等可以直接入驻元宇宙，形成自己在虚拟世界里的电商平台，抢占元宇宙电商平台的蓝海空间，这个电商平台是面向全世界元宇宙用户的，打开了另一个全新世界的巨大的交易空间。

各大零售企业也开始了进入元宇宙的准备工作。2021 年 12 月，沃尔玛悄悄地申请了多项与元宇宙零售活动相关的专利，其中一项专利用于沃尔玛品牌的加密货币，另一项专利用于"虚拟商品"和不可替代代币（NFT），并为"Verse to Store""Verse to Curb"和"Verse to Home"申请了商标。正宗品牌集团（Authentic Brands Group，ABG）旗下的零售商永远 21 岁（Forever 21）正在与罗布乐思合作，以建设永远 21 岁购物商城（Forever 21 Shop City），该商城由用户和时尚影响者拥有和管理。永远 21 岁购物商城包括四个区域，用户可以在其中进行角色扮演、建立社区并找到隐藏的稀有物品。用户从可定制的玻璃建筑开始，并获得积分以添加定制的外观和灯光等选项[②]。

---

① Metaverse Mean for Retailers，https://www.brisklogic.co/what-the-metaverse-mean-for-retailers/.

② Mark Beresford，What will the Metaverse Mean for Digital Commerce?，https://edgar-dunn.com/2022/02/metaverse-and-payments/.

第二节 元宇宙 + 教育

元宇宙能够提供更加丰富立体的沉浸式体验，符合教育行业的很多特点，因而在教育行业的应用被很多人看好。例如，一家与"元宇宙"结合的教育科技公司英瓦克元宇宙大学（Invact Metaversity），由推特（Twitter）印度地区的前负责人曼尼什·马赫什瓦里（Manish Maheshwari）创立于 2021 年 12 月，主要业务是通过虚拟沉浸式平台传授就业能力培训[①]，估值高达 3300 万美元（超 2 亿元人民币）。

元宇宙将对教育领域带来极其深刻的影响。

一是元宇宙使远程教育成为可能，这将改变教育的形态，有可能使教育的生产率获得大幅度提升。传统的教育需要面对面的方式进行，这使教育的生产率在过去一百多年并没有获得大的提升，也成为服务业"成本病"（cost disease）[②] 的一个典型案例。但是，元宇宙的出现，通过沉浸式的远程体验模式，使虚拟课堂的体验感、功能与参与度等大幅度提升，这将极大地提升教育的生产率。所谓"言传身教"，在教育过程中，很多信息是不能只通过语言或者文字来传递的，必须通过教师当面进行传达。这个特点，就为教育的普及制造了障碍。现实中，教育资源分布是不均匀的，很多地方缺乏优秀的教师。元宇宙的应用，能够使这

---

① Invact Metaversity 当前上线为期 16 周的 metaMBA 课程，该课程总计费用 20 万印度卢比（约为 2680 美元）。这门课程将在 2022 年 5 月开始授课。从产品服务层面来看，该公司以 VR 虚拟现实等方式，应用到职业技能学习，包括市场营销、产品管理等教育培训。

② 成本病是由经济学家鲍莫尔（Baumol, 1967）提出的一个对服务业进行解释的理论模型，也称鲍莫尔病。该模型认为，服务业由于需要人工面对面参与，其生产率将会趋于停滞。而服务业占 GDP 比重的上升主要是因为服务业的生产率增长速度低于制造业的增长速度，因而，服务业的成本大幅度上升，造成服务业在 GDP 中的份额大幅度上升。

些当面传达的内容通过远程实现。而元宇宙在助力远程教育方面具有当前所使用的音视频会议更加丰富、生动、沉浸的体验。在互动性方面也能够更有效地提升。

帕特·博奇奇奥（Pat Bocchicchio，2021）指出，虽然在线大学越来越受欢迎，然而，几乎没有争论的是，仅仅在电脑屏幕上观看讲座并不是学习和参与课堂讨论的最佳方式。在元宇宙中，将有整个虚拟校园，来自世界各地的学生可以在课堂内外一起学习、工作和社交。这种方式将解决远程教育、在线学习所存在的固有问题，从而成为未来学习的一种主流方式。

二是元宇宙能够更加有效地丰富教育内容。元宇宙能够突破物理空间的局限，展现更为丰富的教育内容，尤其是受物理条件局限的大量试验性内容。例如，行星、恒星的演变与形成，生物成长过程等，都可以通过元宇宙来实现，而且，这种实现过程还可以让学生全程参与。

很多大学在一些试验性课程方面大量利用元宇宙的相关技术，在新冠肺炎疫情期间，凯斯西储大学的 185 名一年级医学生都在使用全息透镜（Holo Lens）和混合现实解剖软件（Holo Anatomy）来学习人体解剖。混合现实解剖软件帮助学生以其他不可能的方式了解人体。通过访问 3D 人体解剖学的最细微细节，学生的学习不受用于解剖的尸体或 2D 医学教科书插图的可用性的限制，能够更形象生动地学习到人体结构[①]。

三是元宇宙在教育培训、行为养成等方面具有独特的优势。例如，马里诺（Dan Marino）基金会和魔法飞跃（Magic Leap）为患有自闭症

---

① 案例来源：Helen Papagiannis, 3 Ways Augmented Reality can Help Us with COVID-19 and beyond, World Economic Forum, https://www.weforum.org/agenda/2020/04/augmented-reality-covid-19-positive-use。

谱系障碍的年轻人创建了一个虚拟工作面试培训系统，让他们在安全的模拟环境中练习，从而提高能力并减少焦虑。目前，与虚拟人交流也可以帮助人们减少在家中的孤立感[①]。自 20 世纪 90 年代以来，很多地方利用 VR/AR 培训外科医生使用各种手动工具。数据显示，VR/AR 手术培训非常有效，每年有数千次手术实际上是由位于远程并使用网络 VR/AR 进行手术的医生进行的，或者与患者在房间内进行手术但使用该技术来增强他们的视力[②]。瑞典初创公司瓦品（Warpin）正在为公司制作 VR 培训视频，并与数字医生服务平台克利（Kry）开展了一个试点项目，在该项目中，社交焦虑症患者能够通过与治疗师一起进入沉浸式虚拟社交场景来克服恐惧。

这种培训在企业中越来越流行。2018 年，超过 200000 名沃尔玛员工使用 VR 提高工作效率，在假期高峰期练习客户服务，学习快速发现商店周围的安全违规行为，并学习如何使用新的销售系统。2019 年，接受 VR 培训的沃尔玛员工数量增长到超过 100 万，遍布美国 4500 多家商店。同样，威瑞森（Verizon）正在使用 VR 培训数千名商店员工如何安全应对抢劫。全国互助保险公司（Nationwide）通过让他们在 VR 中检查事故，将其对保险理算员的培训从 3 个小时缩短到不到 15 分钟。

预计到未来，在元宇宙空间让学员进行沉浸式培训，包括动手能力方面的培训，将会越来越流行，从而给教育培训行业带来实质性影响。

---

① 案例来源：Helen Papagiannis，3 Ways Augmented Reality can Help Us with COVID-19 and beyond，World Economic Forum，https://www.weforum.org/agenda/2020/04/augmented-reality-covid-19-positive-use。

② Sandra Lopez，Jeremy Bailenson，5 Lessons for the Future Success of Virtual and Augmented Reality，https://www.weforum.org/agenda/2019/01/five-lessons-to-shape-the-future-of-virtual-and-augmented-reality。

四是元宇宙将带来更为生动与沉浸的学习模式。元宇宙使学习过程中的参与、互动等方式更为多元，对相关培训的内容展示更为丰富立体，这使学习模式得到改变。例如，基于游戏的学习模式有可能获得应用。事实上，罗布乐思正计划将教育视频游戏带入教室。这种沉浸式学习，将为教育模式、教育公平性、教育可获得性带来新的机遇。

第三节　元宇宙 + 文化旅游

文化娱乐旅游等满足精神需求的产业，在元宇宙发展过程中，其商业模式将带来革命性变化。从本质上看，元宇宙发展的重要动力，就是因为人的需求，正在从物质向精神转换，这将带动文化娱乐旅游等产业的转型。

元宇宙在文化产业方面的影响正在显现。根据艺术家和技术专家德鲁伊·卡塔奥卡（Drue Kataoka）的说法，AR 和 VR 将提供一种全新的创意媒介——"艺术家梦想逐个像素地构建世界"[1]。元宇宙提供前所未有的沉浸感和体验。这可能会改变游戏规则：用户将不再查看内容，而是被放置在不断扩展的虚拟世界中，并发现自己处于中心位置，这种"身临其境"的性质，对文化产品的创作提出了不同的要求。

元宇宙提供了新的文化表现空间。在技术上，可以通过耳机控制

---

① Stefan Brambilla Hall，Ryo Takahashi，Augmented and Virtual Reality: The Promise and Peril of Immersive Technologies，World Economic Forum，https://www.weforum.org/agenda/2017/09/augmented-and-virtual-reality-will-change-how-we-create-and-consume-and-bring-new-risks.

声音和听力并通过音乐会扬声器和高保真立体声系统将现场馈送（任何大小或区域）投射到个人的 VR 设备之中，使其有身临其境的感觉。现在很多线下的音乐会等，都在向元宇宙空间迁移。"堡垒之夜"举办了爱莉安娜·格兰德和特拉维斯·斯科特的音乐会，吸引了 4400万用户的在线关注。而利尔·纳斯·X 在 2020 年的罗布乐思音乐会的观看次数达到了 3300 万。英国艺术家菲利普·考尔伯特（Philip Colbert）也计划在分布大陆上推出 NFT 艺术展和音乐表演。初创公司巴黎第 11 步公司（Stage 11）刚刚从欧洲风投基金欧腾资本（Otium Capital）筹集了 500 万美元的种子轮融资，正在为虚拟世界打造身临其境的音乐体验，并与大卫·库塔（David Guetta）、史努比·狗狗（Snoop Dogg）、尼欧（Ne-Yo）和阿肯（Akon）等艺术家建立了合作伙伴关系。在表现形式方面，元宇宙的很多新理念，将产生更多种类的艺术品。元宇宙技术也能够使很多特殊人士像正常人一样欣赏文化产品。例如，布拉格国家美术馆正在使用 Neurodigital 开发的虚拟触摸反馈系统帮助盲人和视障人士体验"接触大师作品"（Touching Masterpieces）展览。通过戴上一副触觉手套，用户可以通过对指尖、手掌和手的一系列触摸振动"看到"像米开朗基罗的"大卫"这样的 3D 虚拟雕塑。

元宇宙改变了文化创作的协作机制，降低了创意创作的成本和门槛。通过元宇宙，艺术家或者创作者能够超越物理空间的限制，进行更紧密的协作。总部位于伦敦的重力素描（Gravity Sketch）公司最近推出了一个虚拟协作室，设计师可以在其中远程协作处理同一个 3D 设计项目。元宇宙可以在产品设计等方面实现更快的迭代，显著缩短从概念设计到生产和商业化的时间线。例如，一家设计公司通过使用 VR 原型替代两个物理原型，消除了组装定制样品所需的时间，缩短了产品研发周期，从而为航空行业的客户节省了 50000 美元。在文化产品创作方面，艺术家可以在元宇宙中实现有效更快的修正、重构，从而有效地降低成本，使小型公司能够以更低的成本生产更高质量的内容。对一些需要更深层次体验的产品，通过沉浸式技术，设计师可以在 VR 或 AR 环境中行走、飞行和与原型互动，从而获得更直接的体验。身临其境的技术还可以让用户更接近全球性问题，例如人道主义危机，从而实现一种能够唤起同理心的远程呈现形式，就好像有人在场一样。根据艺术家兼导演勒奈特·沃尔沃思（Lynette Wallworth）的说法，AR 和 VR"提供了一层真实的体验"，这是其他媒介无法提供的 [①]。

元宇宙通过打造虚拟偶像，推动流行文化的变革。虚拟偶像在近几年获得了越来越多的关注。以本土虚拟偶像（A-SOUL）为例，不仅表演过《寄明月》《赤伶》等多首受到观众喜爱的国风作品，而且其各种活动也受到了粉丝的热爱。A-SOUL 一周年庆生晚会上，其各种表演活动更是受到了关注，直播一共吸引了 7 万多人在线观看，粉丝累计发送弹幕 30 多万条，人气占据平台第一。虚拟偶像的表演能够突破人类的极限与物理空间限制，无论是在背景、动作、道具等方面，都具有独特的优势，能够更好地表现艺术家的想象力。

区块链、NFT 等技术的进步，将文化产品数字化，改变了文化产业的生产流程和交易模式。NFT 是具有真实性证书的独特数字资产，可创造现实世界的稀缺性。艺术品收藏家（买家）可以在区块链上验证铸造 NFT 艺术品的真实性和所有权。截至 2021 年 8 月，前五名最有价

---

① Stefan Brambilla Hall，Ryo Takahashi，Augmented and Virtual Reality: The Promise and Peril of Immersive Technologies，World Economic Forum，https://www.weforum.org/agenda/2017/09/augmented-and-virtual-reality-will-change-how-we-create-and-consume-and-bring-new-risks.

值的 NFT 销售额已超过 1 亿美元 ①。艺术家（卖家）现在可以将他们的艺术品作为 NFT 进行交易，从而消除了交易中的第三方，避免艺术家受到不公正的待遇。这种新的产品形式和交易形式受到了广泛关注。拍卖行苏富比在其商业模式中引入了区块链，允许加密支付，并在分布大陆内举行 NFT 艺术品拍卖。

体育等相关产业也利用元宇宙技术发展周边产品。近两年来，体育行业从交易卡到数字视频的许多项目，都开始制作 NFT 在网上出售。德勤全球预测，2022 年体育媒体的 NFT 将产生超过 20 亿美元的交易额，约为 2021 年的两倍。到 2022 年年底，预计全球将有 400 万—500 万体育迷购买或赠送 NFT 运动收藏品 ②。

而元宇宙对旅游产业也将带来革命性的影响。一方面，元宇宙创造了更具真实体验的数字世界，可能会使人们对线下旅游消费的需求下降。另一方面，元宇宙将线下线上融合起来，为旅游业丰富体验提供了工具和机会。但不管怎么说，旅游业必须要作出变革，来应对元宇宙社会的来临。

元宇宙与旅游产业的融合，来源于疫情期间很多旅游景区推出的云旅游项目。这些项目使云旅游从单纯的旅游信息整合及智慧化运用，变

---

① Deloitte Global Technology, Media and Telecommunications 2022 Predictions: Chip Shortage Continues; Pandemic-Fueled Digital Connectivity to Wellness, Sports, and Enterprise Explodes – Press Release | Deloitte Global，https://www2.deloitte.com/global/en/pages/about-deloitte/press-releases/deloitte-global-technology-media-and-telecommunications-2022-predictions.html.

② Deloitte Global Technology, Media and Telecommunications 2022 Predictions: Chip Shortage Continues; Pandemic-Fueled Digital Connectivity to Wellness, Sports, and Enterprise Explodes – Press Release | Deloitte Global，https://www2.deloitte.com/global/en/pages/about-deloitte/press-releases/deloitte-global-technology-media-and-telecommunications-2022-predictions.html.

成了一种新的旅游体验产品，也使消费者在家中实现了"诗和远方"的梦想。例如，故宫博物院在新冠肺炎疫情期间进行了直播、VR 游览等多种云旅游产品。敦煌研究院也首次推出了拥有敦煌石窟艺术欣赏体验的微信小程序"云游敦煌"。布达拉宫携其未曾开放过的区域开启了直播活动。武汉大学也推出了"云赏樱"直播。这些云旅游项目将现有的景区视频化、动态化、远程化，从而实现了新冠肺炎疫情期间旅游业的自救。国外在线旅游平台猫头鹰（Trip Advisor）旗下的漫游者（Viator）推出了名为居家漫游（Roam From Home）的项目，涵盖了 100 多种全新的虚拟体验，包括文化、观光、饮食（例如，向当地经验丰富的厨师学习制作地方特色美食）等，大部分项目都是免费的。互动学习与合作中心（Center for Interactive Learning and Collaboration，CILC）同宾夕法尼亚大学考古与人类学博物馆（Penn Museum）合作开发了"在家漫游"免费互动程序。美国国家公园管理局（National Park service）推出了"虚拟公园"项目。目的地旅游活动应用头游（Headout）推出了"居家体验"（Headout From Home）项目，提供线上游览全球的机会。

云旅游用虚拟体验替代物理体验的方式，并不被人看好。《中国经营报》发表一篇名为《被疫情逼出来的"云旅游"不可能替代实体旅游》的文章认为，现在的云旅游，不论是视频也好，直播也好，VR 也好，只是原有的旅游数字化的一个升级版。所以，这个业态只是新冠肺炎疫情期间的一种权宜之计。因为从本质上看，旅游是一种强体验活动，在未来这种过分依赖于虚拟空间的模式，不会有太大的发展空间。

然而，元宇宙使数字体验更具沉浸感，更加具有身临其境的感觉，给旅游业带来的影响将更为复杂。"元宇宙＋旅游"不单纯是景区的物理环境的数字展示，而是添加了更丰富的内容。在一些人文景区，通过"元宇宙＋旅游"的方式，能够进行深度挖掘，使景区潮起来、文物动起来、文化活起来、历史醒起来，打造出与线下完全不同的旅游体验产品，带来比线下旅游更生动、更丰富、更深度的体验。这可以抓住一批有心外出却对景区人口密度望而却步的人群、一批缺乏整块时间外出休闲旅游的人群等潜在旅游群体。例如，在元宇宙中，不但能够看到某个历史人物的故居，以更动态的方式了解其生平，甚至可以让旅游者与历史人物互动，这些都将强化旅游者的体验。从线下景区来看，元宇宙技术的应用也拓展了线下的旅游体验。从物理空间视角来看，"元宇宙 + 旅游"突破了时间与空间的限制，突破了景区物理接待能力的限制，使更多人能够通过元宇宙领略景区的风光、历史和文化。而且，元宇宙还能够更深层次、更大范围、更全面地展示景区（例如，由于安全、展品保护等因素而未能开放的部分），从而增加了旅游的广度和深度，提升了旅游体验。元宇宙借助 AR 等技术，还能够为游客带来纯线下没有的全新体验，伦敦即刻滑索（Zip-Now）为游客带来了世界上第一个虚拟现实滑索，当游客从伦敦塔开始滑行时，他们的 VR 头盔显示的是目前世界上最长的滑索体验、位于千里之外的阿联酋的飞越贾伊斯（Jebel Jais Flight）的 3D 画面。元宇宙也能够使旅游者完全沉浸到景区的物理世界或者历史之中，可以通过技术手段，与景区进行更有深度的互动，从而丰富旅游者的体验。例如，在现实物理世界中，很多历史文化或者景区只能观赏，而不能与游客进行近距离接触，而在元宇宙中，游客却能完全融入这个景区之中，与景区或者历史文化等进行深层互动。

第四节　元宇宙 + 品牌

元宇宙对品牌企业，尤其是时尚品牌企业而言，带来了巨大的机会。每个企业都应该抓住这个机会。正如评论家帕特·博奇奇奥所指出的①，就像今天每个企业都有一个网站一样，明天，每家公司都会有一个元宇宙"陈列室"美化其业务展示。关键是，元宇宙不会仅仅促进虚拟世界中的体验。它也可能成为现实世界体验中最强大的营销工具之一。元宇宙顾问未来情报集团（Futures Intelligence Group）首席执行官凯西·哈克尔（Cathy Hackl）指出，特别是对于奢侈品牌而言，元宇宙可能成为二级市场的接入点。很多领先的奢侈时尚品牌正在组建致力于元宇宙合作的内部团队。元宇宙合作由一系列不同的角色和部门负责。通常，这些包括参与多个职能部门的数字体验、数字营销、事件营销团队。甚至有专家认为，最具前瞻性的公司将很快引入首席元宇宙官（chief metaverse officer）的角色。当前，已有一些企业开始引入与这个职位相关的人员了，例如，在 Gucci，引入了一个新的角色是游戏、新业务和收藏品总监。在拉尔夫·劳伦（Ralph Lauren），与元宇宙相关的项目由首席数字官、首席内容官或首席创新官负责领导。

对引进专门的部门与专门的高层管理人员来负责元宇宙业务，虚拟社交平台和头像制造商"崽崽"（Zepeto）的首席战略官鲁迪·李（Rudy Lee）解释说，"对于时尚品牌来说，与元宇宙相关的决策往往会涉及最高层，因此首席数字官和首席营销官都会参与其中。然而，如果一个品牌想要更积极地推动并在虚拟世界中开拓某些东西，那么任命一名首席虚拟世界或游戏官是很自然的，用不了多久，品牌商业计划中的'元宇宙'的含义就会超越营销，因为它可以与有意义的销售指标联系起来"。商业咨询公司期货情报集团的首席元宇宙官兼首席执行官凯西·哈克尔预计，最先进的品牌至少会在 2023 年之前开始考虑在内部引入首席

---

① Pat Bocchicchio，The Metaverse Explained Part 3: Economic，https://loupfunds.com/the-metavese-explained-part-3-economicy.

元宇宙官这一角色。"首席元宇宙官将在一系列项目的必要人员之间进行联络。这些可能包括虚拟商品、化身、NFT、游戏、扩展现实等,此外,他们还需要加密货币、区块链、云计算、游戏引擎和数字设计方面的知识。"

品牌的元宇宙业务范围非常广泛,既包括将现有的从 2D 体系到 3D 网络和用户界面的过渡,也包括在元宇宙中的营销方案制订与执行;既包括如何利用元宇宙销售现有的商品,也包括如何销售虚拟数字产品;既包括营销过程,也包括产品的研发与设计过程。正如卡格尼娜(Cagnina)、玛丽亚·罗西塔(Maria Rosita)和波安(Poian)、米歇尔(Michele)(2007)在研究具有元宇宙雏形的"第二人生"游戏中如何创造品牌时提出了个新概念,元品牌(Metabrand)。他们认为,元品牌在虚拟或现实世界中创建的一个用于虚拟世界的品牌,或者是现有品牌的虚拟化。元品牌也可能应用到现实世界中。元品牌这个概念,虽然提出来已有十多年了,但对理解品牌如何在元宇宙中发展,仍有一定的启发意义。从促销的角度来看,具有更强表现力的 VR/AR,在吸引用户方面的效果已被证明是移动广告的 30 倍[①]。这要求品牌企业必须对这种新的广告形式高度重视。

元宇宙创造了一个与现实世界既有联系又有区别的虚拟世界,对品牌企业而言,元宇宙带来了新的展示空间与市场拓展模式。在元宇宙中,产生具有多种功能的数字时尚产品,包括在虚拟时装秀上穿的衣服,游戏生态系统中化身的服装,以可购买作为投机投资的作品。由于

---

① Stefan Brambilla Hall,Ryo Takahashi,Augmented and Virtual Reality: The Promise and Peril of Immersive Technologies,*World Economic Forum*,https://www.weforum.org/agenda/2017/09/augmented-and-virtual-reality-will-change-how-we-create-and-consume-and-bring-new-risks.

数字时尚产品的多功能性，使其营销方式更为多元化。而这些营销方式，往往将线上的虚拟数字产品营销与现实世界的物理产品营销联系起来。运动服装巨头耐克已经申请了多个元宇宙商标，包括著名耐克标志的元宇宙版本和"只管去做"（Just Do It）口号。2021年年初，运动服装品牌新百伦（New Balance）提交了虚拟鞋、服装和运动器材三项商标申请，指向进入虚拟世界。这些商标将允许公司生产虚拟商品，包括鞋类、服装和运动装配件和设备；在虚拟零售店出售它们，并将这些商品用于在线娱乐目的。彪马（Puma）提交了商标申请，准备将其商标使用于虚拟商品。

虚拟空间中也有现实生活中的时装秀等各个方面的活动，这为时尚产品推广提供了新的空间。很多数字时装周是其线下时装周的数字孪生版，例如赫尔辛基时装周就同步使用了虚拟现实全数字时装盛会"现实之衣"（Fabric of Reality）。据报道，分布大陆已于2022年3月24日开始举办为期四天的首届元宇宙时装周。时尚品牌和投资者将能够购买数字土地，以在整个区块链支持的体验中进行表演、音乐会、派对等。而用户则可以免费参加。品牌方对此表现了浓厚的兴趣，自该项目于2021年12月下旬宣布以来，表示有兴趣的品牌达上百家，已超过了分布大陆的承载能力。如果用户购买了其中展示的各种数字服装，则可用于他们在虚拟世界中的化身。还有一些设计作品中有直通物理世界的链接，通过这些链接，消费者可以购买与数字产品同款的物理产品。例如，雨果（Hugo）首批宣布参与的品牌之一，人们能够在元宇宙内购买实体雨果品牌的商品。

很多品牌都开始利用元宇宙作为新的营销场所，开始在元宇宙空间中开设店铺。例如，古驰和拉尔夫·劳伦等品牌已经在元宇宙平台罗布乐思和"崽崽"上开设了虚拟快闪店；耐克和万斯（Vans）等已经在罗布乐思开设了永久性商店。阿迪达斯已经在"沙盒"的一块土地上确认了其"阿迪宇宙"（adiVerse）战略。

虚拟商品的热销也会带动实体商品的销售。在游戏中，越多的玩家开始与虚拟资产互动、佩戴和照顾它们，就会产生从虚拟到实体的愿望，并真正想要购买实体商品。甚至有些商品可能先有虚拟版本，在虚拟版本受到广泛欢迎之后，才出现了实体版本。例如，游戏公司爱果乐（Aglet）在游戏中发布了第一款运动鞋 Aglet 1，并成为游戏中最受欢迎的运动鞋，之后，在 2021 年 12 月，该公司发布了与游戏同款的实体鞋，受到了玩家的欢迎。对品牌而言，这意味着一种新的营销模式，也就是说，先在元宇宙中发布一款没有物理原型的新产品，测试消费者的反应，如果该款虚拟产品受到欢迎，再发布其物理版本，这对提高营销精准度有重要意义。

考虑到元宇宙中营销的商机，已有初创公司开始在元宇宙方面做营销支持方面的工作。为虚拟人物提供服装的项目"元穿戴"（Meta Wear）启动了其平台[①]，旨在将价值 3 万亿美元的纺织和时尚产业数字化。该项目致力于将各种现实生活中的品牌引入元宇宙，并为创意设计师提供一个创建自己时尚品牌的平台。"元穿戴"在元宇宙中引入了新的时尚产业模式，允许用户制造、分发和销售以 NFT 形式表现的数字服装。

由于元宇宙可以 NFT 的形式销售品牌的数字虚拟产品，这给品牌商带来了新的市场机会。预计在未来，由于面向化身（Direct to Avatar）的商业模式兴起，NFT 有可能发展出一个独立的市场。瑞安·马林斯

[①] MetaWear: Introducing New Digital Fashion Brands In The Metaverse，https://coin-pedia.org/news/metawear-fashion-brands-in-the-metaverse/#:~:text=Over%20the%20past%20year%2C%20the%20demand%20and%20value, no%20other%2C%20and%20it%20is%20here%20to%20stay.

（Ryan Mullins）曾指出，实物商品最大的机会是虚拟商品[①]。从发展现实来看，虚拟产品获得了热捧。奢侈品牌古驰在罗布乐思上创建了一个虚拟空间，即古驰花园（Gucci Garden），并以 1.20 美元到 9 美元的价格发布了一些虚拟产品。有人以 4 美元 75 美分的价格购买了其中的一个虚拟包古驰狄俄尼索斯（Gucci Dionysus），然后在罗布乐思平台上以 4100 美元的价格出售了该虚拟产品，而这个价格，超过了该虚拟包的物理版本[②]。这一案例虽然比较极端，也说明了物理产品的数字版本具有很大的市场开发价值。汽车制造商越来越多地进入 NFT 领域，预计到 2030 年该市场规模将增长到 2400 亿美元[③]。

一些企业也关注了只存在于元宇宙的纯数字化产品。耐克公司于 2021 年宣布收购一家生产 NFT 鞋的公司 RTFKT 工作室（RTFKT Studio），该工作室曾与著名的 NFT 艺术家费沃休斯（Fewocious）合作开发了一系列虚拟运动鞋。该系列在靓极网关（Niftygateway）上发布。在发布后的 7 分钟内，该系列 NFT 售出了 600 多双，销售额达到 310 万美元，均价接近 5000 美元/双。数字时尚品牌共和客（Republique）与已经在销售数字服装的法国配饰零售商蒙尼尔兄弟（Monnier Frères）合作在分布大陆上开设了一家商店，以出售其第一批 NFT[④]，以及包括蒙尼尔兄弟在内的 15 个其他品牌的数字商品。其他品牌也正在加入虚拟数字商品销售的行列，拉尔夫·劳伦于 2021 年 8 月发布了 50 件数字

[①] Ryan Mullins, "The Biggest Opportunity for Physical Goods is Virtual Goods", https://www.wundermanthompson.com/insight/ryan-mullins-founder-and-ceo-aglet.

[②] 该价格的形成与其数量有关。在两次发布期间，Gucci 只发布了 851 个数字包。

[③] Automakers are Minting NFTs, but is there a Strong Use Case? *Metaverse News6.com*, https://metaversenews6.com/automakers-are-minting-nfts-but-is-there-a-strong-use-case/.

[④] 虽然共和客（Republique）的皮肤最初售价为 10 美元至 15 美元（不是 NFT），但该品牌的 NFT，由于具有一对一的功能，价格上涨至约 1500 美元。

服装系列，可在社交网络应用程序"崽崽"中购买。美鹰傲飞（American Eagle）于 2021 年 7 月宣布了比特表情包（Bitmoji）头像的数字服装系列。古驰和乐斯菲斯（The North Face）于 2021 年 1 月发布了宝可梦（Pokémon Go）头像的联合系列。2021 年 3 月，Gucci 发布了只能与 AR 一起穿着的虚拟运动鞋，数字时装企业 The Fabricant 与阿迪达斯、彪马和汤米·希尔费格（Tommy Hilfiger）等品牌合作，将他们的服装虚拟化。奢侈时装品牌极光（Auroboros）于 2021 年 1 月在造型应用和时尚游戏穿搭（Drest）上发布了纯数字时装系列。知名品牌迪赛（Diesel）推出了可用作 NFT 的数字运动鞋原型。

其他品牌对数字产品销售进行了更大规模的尝试。安德玛（Under Armour）则与篮球运动员斯蒂芬库里合作发布了库里在打破 NBA（National Basketball Association，美国职业篮球联赛）三分球历史纪录时所穿运动鞋的数字复制品。库里创世（Genesis Curry Flow）系列包含 2974 款 NFT 运动鞋，价格为 333 美元，全部收入都捐赠给了体育慈善机构。这些运动鞋是跨平台的；它们将在分布大陆、嘎拉游戏（Gala Games）和沙盒等元宇宙中可穿戴。2021 年 12 月，阿迪达斯宣布将与 NFT 创作者无聊猿（Bored Ape）合作，推出"进入元宇宙"（Into the Metaverse）系列。这 30000 个 NFT 于 2021 年 12 月 17 日开始销售，每个价格为 0.2 个以太坊（其时约合 800 美元），在发布后几分钟就售罄，营收超过了 2200 万美元。

元宇宙作为一种新的沉浸式的虚拟世界，其本身自带的社交属性以及完全沉浸的体验感，给品牌与其消费者之间带来了新的互动模式。元宇宙建立了消费者参与的模式，他们有着丰富的路径参与到品牌商的产品设计、生产、营销过程中来，消费过程与生产过程混同，不再仅仅是消费者，而是内容创作者和分销商，可以被公司利用，这要求品牌企业建立起更有效的消费者互动模式，让产消者参与服务和商品创造（Cagnina, Maria Rosita and Poian, Michele,2007）。元宇宙中可以使用NFT等产品，让消费者体验到与品牌商互动带来的利益。很多先锋企业发现了与消费者更多互动带来的利益，他们在元宇宙中开始建立起了新的消费者互动模式。

耐克与罗布乐思合作，在罗布乐思虚拟世界中创建一个名为耐克岛（Nikeland）的虚拟空间。在这个空间中，用户（主要是儿童和青少年）可以玩迷你游戏，不仅可以相互交流，还可以与耐克品牌互动。耐克正在利用这个空间作为另一种营销工具，为潜在客户创造一个新的沟通渠道。阿迪达斯则通过参与证明协议（Proof of Attendance Protocol, POAP）活动奖励其最忠实的粉丝进入元宇宙。POAP 是一种出席证明协议，允许活动组织者向他们的社区分发 NFT。与会者收集这些 NFT 作为徽章，以证明他们参加了该活动。POAP 活动结束后不久，阿迪达斯与 NFT 的先驱无聊猿猴游艇俱乐部（Bored Ape Yacht Club）、朋克漫画（Punks Comic）和奇币（gmoney）合作涉足元宇宙。联合发起了名称为"进入元宇宙"的活动，仅包含一款名为"阿迪达斯原创：进入元宇宙（第 1 阶段）[adidas Originals: Into the Metaverse（Phase 1)]"的NFT，限量 30000 份。这款 NFT 最初的售价为 0.2 个以太坊（ETH），中间跃升至 1.11 个以太坊。持有 NFT 的人可以分四个阶段将 NFT 分别兑换为实物商品。阿迪达斯还与沙盒建立了合作关系，在沙盒的元宇宙中购买了土地，正在共同开发"多元化"项目。

其他企业也在跟进中。美国滑板鞋和服装公司万斯与罗布乐思合作推出了万斯世界（Vans World），这是一种游戏内互动体验，允许玩家在玩滑板的同时穿着万斯装备。万斯世界设有滑板公园和商店，玩家可以在那里购买滑板的甲板和轮子，以及各种服装。有些物品将是免费的，有些则可以使用游戏内货币罗布克斯（Robux）购买。玩家还可以在其他"罗布乐思"游戏中穿上万斯世界之外的一些万斯装备。玩家在虚拟空间可以尝试新技巧，赚取积分以在虚拟商店中兑换以定制他们的头像。到 2021 年年底，该在线空间的游客已超过 4800 万。

还有一些企业在元宇宙中开发了与消费者互动的游戏。华伦天奴（Valentino）与穿搭平台（Drest）合作举办全球首个奢侈时尚游戏，该游戏于 2021 年 12 月推出。2021 年英国奢侈时尚品牌博柏利（Burberry）为其银座旗舰店打造了交互式虚拟复制品。参观者可以通过选择数字图标在虚拟商店中导航并购买博柏利 2021 年春夏系列中的商品。捷豹陆虎（Jaguar Land Rover）推出了一款应用程序，消费者可以使用 VR 虚拟试驾其"揽胜星脉"（Velar）汽车。

虽然元宇宙给品牌发展打开了新的营销空间，然而，"品牌 + 元宇宙"仍是一个存在巨大未知的命题。例如，是不是现有的品牌简单地将其线下商品数字化即可成为 NFT 商品呢，这是一个值得深入思考的问题。很多数字孪生的商品可能并没有做到与原生商品一样，这是因为在元宇宙空间，对商品的外观与感觉和物理世界有着本质区别。曾与酩悦·轩尼诗—路易·威登集团（Louis Vuitton Moët Hennessy，LVMH）和范思哲（VERSACE）合作的奢侈品时尚咨询公司登特智能（AI Dente）的新业务和传播主管克莱门特·鲁梅戈斯（Clément Roumegous）指出，"为虚拟时装秀复制现实生活中发生的事情可能不是最好的选择，必须有新的东西出来。这绝对是一个绝佳的机会，可以用前所未有的方式扩展品牌世界及其文化氛围"。而且，并不是所有的虚拟化产品都具有商业化的潜力，也不是所有的品牌都会从元宇宙中获得巨大的收益。共和客（Rebublique）的高伯特（Gaubert）警告品牌不要急于参与元宇宙体验。"雨果博斯、巴黎世家（Balenciaga）和博柏利加入这一事实对于提高认识来说非常棒，但在教育和采用方面仍然存在一些差距。"尤其是很多小企业，或者是缺乏知名度的企业，在进入元宇宙时，要先作出评估，精心做好准备，不要只是"闭上眼睛跳进去"，正如 3D/AR 体验开发平台 Threedium 的首席执行官迈克·查拉姆布斯（Mike Charalambous）所说的那样。"品牌需要一个长期战略，即使他们这样做是为了短期目标。通常，对于零元宇宙体验或缺乏元宇宙 DNA 的品牌，建议他们从小处着手，并在分布大陆中制作几个可穿戴设备，以查看过程和外观，因为这并不是一个超级逼真的设计。我们不希望他们创造任何可能恶化品牌资产的东西，而且有很多敏感的东西需要担心。"

第五节　元宇宙＋生产

元宇宙在某种意义上能够形成一个对物理世界的数字映射。如前所述，在现有的条件下，对数据进行操作的成本要低于对物理世界进行操作的成本，这使元宇宙在生产领域将具有较大的应用空间，值得期待。

当然，对元宇宙在生产领域的应用，具体应包括哪些部分，这是有争议的。陈永伟（2021）认为，很多现在的工业元宇宙或者产业元宇宙项目，本质只是产业互联网或者工业数字孪生换个马甲，并没有涉及人与人的交互，更没有社交网络、经济和社会，因此不能算是元宇宙。我们认为，陈永伟的这一观点在逻辑上是对的，这也就是我们在前文中强调，在分析元宇宙时，需要将元宇宙所使用的底层技术与元宇宙作为一个体系区分开来，使用元宇宙的一些底层技术，并不代表就是元宇宙的应用。

在元宇宙与生产领域结合过程中，制造系统的核心要素也在发生变化。制造系统的核心要素可以用 5 个 M 来表述，即材料（Material）、装备（Machine）、工艺（Methods）、测量（Measurement）、维护（Maintenance）。人是驾驭这 5 个要素的核心。而元宇宙与制造系统融合之后，区别于传统制造系统的核心在于第六个 M，即建模（Modeling），这是通过第六个 M 来驱动其他 5 个要素，从而解决和避免制造系统的问题。通过模型化，企业的产品迭代能力将快速提升。为什么要建模，因为现有整个制造业的产业链数字化是不对称的，生产、营销、设计等数字化水平参差不齐，导致数字化水平无法进一步提升，数字化效益无法发挥出来。而元宇宙通过将生产过程数据化，再建立模型，使从设计、定型到制造、营销的全过程能够在模型的控制下运行，从而极大地降低了成本，提升了效率。

元宇宙在生产领域应用的一个重要方面就是产品设计。元宇宙带来了全新的设计思路，不但可能从用户的角度进行更多的设计，而且，还可以在元宇宙中对产品原型进行验证，看所设计的产品是否符合消费者的需求。如前所述，在元宇宙中，很多产品可以从逆向的视角开始设计，即通过先设计一个虚拟产品，在元宇宙中看是否受到消费者的欢迎。例如，通过免费发放原型，再观察其二手商品的交易情况，可以用大数据的方式发现产品是否受到消费者的欢迎，根据这些数据，再决定哪些产品投产。原宇宙也提供了让消费者参与设计的机会与工具。元宇宙经济本质上是一种创作者经济，每个人都可以参与创作，而品牌企业则可以通过与元宇宙的用户进行合作，设计出更具有竞争力的实体产品或者虚拟产品。因此，相对现有的经济形态，元宇宙将使产品设计过程的互动性、参与性、体验性更强，从而有利于设计出更受欢迎的产品。这一点在服装、运动品牌等方面已有不少应用案例。在产品设计出来之后，很多产品要进行原型验证，这是一个费时费力的过程，在元宇宙中，可以在虚拟空间里对原型进行持续验证，减少物理原型产品的需求数量，并可以对其生产工序等进行优化，这样能够缩短产品开发迭代的时间和成本，同时也提高了最终产品的质量。

元宇宙可以建立在数字孪生的基础上，但其超越数字孪生之处在于元宇宙引进了人的协作。高德纳的研究显示，截至 2019 年 1 月底实施物联网的企业中，已有 13% 的企业实施了数字孪生项目，62% 的企业正在实施或者有计划实施。但是，在数字孪生的企业中，不同的人之间远程协作仍难以实现。因此，跨距离协作也是元宇宙在工业领域应用的一个重要方面。例如，微软在全息透镜（Holo Lens）和移动设备上的动态 365 远程协助系统（Dynamics 365 Remote Assist）通过与专家共享实时视图以寻求帮助来实现跨距离协作。专家可以直接注释远程用户正在查看的内容，以指导完成整个过程。在现场服务维修和培训时，有时在偏远地区的紧急情况下，专家（如医疗专业人员）难以及时赶到，而元宇宙可以拓展为远程协助场景。尤其是很多跨国公司，不同的工序不同的部件不同的流程，都可能来源于不同的国家，需要在一个空间里进行协同解决问题时，元宇宙就大有用武之地。例如，一名来自德国的工程师将能够与墨西哥的工厂工人一起修理一台损坏的机器。

元宇宙可以在虚拟空间里还原生产场景，从而实现生产场景的优化。例如，一隅千象（ArchiFiction）作为一家横跨美国硅谷和中国杭州的技术公司，致力于研发基于物理空间成像的虚拟现实产品，并于 2019 年年底推出初代产品 n 空间（n'Space），可以在有限的房间内投射出虚拟世界，真正意义上实现足不出户即可抵达世界的任何角落。n 空间与传统 VR 穿戴式设备一样，可以在虚拟空间还原各类工业设备、厂房及作业环境，但不同的是，n 空间裸眼的视角可以完成虚拟世界的重构，并且可以长时间使用，这可以在工业领域用于生产监控、流程优化等方面。例如，在流程优化方面，单纯的数学模型或者数字孪生可能忽略了人的因素，忽略了不同工艺之间的联动与协调，元宇宙的引入，可以将人的因素与模型进行全面的综合与联动，从而实现系统更高效的协同。

元宇宙应用到生产场景，英伟达已推出其元宇宙平台英伟达全真宇宙，这是一个将 3D 世界连接到共享虚拟世界的平台。全真宇宙在越来越多的行业得到了应用，例如设计协作和创建"数字孪生"，模拟真实世界的建筑物和工厂。全真宇宙是一个从头开始构建的以物理为基础的平台。得益于英伟达 RTX 图形技术，它可以完全跟踪路径，实时模拟每条光线如何在虚拟世界中反射。全真宇宙使用英伟达 PhysX 模拟物理过程，可以模拟粒子和流体、材料甚至机器，也包括弹簧和电缆。仿真宇宙使用英伟达 MDL（材料定义语言）模拟材料。宝马集团使用英伟达全真宇宙创建了一个未来工厂，完全以数字方式设计，并在英伟达全真宇宙中实现了对物理世界的全模拟过程。启用全真宇宙的工厂可以连接到企业资源规划（ERP）系统，模拟工厂的吞吐量、模拟新的工厂布局。它也允许工人对机器人进行远程操作。借助英伟达全真宇宙（NVIDIA Omniverse），团队能够在同一个项目中从不同地点使用不同工具进行实时协作。在福斯特建筑事务所（Foster + Partners）[①]，全球14个国家的设计师在他们的仿真宇宙共享虚拟空间中共同建造建筑。

很多金融机构也开始关注元宇宙，并尝试在元宇宙中开展业务，投行摩根大通在虚拟世界平台分布大陆中名为"元宿"（Metajuku）的购

---

① 该公司设计了 Apple 的总部和伦敦著名的圣玛丽艾克斯30号大楼。

物中心开设了一间休息室：进门后，迎接游客的是一张公司首席执行官杰米·戴蒙（Jamie Dimon）的大头照，另外室内还有一头闲逛的老虎。走上楼，游客还会看到一位摩根大通高管关于加密经济的演讲。该休息室由摩根大通区块链部门欧利克斯（Onyx）建立。

第五章 元宇宙对工作的影响

第一节 元宇宙的开发者

如前所述，元宇宙是基于 Web 3.0 而架构的，宇宙必须是去中心化的。也就是说，元宇宙不属于任何一家公司，也不属于少数几家公司，而是属于全体用户。在元宇宙中，技术公司只是提供工具。用户和 AI 是主要的造物主。用户需要通过自己的付出，获得回报。这决定了其开

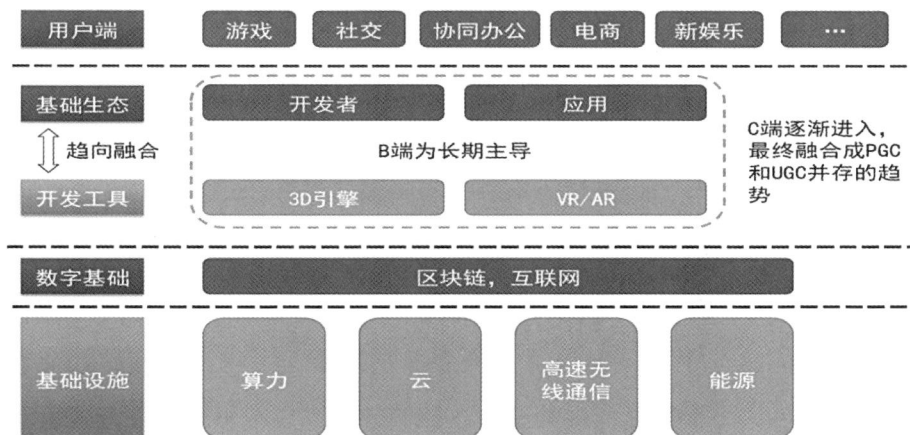

图 5-1 元宇宙的开发生态

资料来源：根据公开资料整理。

发者不仅仅是脸书、腾讯、字节跳动等这一类大公司，也包括各种利用元宇宙开展业务的企业、元宇宙的个人用户等，正是这些开发者，构成了元宇宙生态体系非常重要的组成部分（见图 5-1）。

从总体上看，各类元宇宙的开发者可以分为两类：一类是元宇宙内的开发者，这些开发者利用元宇宙平台，进行创作，其产品以 NFT 的方式在虚拟空间内销售；另一类是以元宇宙为工具，推动各类现有的经济业态与元宇宙结合，从而提升效率，创新商业模式。

一、服务提供者

很多人称元宇宙是去中心化的，不再需要中心化平台。我们认为，这是一种理想化的状态。如前所述，NFT 是去中心化的一个产品，但其交易所还是中心化的。在元宇宙中，大量的类似平台的服务提供者仍然起着非常重要的作用。

事实上，很多大平台已意识到这一点。在脸书改名为"元"（Meta）时，CEO 马克·扎克伯格发表公开信再次谈及元宇宙 [1]：

"元宇宙不会由一家公司创建。它将由创造者和开发者构建，创造可互操作的新体验和数字项目，并开启比当今平台及其政策所限制的更大的创意经济。我们在此旅程中的作用是加速基础技术、社交平台和创意工具的开发，将元宇宙带入生活，并通过我们的社交媒体应用程序编织这些技术。

我们相信元宇宙可以提供比当今存在的任何事物都更好的社交体验，我们将致力于帮助实现其潜力。我们计划以成本价或补贴方式出售

---

[1] https://youtu.be/Uvufun6xer8.

我们的设备，以使更多人可以使用它们。我们的目标是在尽可能多的情况下以低费用提供开发者和创作者服务，以便我们可以最大限度地发挥整体创意经济的作用。不过，我们需要确保在此过程中不会损失太多钱。我们希望在未来十年内，元宇宙将覆盖10亿人，承载数千亿美元的数字商务，并为数百万创作者和开发者提供就业机会。"

英佩游戏的首席执行官蒂姆·斯威尼一直对苹果、谷歌等平台企业收取巨额的"苹果税""谷歌税"表示不满，并就此问题在美国和欧洲起诉了苹果和谷歌。在一次演讲中，他将元宇宙比作一个通用应用程序商店，该应用程序商店适用于所有操作系统，并为开发人员提供了替代苹果和谷歌在智能手机经济中的主导地位的替代方案[①]。

但是，他所搭建的英佩仍是一个中心化的机构。正如分析师戴奥塞林·冈萨雷斯（Dioselin Gonzalez）所指出的，大多数公司都在拼命争夺元宇宙市场的一块土地，以便他们可以将其变成自己版本的苹果应用商店或字母表公司的谷歌应用商店。元宇宙构建了一个由数据组成的虚拟世界，这个世界充满了信息，因此，"关于信息的信息（Meta-information）的价值"成为服务商的利益基点。在元宇宙时代，服务提供者应能够解决信息的真实性、传输的可靠性、信息的有用性等问题，通过解决这几个问题，获得自己的利益。例如，区块链的核心是解决信息传输可靠性的问题[②]。

从开发的视角来看，元宇宙的经典应用是游戏，元宇宙对游戏产业

[①]　Jon Swartz, What is the "metaverse" and how much will it be worth? Depends on whom you ask - MarketWatch，https://www.marketwatch.com/story/what-is-the-metaverse-and-how-much-will-it-be-worth-depends-on-whom-you-ask-11637781312?mod=article_inline.

[②]　笔者的观点是，区块链解决了信息传输的可靠性，确保信息在传输过程中不会篡改。但是，区块链本身没有提供任何机制来确保信息的真实性，确保信息是对物理世界的真实映射。

的生态与商业模式都带来了巨大的影响。我们在的后文将进行论述。

二、元宇宙的基础应用

从本质上看，元宇宙将构建与物理世界具有联系的虚拟世界。在这个世界里，每一个人都有一个化身。作为一个化身，社交活动是元宇宙最基础的应用。而元宇宙的本质，是要突破物理空间的限制，突破平台中心的 Web 2.0 的限制，使每一个人在元宇宙中发挥出其天赋，自由地创作，打造创作者友好的社交空间，这使元宇宙中创作者经济将非常普遍。

1. 元宇宙 + 社交

社交是移动互联网时代占据了用户最多时间的应用。从用户时间来看，单纯的即时通信类社交就占据了用户最多的时间（见图 5-2）。而且，在社交的带动下，各类短视频、网络直播、网络游戏等应用，也在与社交进行深度融合。社交在互联网应用中具有越来越重要的地位。元宇宙是一个更为直观、丰富、生动的社交环境，是下一代社交产品的当然之选。

元宇宙社交关键点在于为用户带来新的社交体验，如集合虚拟个人形象，探索游戏类交互场景、商业会议等事件类交互场景、跨物理限制的现实世界场景孪生等。据统计，在 VR 中，到目前为止，这些开发资源中的大部分都用于社交体验[①]，如小游戏室(Rec Room) 或 VR 聊天。这些多人游戏平台具有深度社交性和吸引力。小游戏室（Rec Room）

---

① https://www.bitkraft.vc/reality-check/.

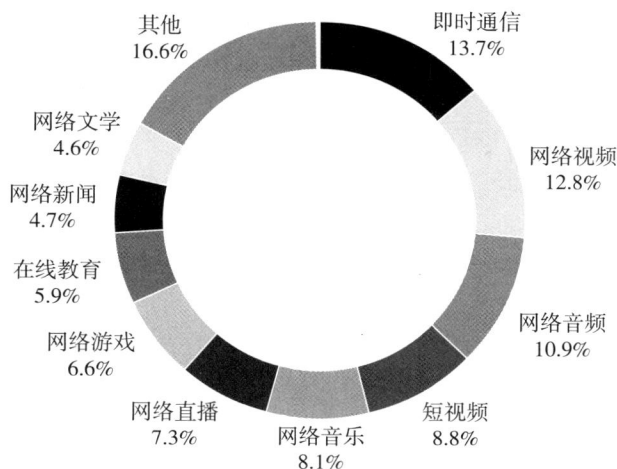

图 5-2　各类应用使用时长占比

资料来源：转引自中国互联网络信息中心：《第 46 次中国互联网络发展状况统计报告》，http://
www.cac.gov.cn/2020-09/29/c_1602939918747816.htm。

报告称，他们的 VR 用户平均每天在平台上花费 2.7 小时，比"我的世界"的日活跃用户数量（Daily Active User，DAU）长近一个小时。

具体应用可分为三类：

一类是日常社交场合，主要是熟人社交方面，在用户生成内容（UGC）自建场景或者官方场景中实现聊天交友互动的目的，元宇宙更丰富的场景、更多的社交模式、更深度的体验，都将为日常社交活动带来新的发展空间；例如，在朋友之间娱乐、聚会等方面，元宇宙提供了更好的体验。尽管在现有的通信和网络条件下，人们要传递信息已经变得很便捷。然而，信息的传递并不等于社交，社交还需要有情感的传递，而这就要求更为生动的表情、肢体交互。如果采用了元宇宙技术，这个困难就可能迎刃而解。更为重要的是，在元宇宙中，熟人社交可以突破物理空间与时间的限制，选择自己更喜欢的形象与场景，打造更好的社交氛围，从而极大地拓展了社交的边界。

另一类是商务办公方面，元宇宙可以减少身体在场感的缺失，带来远胜传统音视频的效率和吸引力。元宇宙对远程办公带来了革命性的变化，能够极大地提升远程办公的应用水平。用在线会议系统，人们的形象都是比较固定、呆板的，很难表达正常交流中的肢体语言，这对交流造成了很大的限制。而在元宇宙当中，人们就可以突破这些限制，让交流变得更为自然、顺畅。

还有一类是陌生人之间的社交。这类社交产品越来越多元化，既包括短视频、直播之类的产品中主播或主创人员与粉丝之间的社交关系，也包括陌生人个体之间的社交关系，还包括基于各种兴趣而联结在一起的社交关系。正如笔者所指出的，随着互联网从工具性向价值性与兴趣性转换，这一类陌生人之间的社交关系将会越来越多，甚至成为元宇宙社交的主流。

元宇宙社交属性带来的双边网络效应促进用户持续增长。首先，内容上，开发者和创作者创造出越来越高质量的内容，吸引越来越多的用户。用户越多，用户黏性就越高，对开发者和创造者的吸引力也就越大。随着更多用户的加入，平台上也会有更多的虚拟币收入，这将激励开发者和创造者去设计更有吸引力的内容。其次，由于社交性的特征。用户具有分享自己的化身形象、分享新探索的游戏的倾向。越多开发者创造游戏＋玩法内容，玩家沉浸时间越长，通过社交网络吸引越多新用户；玩家基础扩张的同时，由于 UGC 的激励＋反馈经济系统，越多玩家变成开发者，形成正向效应。总而言之，规模效应叠加用户社交纽带，社交裂变带来用户增长，最终蕴藏着巨大的财富与投资空间。

在市面上已有一些以拓展社交为目标的产品。以 VR 社交应用 Rec Room 为例，其兼具社交＋社区＋游戏＋经济系统，玩家捏脸后，可以创建供自己和他人使用的自定义虚拟空间，并聚集在一起玩游戏。玩家可以成为创作者，通过收益分享计划变现创作并兑换法币。以虚拟拍摄世界为例，其类似照片墙（INS），用户可以化身二次元虚拟形象，在虚拟世界和小伙伴互动、拍摄、玩乐、创造，实现突破物理元素限制的、元宇宙中的"探店打卡"。

元宇宙＋社交也会采取其他社交模式，例如，游戏平台和社交的混合。现在号称具有元宇宙性质的游戏平台，都将其社交特性作为一个重要卖点。例如，号称元宇宙第一股的罗布乐思具有非常强的社交属性，在青少年中具有很大的影响力。游戏与社交的融合，不但使游戏中的虚拟物品作为一种社交货币，更重要的是元宇宙游戏中的社交关系，也将带来巨大的广告收入。据研究，到 2027 年，游戏中的广告（In-gamead）将达到 184.1 亿美元[①]。

2. 创作者经济

创作者经济是互联网发展的生命线。1996 年 1 月，比尔·盖茨发表了一篇题为《内容为王》（Content is King）的文章，后来成为早期互联网经典文章之一。在该文章中，他描述了互联网的特征，正是这些特征奠定了创作者经济（Creator Economy）的基础。他写道："互联网令人兴奋的事情之一是，任何人只要有一台个人电脑和一个调制解调器，就可以发布他们创作的任何内容。"盖茨的文章因其对互联网发展方向的先见之明而被人铭记，但不太为人所知的是，他还发出了一个警

---

① IPS, October 2021, "In-game Advertising Market to Reach Usd 18.41 Billion by 2027, Is Going to Boom with Rapidfire Inc., Playwire Media Llc, Atlas Alpha Inc., Engage" Available at: http://ipsnews.net/business/2021/10/04/in-game-advertising-market-to-reach-usd-18-41-billion-by-2027-is-going-to-boom-withrapidfire-inc-playwire-media-llc-atlas-alpha-inc-engage/. Accessed January 2022.

告："要想让互联网蓬勃发展，必须让内容提供者从自己的作品中获得报酬……长期前景是好的，但我预计短期内会有很多失望。"

元宇宙解决了 Web 2.0 时代创作者利益无法获得保证的问题。Web 2.0 时代虽然每个用户都可以创造内容，实现了内容创作的大众化。但是，在这个环境下，平台起到了很大的作用，对个体创作者有着很大的控制作用。一方面，平台可以通过对 UGC 内容进行过滤；另一方面，平台可以通过各种方式剥夺创作者利益。

平台可以利用其优势地位，对创作者的内容进行过滤。艾米莉·莱德劳（Emily Laidlaw，2010）提出了"互联网信息守门人"（Internet Information Gatekeepers）。传统的看门人概念对于互联网而言是不够的，在互联网环境中，看门人主要涉及对信息流、内容和可访问性的控制。在非常普遍的层面上，看门人是决定什么应该或不应该通过审查的实体。看门人的独特之处在于他们通常不会从不当行为中受益，尽管他们有能力防止不当行为，因此围绕看门人制定责任制度而不是那些违反规则的人有时会更有效。有时这是因为政府监管特定问题的能力可能有限，而第三方看门人监管行为的能力，无论是由于资源、信息还是权力，都可能更好。互联网技术是生成性的，它允许社会公众参与到内容和代码的共享中。在 Web 2.0 世界中，看门人不是静态的，而是创建和管理互联网环境的动态参与者。这意味着有无数可能的看门人和被看守的人（The Gated），他们的角色是流动的，不断变化的，在动态的监管环境中运作。例如，开通博客的个人可能会受到博客提供商的服务条款的限制，但也可能会控制他或她博客的评论部分，或者控制其博客内容只被少数读者浏览。

平台也可以利用其优势地位剥削平台内的创作者。例如，在现有的架构下，苹果应用商店（适用于苹果设备）和谷歌应用商店（适用于安卓设备）已经成为接触应用程序用户和应用程序开发商的"瓶颈"，苹果的应用商店是应用程序开发人员可以在苹果系统上分发应用程序的唯一渠道。苹果应用商店于 2008 年首次推出后，现已发展成为一个利润丰厚的市场。根据购股（Buy Shares）提供的数据，2020 年苹果应用商店用户在应用内购买、订阅和付费应用上的支出为 723 亿美元，同比增长 30%。根据外媒 CNBC 的统计，苹果应用商店 2020 年的收入达到了 640 亿美元，换算成人民币大概是 4150 亿元。而这些利润，都来自苹果对创作者的分成，即 30% 的"苹果税"。而且，苹果利用这种"瓶颈"力量，可以对创作者进行生杀予夺。

此外，平台也可以通过排序与推荐算法、评论控制、分发方式等方法，对创作者进行控制，创作者对其自己的作品没有任何定价权，这也使创作者的利益无法得到保证。

创作者的利益无法得到保证的原因是 Web 2.0 在建立之时并没有完全考虑到创作者的利益，马克·安德森（a16z 联合创始人）称这是"互联网的原罪"。这一方面是因为在 Web 2.0 建立之初，缺乏很好的支付基础设施来进行对创作者的实时支付，甚至缺乏对创作者价值进行合理评估的机制。另一方面，包括油管、脸书、声田、谷歌等都拥有海量的日活用户，他们以注意力为基点架构商业模式，其主要收入来源于广告，这种商业模式对广大的内容创作者并没有产生任何直接的经济利益。相反，创作者往往为了留在平台而被迫寻求尽可能广泛的受众，并创作吸引广告商的内容，而他们自己无法直接从所创作的内容中得到应有的回报。

如果说，早期互联网 Web 1.0 时代更青睐出版商，Web 2.0 时代更青睐平台，那么下一代统称为 Web 3.0 互联网将会把权力和所有权的天平重新向创作者和用户倾斜。

在元宇宙中，以 NFT 为手段，来打造数字稀缺性，恢复创作者的定价权，让支持创作者成为一种投资与经济行为，而不仅仅是利他行为。利用区块链技术的可编程经济模型，将财富分散到整个创作者的链条，确保有贡献者获得相应的利益。建立公平高效的交易市场，推动创作者利益的实现。通过 DAOs 的去中心化平台让创作者不仅拥有自己创作的内容，还拥有平台本身，避免平台获得超额利益。

最终，元宇宙的创作者经济要实现从"单边网络效应"到"跨边网络效应"的转变。单边网络效应一般是使用端的网络效应。也就是说，产品的销售量越大，对消费者的价值越大。最典型的如移动电话，当使用移动电话的人越多时，移动电话给人带来的价值越大。而全球只有一个人使用移动电话时，其电话功能就处于无价值状态。跨边网络效应与这一点不同，主要是通过供需两端交互作用，使双方的价值变得更大。例如，在元宇宙中，创作者的收益越高，就越有创作出精品的积极性，而创作者的质量越高，在元宇宙中使用这些创作产品的人越多，配合颗粒度细腻的内容标签和 AI 推荐算法，用户既是消费者，也是生产者，进一步提升了创作能力和传播的影响力。这样就形成了一个供需双边相互促进的良性特征，实现跨边网络效应。

三、元宇宙空间的产品销售

斯特凡·布兰比拉·霍尔和凯茜·李指出，如果虚拟世界与其说是一种产品，不如说是一种人类互动的框架，那么通过体验而非技术的视角来看待虚拟世界的货币化是切实可行的。这扩大了支持个人和公司创造、营销和销售新产品、商品和服务的商业模式的范围。因此，元宇宙中产生了大量虚拟产品销售。

　　在创作者经济的带动下，数字资产将不仅是物理世界实物资产的数字化，而且是原生于数字世界的虚拟资产。这些虚拟数字资产凝聚了创作者的工作和灵感，具有使用和交易价值。元宇宙中，不仅包括了如何销售实物资产的凭证，更重要的是，元宇宙将极大地扩展数字产品的交易，这将带来新的经济业态与商业模式以及新的职业。

　　元宇宙将建立丰富的产品体系，尽管这些产品都是虚拟的，但仍具有很高的价值。这些包括直接销售给个人用户的虚拟产品，以及创作者销售给商家的各种产品。

　　元宇宙空间中销售给个人用户的虚拟产品品类更多，来源更为广泛。这种商业模式被称为直接面向化身（Direct to Avatar）的模式，这将带动元宇宙领域的产品交易大幅度增长①。

　　第一类是用于个人单纯在元宇宙中使用的虚拟产品，具体包括虚拟时尚、虚拟角色（皮肤）、虚拟汽车和虚拟房地产等。这些虚拟产品可能来源于线下物理世界映射而产生的数字孪生产品，例如，很多时尚公司已经在元宇宙中销售其虚拟产品了。还有很多是线下物理世界没有的，例如虚拟房地产，在元宇宙空间可以超越物理定理进行设计与建造。

　　除了时尚产品之外，虚拟汽车正在成为元宇宙中的一个重要交易项目。汽车制造商越来越多地进入 NFT 领域，打造虚拟的数字汽车产品，有专家预测，到 2030 年，虚拟汽车市场将增长到 2400 亿美元②。

　　巴莱特·杰克逊（Barrett-Jackson）在 2021 年拍卖了四辆 NFT，

---

　　① Emily Safian-Demers，Is Direct-to-avatar（D2A）the Next Big Business Model? https://www.wundermanthompson.com/insight/direct-to-avatar-brands.

　　② Automakers are Minting NFTs, But is There a Strong Use Case? MetaverseNews6.com，https://metaversenews6.com/automakers-are-minting-nfts-but-is-there-a-strong-use-case/.

2021 年版福特野马 1 马赫（Mustang Mach 1）（售价超过 50 万美元）、2021 年两门版福特野马（Bronco）、2022 年版悍马电动汽车（GMC Hummer EV）和 2021 年 Ram 1500 TRX 发布版。这些 NFT 并没有随汽车一起提供。6 月初，跑车制造商迈凯轮宣布了将其 F1 赛车的虚拟版本打造为 NFT。印度 MG 汽车公司（MG Motors India）宣布了代币星球（KoineArth）平台上推出了第一个 NFT。梅赛德斯—奔驰委托五位 NFT 艺术家——夏洛特·泰勒（Charlotte Taylor）、安东尼·奥西（Anthony Authié）、罗杰·乞力马扎罗（Roger Kilimanjaro）、鲍加斯姆（Baugasm）和安东尼·图迪斯科（Antoni Tudisco）——创作一个灵感来自其 G 级汽车系列的作品。著名的汽车定制和制造商店西海岸定制（West Coast Customs）4 月推出了 CarCoin 项目，为其分级会员计划 N 提供 FT 汽车相关艺术品。该计划名为快车道（FastLane），将为 A 级（A-list）名人汽车爱好者提供 NFT 体验。兰博基尼也发布了其第一个基于太空钥匙（Space Key）① 的 NFT 系列，实体钥匙持有者可以访问五件限量版 NFT 艺术品。

这些虚拟的数字化产品也引起了投资者的关注，代表 F1 三角洲时间（F1 Delta Time）区块链游戏中第一辆数字一级方程式赛车的 NFT 以时价 110000 美元或 415 Ether（ETH）的价格卖给了匿名买家元可凡（Metakovan）。

还有一些根据 IP 作品发售的虚拟数字汽车产品。例如，2021 年 5 月，根据《速度与激情 7》电影中在阿布扎比摩天大楼之间飞行的特技车超跑（Lykan HyperSport）制作成的 NFT 在罗布乐思平台上有售。

很多人认为，汽车之类的 NFT 对线下的汽车能够形成相互促进的

---

① 太空钥匙是用兰博基尼在 2019 年发送到国际空间站用于研究目的的碳纤维复合材料制作的，非常稀少。

作用。元宇宙投资集团秋格罗伯（QGlobe）的首席执行官兼联合创始人阿波罗·格林（Apollo Green）指出，对二手汽车销售而言，NFT 相当于线下汽车的一个授权检测报告，有利于销售一些高价值的老爷车。"说到高端汽车，每辆汽车都有独特的不同，但今天，这些细节并没有体现在反映汽车物理属性的检测报告上。高端豪华车的实用性将通过与NFT 相关的稀有性特征发展为稀缺性。"根据多伦多大学金融学教授安德烈亚斯·帕克（Andreas Park）的说法，汽车 NFT 还可用于量化对自动驾驶汽车的共同兴趣。

由于人们消费越来越符号化，而元宇宙空间给大众提供了一个符号消费空间。可以想象，在元宇宙中，在物理世界中存在的商品，或者物理世界中不存在的，都可能做成虚拟产品进行销售，这将带来一个巨大的市场。随着人们在虚拟世界中花费的时间越来越长，虚拟世界的符号消费的价值将进一步得到体现。据报道，古驰在罗布乐思上开了一家古驰快闪店，推出了一款数字版酒神包，价格被炒到了 4000 美元以上，比实物包卖的 3400 美元还贵。据估计，社交游戏可以为奢侈品市场新增 100 亿到 200 亿美元的销售额。到 2030 年，奢侈品 NFT 市场将达到250 亿美元 [①]。

作为元宇宙中的消费品，必然会产生一个问题，就是玩家如何与这些虚拟物品之间进行互动？游戏公司爱果乐的创始人兼首席执行官瑞安·马林斯认为，在游戏中的虚拟物品要有现实中一般的体验，例如，玩家购买了一双虚拟运动鞋，那么在元宇宙中可以穿着它，可以四处走动，可以看到运动鞋变脏，必须给它充电和修理并清洁它。这样的虚拟

---

① 《卖得比实物还贵，元宇宙奢侈品站上风口》，https://xw.qq.com/cmsid/20211215A0AQBF00?pgv_ref=baidutw。

产品与玩家之间的互动，还可能打通虚拟与物理的通道①。

第二类是元宇宙中企业使用的生产资料。企业到元宇宙中经营，也需要购买土地、进行装修装饰等，这些都需要在元宇宙中采购。与物理世界中不同的是，元宇宙中，每个个体都是创作者，他们创作的产品，既可以出售给个人，也可以出售给企业。例如，一个好的创意作品，可以出售给时尚企业。时尚企业不但可以在元宇宙中使用，也可能在物理世界中使用。这些创意作品必然形成一个市场。

还有一个重要的方面就是企业如何在元宇宙中做广告的问题。元宇宙可以为品牌创造了一种非常有趣的新型广告体验，它不是作为印象的广告，而是作为游戏的广告。有意思的是，这类广告还可以对现有的流程进行倒置，即在元宇宙中先发布一个虚拟物品，看市场对它的反映，如果得到的反馈非常好，那么再在物理世界进行生产，满足市场的需求。2021年，爱果乐发布了第一款虚拟运动鞋 Aglet 1，这款运动鞋在游戏中受到了广泛的欢迎，2021年12月公司发布了同款的实体运动鞋。

元宇宙中的广告越来越充满娱乐和体验。元宇宙广告与传统的广告方式最大的区别在于内容的引入与互动性增加。这就是娱乐化战略。娱乐是人类的天性。而随着社会全面小康化，娱乐需求将成为社会需求中增长最快的。娱乐文化标志着文化从一种严肃文化向游戏文化的转变。正是在忘乎所以的叙事游戏中，观众从实在的限制中摆脱出来，通过与文本的认同，投射着他们的勇气、智慧，实现着他们的光荣与梦想，同时也在文本的那些情与爱、生与死、沉与浮之中释放着他们被抑制的潜意识，满足着在现实环境中屡受挫折的弗洛伊德所谓的"快乐原则"。

---

① Ryan Mullins, Founder and CEO, Aglet，"The Biggest Opportunity for Physical Goods is Virtual Goods"，https://www.wundermanthompson.com/insight/ryan-mullins-founder-and-ceo-aglet.

在这种背景下，社会出现了"一切都是娱乐"。在元宇宙中，社会公众参与和互动的娱乐体验更为丰富，娱乐性与体验性更为重要，而这些娱乐元素，也需要大量个体创作者的参与。同时，这也需要对现有的游戏内广告等生态进行重新思考。游戏内广告并不是什么新鲜事物，94%的手机游戏制作商已经在他们的免费游戏中使用了这种广告[①]。这些广告具有更大的民众参与空间，在元宇宙发展过程中，游戏中广告的商业模式仍有很大的扩展空间。

元宇宙的广告、展示等还可以引入 AR 技术实现增强。如 3D 身体网格和布料模拟，将有助于推动虚拟时尚的生产者和消费者全面融合。在色拉布和照片墙等平台上已有类似的技术。色拉布已经报告了 AR 广告渠道的转化率提高了 94%[②]。从消费者来看，设计工具还可以进一步民主化，使时尚创作者能够为消费者释放新的体验，并允许个人以前所未有的方式用数字方式表达自己。而 AR 的普及，将带来云计算的变革，AR云通过提供与人、物、协作等相关的数字内容，为人们提供与物理环境的各个方面直接相关的信息和服务，从而实现物理世界和数字世界的统一。加德纳预测，到 2025 年，收入超过 10 亿美元的组织中，有 15%的组织将使用 AR 云实现新的互动和商业模式，从而推动物理世界货币化。

与线下商品的不同之处在于，元宇宙中的产品更讲究个性，更加强调大众参与，因此，其设计者、生产者、IP 持有者之间需要更多的配合互动，才能形成一个完美的产业生态，这个产业生态将完全不同于现有的产业发展架构。

元宇宙中的产业链也完全不同于物理世界，在价值分配方面需要更

---

①　Enter the Metaverse, The Future of In-game Advertising, *The Drum*，https://www.the-drum.com/opinion/2022/01/18/enter-the-metaverse-the-future-game-advertising.

②　https://www.bitkraft.vc/reality-check/.

多的创新。以虚拟汽车为例，元宇宙对原来物理世界中更为关注的燃油经济性、安全性等可能完全不关心，而关心汽车的外观、个性、装饰、品牌等因素，汽车品牌商是 IP 持有者，可能某个普通爱好者是设计者，而相关建模实现的人则作为生产者，三者之间如何协同分工，实现利益分配，是一个值得深入思考的问题。

第二节　元宇宙如何影响工作

元宇宙的发展，将影响到工作体系，元宇宙标志着数字资产、体验和关系被赋予比我们的物理环境更大价值的时刻。一方面，元宇宙将更多地允许远程工作，这使工作场所和工作模式都发生了变化；另一方面，元宇宙势必会使职业种类结构发生变化，将产生很多新工种，这些都将对经济产生巨大的影响。

一、元宇宙将引发宅经济兴起

2020 年新冠肺炎疫情发生之后，居家办公、在家购物、居家娱乐、在线教育等迅速兴起，"宅经济"（Stay at Home Economic）一词热度迅速增加。从本质上看，宅经济是将生产和消费过程从原来的公众场所转移到家庭之中。这本来是一种随着室内娱乐（如电视、家庭影像系统、电子游戏、动漫等）兴起而出现的一种现象，1983 年日本漫画家将"对动漫等着迷几乎不顾时间和精力，全身心投入的人"称为"御宅族"，与之相关的文化现象被称为"宅文化"，与之相关的产业也被称为宅经济（在日语中被称为"otaku economy"）。元宇宙的流行，将使宅经济获得更大的发展空间。

从本质上看，宅经济可以分为两块：一块是宅消费；另一块是宅生产。宅消费这一块，我们在其他章节里已有详细的论述。而从宅生产来看，它本身不是一个新名词与一种新现象。人们倾向于用"居家办公"这个术语来更好地描述宅生产这一块。

宅生产可以分为两个部分：一部分是以个体经济或者新个体经济、零工经济为代表的宅生产，这主要是一些以创意性工作为主导的自由职业者，这些职业者大多以居家办公为特征。随着互联网技术的发展，自由职业发展越来越快，据麦肯锡估计，美国和欧盟的 1.62 亿人在零工经济中工作，占劳动力的 20%—30%。元宇宙的发展，将进一步丰富这些以远程技术为支撑的新零工经济，包括创意工作从实体创意到元宇宙中的各类创意产品转型，也包括这些工作者可以以更丰富的手段与其他人协同工作等。

宅经济的另一部分是组织化或者半组织化的居家办公。组织化的居家办公是有固定办公场所的公司允许员工在家办公，其核心是办公工作可以在远离工作场所的地方完成。1979 年，国际商业机器公司（International Business Machines Corporation，IBM）为缓解总部主机拥堵问题，将终端机安到了五位员工家里，这一模式成为在家办公的鼻祖。之后，在家办公模式在国外各大企业之间均有所渗透。到 2009 年时，IBM 约有 154400 名员工实现了"在家"远程办公。20 世纪 80 年代时，SOHO 一族（Small Office/Home Office）出现，办公场所更为分散化与多元化。在元宇宙中，还会出现一些比现有的公司更为松散的合作型经济组织，这类组织一般没有固定的办公场所，但要求成员之间工作具有协作，是一种半组织化的办公模式。元宇宙将极大地推动组织化与半组织化的居家办公发展。

　　从外部环境看，城市规模的扩张，使城市的办公成本正在大幅度上升，利用元宇宙居家办公更具吸引力。一方面，城市的写字楼等公共空间的价格持续上涨；另一方面，通勤成本急剧增加，这些都使居家办公更具吸引力。例如，IBM 每年因居家办公而节约了近 20 亿美元的办公成本。联合办公公司洋槐商务（WeWork）委托经济学人智库（The Economist Intelligence Unit，The EIU）完成的《以灵活应万变：未来的工作方式》研究报告表明，超过 3/4 的受访公司（76%）计划在未来 12 个月内、利用云计算和移动技术等实施居家办公和移动办公制度。

　　从居家办公体验来看，现有的居家办公主要是使用远程通信系统或者远程会议系统来实现沟通与协同。这些会议系统看似高效，但使用体验并不好，因为会议系统无法看到与会者之间的各种肢体动作、微表情等，从而在深入探讨一些问题时，其效果并不理想。而且，现有的远程办公系统，仅限于音视频的模式，由于缺乏真正的互动，容易让员工产生不在工作场所的错失恐惧症（FOMO），从而导致员工不能对公司产生归属感。

　　在这方面，元宇宙更具有优势。元宇宙能够使人处于与物理世界相同的 3D 环境，例如，在现有的元宇宙工作平台，不但能够提供虚拟工作场景、虚拟会议场景和人物形象，还可以进行在虚拟白板书写、进行虚拟演示等活动，其应用体验与物理场景已有类似之处。而且，元宇宙中各种交流的情景更为丰富，在元宇宙中，在进行工作时，甚至能够比物理世界更实时地获得背景资料及其他相关材料，有利于更深入地讨论问题。例如，当员工在元宇宙中讨论公司的业务提升时，相关的背景资料，如公司业务的特点、相关竞争对手、市场反应、市场预测、产品创新计划等，都能够迅速地呈现出来，有利于员工更深入地讨论与工作相关的问题。又如，在线会议让通常不会在面对面会议上发言的害羞员工能够更轻松地分享他们的意见。此外，会议中的任何人都可以查看员工档案。这使经理和其他员工可以更多地了解他们并有可能接触到他们。员工不仅能感受到公司的关注，而且员工的同事也能感受到这对公司的成功至关重要。

二、元宇宙将引发新工作模式

元宇宙发展会使宅经济重新流行起来，这必然会产生工作模式的变化。加里·福勒指出，元宇宙将影响——如果不是完全重新定义——人们的工作方式[①]。未来的虚拟办公室可能看起来很像你最喜欢的电子游戏。比尔·盖茨预测，虚拟会议将转移到虚拟世界，最快在三年内——员工将越来越依赖在工作中使用 VR 眼镜和虚拟形象[②]。

自工业革命以来，物理空间一直是生产力的主要环境。有形的工作场所将人们聚集在一起，并具有共同的使命感——工作。然而，作为社会生物的人，无论身在何处，他们都希望有一种人与人之间的联系感。传统上，社交互动会发生在办公室，例如饮水机旁的偶然会议。现在，为了适应远程工作，这些联系需要一个新的环境才能蓬勃发展。而元宇宙提供了这样一个不但能够完成工作，更能够进行丰富交互的环境，帮助远程工作的人寻求其所需要的人际关系。

元宇宙将使远程工作平台的能力成倍增长。无论身在何处，用户都

---

① Gary Fowler, The Future of Work and Society in the Metaverse, https://www.forbes.com/sites/forbesbusinessdevelopmentcouncil/2021/11/15/the-future-of-work-and-society-in-the-metaverse/.

② Hannah M. Mayer, The Future of the Metaverse: What 2022 Has in Store for the Immersive Digital World, https://www.forbes.com/sites/hannahmayer/2022/01/24/the-future-of-the-metaverse-what-2022-has-in-store-for-the-immersive-digital-world/?sh=4091f628335a.

可以访问完整的办公套件、与同事互动等，因此，在协同办公、随时随地办公以及多任务同时处理等方面，元宇宙将较传统的工作模式体现出较大的优势。以一般办公环境为例，同时处理较多工作时，可以通过 AR 眼镜快速收发信息和接听电话，相比于拿起手机可以跳过多个步骤，提高大量工作效率。对公司而言，元宇宙也将帮助节省时间、减少差旅成本并鼓励以前可能无法实现的联系。例如，很多有潜在业务联系的企业之间的直接拜访或者会议，可能会受到时间或者空间的限制。在此之前，很多企业都是依靠各类专业展会来获得这种联系的机会。而元宇宙将突破这种时空的局限，增加与潜在业务联系客户之间的互动。在元宇宙中的工作可以直接嵌入人工智能，这将使工作的效率大幅度提升。当前，人工智能已经被用于完成电子邮件中的句子、编程代码以及转录 / 翻译不同的语言，这些可以直接嵌入元宇宙的工作环境中，从而使不同的语言工作者能够直接在元宇宙中进行工作。公司可以使用人工智能来收集和分析数据，以提高他们的分析和预测能力，以开发虚拟工作场所。人工智能技术的发展最终将继续增加数据的重要性和虚拟世界中流程的效率。

元宇宙最重要的是推动工作场所的变迁。元宇宙使随时随地办公更为现实，而且成本更低，在元宇宙中，远程办公的信息交换非常便捷，体验更好。元宇宙中生产（办公）过程的数字化，使每一个人的工作量可进一步细化及可量化，这使监督成本急剧下降，使虚拟生产组织成为可能，这样，工作模式将带来极大的变化。

元宇宙正改变远程办公的模式和体验。2021 年，扎克伯格已经提出了"无限办公室"项目（the "Infinite Office" project）[1]，这是一个利用

---

[1]　How the Metaverse Development can Change the Future of Work，https://www.newtandem.com/en/metaverse-the-future-of-work/.

元宇宙让远程工作更进一步地共享工作空间。每个员工都有自己的头像，可以从世界的每个角落进入，到虚拟办公场所，并且可以与同事的头像进行互动，这比单纯的远程办公具有更符合物理世界的体验。这样，工作的物理空间并不重要了，关键是以信息传输与计算能力为主的新型基础设施变得越来越重要，因此，城市之间的竞争，会向数据、信息传输、算力等新型信息基础设施等方面转变。

当然，在当前的技术条件下，完全实现虚拟办公或者远程办公并不现实，一种比较现实的方案是混合工作（Hybrid work）[①]，它是协作平台（如元宇宙）、远程会议和偶尔访问办公室的组合。其灵活性介于日常通勤到办公室和完全远程的工作生活方式之间。据彭博研究机构（Bloomberg Intelligence）称，在未来十年内，将有近2500万名员工在工作中频繁使用虚拟现实。结合办公室工作和在家工作的混合模式变得非常频繁。对于企业来说，应能够在不影响效率的情况下，保持员工何时、何地以及如何工作的灵活性。所以，混合工作不但是指某个人在不同时间与不同工作的状态，更应是不同员工的选择。让员工选择以最适合他们的方式工作应该会优化生产力。例如，某甲在家中更专注，因此他更喜欢远程工作。某乙在办公室更专注，所以她会经常到办公室工作。最后，根据任务的不同，某丙可能更喜欢在某些日子远程工作，而在其他日子去办公室。对公司而言，要能够提供进行这种混合工作模式的条件。这种更为灵活的工作模式，带来了巨大的影响。领英现任首席执行官瑞恩·罗斯兰克斯（Ryan Roslanksy）创造了一个术语，"大洗牌"（the Great Reshuffle）。因为更为灵活的工作制度，使员工在选择工作时能够突破时空的限制，这样，他们不仅考虑工作的时间、地点和方式，

① Lizzy Lawrence, The Metaverse Economy: The Future of Work, FiO, https://www.fio.one/2021/12/27/the-metaverse-economy-the-future-of-work/.

而且更重要的是考虑为什么。员工的期望正在发生变化。他们想要灵活性，对为哪家公司工作更为挑剔，他们最终会选择与其价值观、理想以及激情相一致的企业和工作。

对国家而言，元宇宙的发展，也会使工作机会出现跨国大转移的情况。分析人士认为，元宇宙将使很多企业更关注全球员工，也就是所谓的"分布式劳动力"（Distributed Workforce）问题①，员工可以实现跨国申请职位并实现远程工作。波士顿咨询集团（BCG，2019）指出，上行工作（Upwork）、zbj.com 和其他自由职业者的就业平台，使远程就业成为可能，并帮助发展中国家的低成本熟练劳动力从发达国家获得工作。上行工作（Upwork）已将印度和菲律宾列为仅次于美国的第二大和第三大劳动力来源。

三、元宇宙新工作模式的初步实践

虚拟共享办公、元宇宙新工作模式等并不只存在于学术论文或者科幻小说中，它们已经存在了数十年，近两年来，在新冠肺炎疫情的影响下，这种新工作模式更是获得了前所未有的发展。有报道称，现代和三星等公司正在招聘过程中使用虚拟世界功能②。

在线会议应用 Zoom 和 Slack 提供了远程协同办公的第一波体验。但是，这些在线会议更加注重结构化信息的远程传输，在会议的人际关系、微互动、微表情等更生动的体验方面，与线下会议仍有较大的区

① Kieron Allen，How Will the Metaverse Impact the Global Economy? https://accelera-tioneconomy.com/metaverse/how-will-the-metaverse-impact-the-global-economy/.
② The Metaverse Economy: The Future of Work，FiO，https://www.fio.one/2021/12/27/the-metaverse-economy-the-future-of-work/.

别。很多企业正在推出基于元宇宙的各种协同办公、远程办公平台。大的数字平台企业在这方面作出了很多探索。微软计划将其 VR/AR 平台混合现实网络（Mesh）与协同办公平台工作组（Teams）集成，并推动 Office 组件在元宇宙中的应用，将虚拟化身和全息影像引入工作场所视频会议平台，使用户能够在一种"沉浸式空间"中实现远程办公。微软的方法更类似于混合现实，因为它将真实环境与部分增强现实和虚拟现实结合在一起。元构建了地平线工作室以使用 Oculus 设备举行更富体验感的远程会议，在该虚拟空间里，不但能够互动，也能够书写白板，进行演示。

　　在虚拟办公领域，还产生了一些专注于此的企业。如盖纳（Gather）[①]、群组流（Teamflow）[②]，还有一家已运营多年的威伯纳（Virbela）[③]。这些企业专注于提供远程办公解决方案，在细节上有很多创新。例如，群组流强调虚拟办公室的空间性、持久性和应用程序。空间性是指只有周围的人才能听到你的声音，就像音量在现实世界中的作用一样。持久性意味着当关闭并重新打开群组流时，正在处理的所有内容都会保留在原处。应用程序是群组流中内置的协作集成，包括 Figma、谷歌文件（Google Docs）和 Trello。据该公司称，普通客户每

---

　　① 　Gather 是 2020 年 5 月推出的一家主打虚拟办公的在线会议平台，红杉资本、Index Ventures 等公司筹集了总计 7700 万美元的 A 轮和 B 轮融资。目前，用户达到了数百万。现在，公司号称是一家元宇宙公司。

　　② 　Teamflow 是一家 2021 年 1 月创立的主打一体化虚拟办公室的初创企业，其核心业务是打造虚拟的日常办公环境，而不单纯是线上会议。在成立以来的一年中筹集的资金总额达到了 5000 万美元。最近一轮融资是卢卡斯·斯威谢尔（Lucas Swisher）领投的 3500 万美元 B 轮投资。

　　③ 　威伯纳（Virbela）是一家主打企业元宇宙（The Enterprise Metaverse）的企业。号称第一个专门为解决远程协作挑战而构建的虚拟世界平台。通过创建一个促进生产力、协作和现实互动的包容性、社区驱动的在线空间，为远程办公提供身临其境的虚拟环境。房地产经纪公司 eXp 地产（eXp Realty）于 2018 年收购了 Virbela。

周使用群组流5天，每天6小时。这些虚拟办公室具有非常好的适应性，可以根据客户的需求，对虚拟空间的布局进行随心所欲的调整，改变办公空间。

现在很多企业开始使用虚拟办公室来进行工作。例如，巴西医疗保健初创公司匹泼山德（Pipo Saúde）的员工喜欢在盖纳（Gather）的共享办公桌上工作，通过虚拟办公桌，员工之间能够轻松地交谈，而且会议的效率也得到了大幅度提升。如果虚拟办公在公司内得到大范围的使用，对很多人而言，办公的体验与效率都会提升。特雷洛（Trello）联合创始人兼元宇宙爱好者迈克尔·普赖尔（Michael Pryor）同意，在考虑单独使用这些工具时，这有点愚蠢。当其他人都和你一起坐在虚拟办公桌前时，它就会改变游戏规则。

四、元宇宙对工作岗位的影响

元宇宙构建了一个与现实世界有联系，而且又有一定独立性的虚拟世界，这将产生大量新工作岗位。

元宇宙产生的工作岗位可以分为以下几类：一类是与元宇宙的搭建相关的支撑性工作，包括元宇宙相关的云计算等算力基础设施、网络传输设施等，这些新型基础设施的建设、运营等，也会带来相应的工作机会与岗位，这些岗位总体上是原有工作岗位的延伸；另一类是与元宇宙相关的个人终端设备，包括 XR 设备、全息投影设备等，这一类设备在元宇宙的推动下，将呈现出十倍甚至上百倍的需求，将带来巨大的工作岗位需求。还有一类是元宇宙服务相关的工作岗位，包括软件开发、内容开发、交易服务等，这类岗位需求也是未来工作岗位增加的一个重点方面。从总体上看，这几类工作岗位在现有的职业分类中都存在，只是工作场景或者应用环境的一个迁移。

当元宇宙成为人们生活、工作的一个重要空间时，针对这一全新的空间，将会产生非常多的新工作岗位。这些工作岗位可能在今天的职业目录里都不存在。一些研究预测，当今超过 50% 的儿童将从事尚不存在的工作。这些新的工作很可能与元宇宙有关 ①。

在元宇宙中，每个人都会以化身的方式活动，这些化身需要各种服饰来装扮自己，这样就产生了数字服装设计师（Digital Fashion Designer），这个职位不但要求现实世界的服装设计经验，而且需要有更为敏锐的眼光，在 3D 动画和建模、艺术、平面设计等方面具有相应的知识储备。这是因为数字服装设计可以突破物理空间的性质，更讲究美感和独特性。这些数字服装可以以 NFT 的方式出售，这样，在元宇宙中，数字服装设计师将成为一个独立的职位。这个职位在元宇宙中将进一步延伸，为化身提供道具、佩饰等其他与服装相关相配合的物品的设计，从而提供全方位的服务。

元宇宙中将有大量数字资产以建构在区块链架构基础上的智能合约进行交易。这样，需要智能合约律师（Smart Contract Lawyer）为买卖双方提供法律方面的服务。这一职位要求精通软件代码和算法，并对基于区块链的法律架构具有相关专业知识。尤其是元宇宙将通过交易方式，与物理世界的货币和虚拟世界的货币或者商品联系起来，这需要有两个方面的监管等方面的知识，才能完成智能合约律师的工作。

在元宇宙中，每个人都以化身的方式存在。与物理世界不同的是，元宇宙的化身形象是可以自我设计的。每一个人可能都想自己的化身更为出彩，然而，这并不是每个人凭自己的知识技能能够做到的。因此，

① Gene Munster, Pat Bocchicchio, Metaverse Explained-part-3-economics, https://loup-funds.com/the-metaverse-explained-part-3-economics/.

在元宇宙中，很多人需要其化身的形象顾问（Avatar Designer）。这个职业将根据元宇宙中每个个体的职业、生活状态等各个方面的因素，为其设计独一无二的化身形象。

随着元宇宙大热，很多元宇宙中的地产被拍卖出来，供个人或者机构在元宇宙中建造房屋以及其他建筑物使用。这些建筑物可以突破物理定理的限制进行构建，需要专业人士进行设计与建造，这样将产生虚拟空间设计师/建筑师（Virtual Space Designer/Contractor）这个职业。元宇宙的设计师/建筑师一方面要求具有物理世界方面的相关经验与知识，另一方面要求在平面设计、视觉设计、3D 动画和建模、编程等方面具备相应的知识。

元宇宙中大量的数字资产都以 NFT 方式存在，这些资产可以通过智能合约进行直接交易，具有经济价值。而且，在元宇宙中，各类资产的价格波动幅度将远远大于物理世界，这样，个人或者机构在元宇宙中所拥有的数字资产都需要专业管理师。数字资产管理顾问（Digital Assets Management）将提供更为专业的资产管理服务。这些数字资产管理顾问一方面需要有物理世界的资产管理经验，另一方面需要对数字资产的价值特征以及交易模式有着深入的理解，从而能够为元宇宙中的资产提供更为专业的管理服务。与物理世界不同的是，元宇宙中的所有数字资产可能都具有金融化的特征，这要求资产管理服务的范围更为广泛、更为全面。

基于元宇宙的游戏有很多建立在区块链基础上，游戏者可以通过游戏获得相应的虚拟物品或者加密货币，这类物品以 NFT 的方式存在，可以通过交易等方式获得加密货币或者物理世界的货币，这就是所谓的"玩中赚"（Play-to-earn），也是所谓"游戏金融"（GameFi）概念的基础。这产生了以游戏为职业的一大波工作岗位。以游戏为工作在物理世界中已经大量存在，莫里茨·拜尔·伦茨（Moritz Baier-Lentz）写道①，早在电子竞技（竞争性视频游戏行业）被广泛认可为一种职业之前，流行的 PC 游戏，如"暗黑破坏神 II"（2000 年）或"江湖"（Runescape）（2001 年）就出现了大量的赚钱机会，并形成了一个相对成熟的交易体系。莫里茨·拜尔·伦茨本人就能够通过完成游戏挑战并以真钱出售所得奖励，来完成他的本科和研究生教育。在游戏产业生态日益完善的今天，游戏产业已形成了很多新的岗位，很多人作为游戏竞技选手，获得了丰厚的收益，而竞技选手需要一个团队，这产生了很多相关的职业岗位。随着直播行业的兴起，还有很多人通过在图奇（Twitch）或油管游戏（YouTube Gaming）或者抖音或其他专业游戏直播平台上进行游戏直播而获得稳定的收入。这些行业都与游戏相关，在本质上是一种新兴的职业。根据 BITKRAFT 风投（BITKRAFT Ventures）的数据，视频游戏现在代表了一个价值 3360 亿美元的产业，涵盖了广泛的软件、硬件和知识产权（IP），而这已领先于传统电视、点播娱乐、电影和音乐，成为世界上最大的媒体类别。但是，在现有的技术架构下，几乎所有基于游戏的经济活动都是中心化的，开发者和发行商对其游戏中发生的一切都享有权利。绝大多数玩家自己在不遵循路线的情况下几乎没有办法分享价值，从而无法获得相应的利益。

元宇宙中"玩中赚"（Play-to-earn）的商业模式兴起，对游戏所有权和利润分享的模式发生了根本性变化，这种类型的视频游戏允许玩家"真正"赚取和拥有数字资产，并自行决定在游戏之外出售这些资产。这种资产以 NFT 的形式存在，使玩家能够脱离中心化的游戏开发商与

---

① Stefan Brambilla Hall，Moritz Baier-Lentz，What Play-to-earn Games Mean for the Economy，and Metaverse，*World Economic Forum*，https://www.weforum.org/agenda/2021/11/what-play-to-earn-games-mean-for-the-economy-and-metaverse/.

发行商的控制，按照自己的条件以现实世界的货币出售它们。这种架构设计，使很多人能够以"玩中赚"作为职业，从而实现其人生的超越。"轴心无限"作为 2021 年最为流行的"玩中赚"游戏，在推出之后即受到了广泛的关注，目前，日活跃用户已从 4000 人增加到 200 万人，对于像菲律宾和委内瑞拉以及其他南半球国家的玩家来说，他们在这个数字世界中获得的收入远比他们当地的实体经济所能提供的要多得多。游戏已真正成为他们的一种职业。此外，像去中心化游戏公会组织 YGG（Yield Guild Games）这样的辅助"游戏赚钱平台"，使新兴经济体的玩家能够参与并教育他们参与到游戏中赚钱的游戏，已经吸引了大量投资，并在几个月内成为价值数十亿美元的公司。

值得注意的是，玩中赚游戏并没有从本质上完全消除游戏中的中心化：它们仍然需要发行商的授权来定义、发行和约束最终作为 NFT 交易的资产。相反，玩赚钱游戏的最大前景在于其分散市场以创建、拥有和交换数字资产的潜力，以及当这些市场与传统经济和法定货币连接时所创造的潜力——允许玩家将他们的数字时间、精力和收入转化为现实世界中的可支配收入。

"玩中赚"的商业模式有可能改变人们与金融机构、市场和政府等传统社会经济结构的互动和感知方式。这是因为"玩中赚"游戏为自我主权金融体系、开放的创造者经济以及通用数字表示和所有权提供了概念证明，这些都适用于各种新兴的数字环境和价值创造形式。正因为这种经济、金融、所有权体系的变革①，使融合了物理世界与虚拟世界的元宇宙在经济上成为可能。在实践中，NFT 可以在虚拟世界中呈现多

① Stefan Brambilla Hall，Moritz Baier-Lentz，What Play-to-earn Games Mean for the Economy and Metaverse，*World Economic Forum*，https://www.weforum.org/agenda/2021/11/what-play-to-earn-games-mean-for-the-economy-and-metaverse/.

种形式：角色、物品、土地、装饰个性化特征（如数字服装）等。人们通过玩好游戏"赚取"最有价值的物品，并且可以按照自己的条件以现实世界的货币出售它们。

五、对元宇宙工作的思考

元宇宙的出现，改变了工业革命以来对工作的理解，将工作的物理范围进行了大幅度的扩展，使居家办公、在线办公、随时随地办公成为现实。一方面，将突破现有工作在时空上的局限，尤其是新冠肺炎疫情对远程办公起到了推广作用。虚拟办公初创公司盖纳（Gather）的首席执行官菲利普·王（Phillip Wang）说，"我非常相信元宇宙以及它会产生多大的影响，并准备好投入五到七年的时间，等待 VR 变得更好，然而，新冠肺炎疫情来临之际，我们发现不必等待这么长的时间，需求突然暴发了"[1]。另一方面，也会带来不少问题。

元宇宙解决了原来远程工作的一些问题，更身临其境的体验也有助于克服在线会议带来的一些挑战，为远程合作、员工成长和企业成功打开了新的机会。因此，很多人认为，与元宇宙相融合的混合工作代表了未来的工作模式[2]。然而，从现状来看，元宇宙工作仍面临着很多问题。

一是技术水平本身的问题。很多业内人士认为，以 VR/AR 为代表的虚拟现实技术仍不能满足远程办公的需求。VR 眼镜的佩戴体验仍有待于进一步提升，很多人反映了长时间佩戴 VR 眼镜的不舒适感。正如

---

① Kieron Allen，How Will the Metaverse Impact the Global Economy?https://accelera-tioneconomy.com/metaverse/how-will-the-metaverse-impact-the-global-economy/.

② Kieron Allen，How Will the Metaverse Impact the Global Economy?https://accelera-tioneconomy.com/metaverse/how-will-the-metaverse-impact-the-global-economy/.

威伯纳（Virbela）总裁亚历克斯·豪兰（Alex Howland）所指出的：“我不认为你可以付给我多少钱让我每周 40 小时戴着 VR 眼镜。”

二是人类的本性仍不能适应远程办公。“洞穴人原理”仍未过时。人类从起源到现在的 10 万多年，其间绝大部分时间是通过面对面方式进行沟通和交流。在人类发明语言之前，人类共同居住在洞穴里，靠表情、动作等肢体语言交流了几十万年，肢体所表达的信息要比语言表达的多得多。从今天来看，洞穴人原理并没有因为信息技术的进步而过时。据笔者调研，很多人认为，线上会议的方式虽然节省了交通成本，但是，这种方式的沟通并不充分，会后沟通的成本非常高。

三是隐私与监视的问题。在虚拟办公室里，由于超越时空的问题，个人的行为很容易被其他同事看见，这产生了隐私问题。社交规范如何在虚拟办公室中转化，这是一个需要进一步研究的问题，如何在效率与隐私之间寻找到更好的平衡。监控是另一个值得关注的问题。在物理世界里，很多公司已经通过软件和设备跟踪员工，使员工处于持续的压力状态。如果将所有员工聚集在一起并放在一个数字空间中，那更容易跟踪，元宇宙办公的监控问题会让员工产生非常不舒服的感觉。这是未来在元宇宙工作中需要解决的问题。

然而，从整体上看，由于元宇宙办公不再需要高昂的房地产成本，可以随心所欲地设计，实现了永久可用的社交互动的完全远程工作，其优势非常明显。因此，很多人对元宇宙工作抱着非常强烈的信心。“我认为未来是光明的”，群组流公司（Teamflow）的首席执行官弗洛伦特·克里维洛（Florent Crivello）指出，“（利用元宇宙推动工作）向偏远地区的过渡将是自工业革命以来最重要的经济转型。”[①]

---

① Work in the Metaverse: The Companies Building Virtual Offices, Protocol — The People, Power and politics of Tech，https://www.protocol.com/workplace/virtual-office-metaverse.

第六章　游戏和元宇宙

元宇宙概念的产生，和游戏是分不开的，正如我们在前文中所指出的，虽然脸书提出的元宇宙概念更多的是从打造一个虚拟世界出发，重在社交场景，但是从元宇宙最快的变现通道来看，除了硬件销售之外，游戏是现已被广泛接受的一个变现通道。虚拟世界本身就具有一定的游戏内在属性，而元宇宙这个概念，将区块链、NFT 等引入到游戏领域，极大拓展了游戏的生态，增加了游戏空间的复合性功能，从未来看，在元宇宙概念的引领下，游戏空间将拓展为一个新的生活空间，平台化趋势日益明显，这给游戏行业带来了新生。

第一节　元宇宙＋游戏：先声夺人

游戏本身也具有了元宇宙的雏形。很多游戏本身有很强的故事性，有相当于现实世界的场景，还形成了自己的世界观，附带了社交功能，再利用区块链、NFT 等构筑经济系统，那么，游戏空间本身就会构成一个元宇宙。有观点认为，如果说元宇宙是继工业革命后的第三次产业革命，而游戏行业可以说是"工业革命中的纺织业"。斯坦福大学教授兼奇点大学未来研究和预测主席保罗·萨福（Paul Saffo）认为，元宇宙不会率先在诸如脸书之类的社交平台上成功，如果能够获得成功的话，首先将来自游戏 [1]。

游戏产业具有成熟的用户群体，根据 CNBC 的报道，游戏是娱乐业最大的部分 [2]，据数据公司新动物园（Newzoo）的全球游戏市场研究报告，到 2021 年年底全球大约有 29 亿游戏玩家。在 2020 年，视频游戏市场价值超过 900 亿美元，玩家在沉浸式游戏上花费了 45 亿美元。预计到 2025 年，全球游戏市场将超过 2500 亿美元 [3]。我国游戏市场也处于快速增长阶段，2020 年，我国游戏市场规模高速增长，用户规模进一步扩容。国内游戏市场实际营销总额为 2786.87 亿元，比上年增加 478.1 亿元，同比增长 20.71%，继续保持较快增速。与此同时，游戏用户数量也保持稳定增长，规模达 6.65 亿人，同比增长 3.7%。2021 年 8 月 3 日，贵士移动发布的《2021 手机游戏人群洞察报告》显示，截至 2021 年 6 月，我国手游月活跃用户数达 5.48 亿人，月人均使用时长超过 20 小时。报告还显示，"王者荣耀"男性用户月活跃用户数 1.09 亿，月人均使用时长 30.5 小时。这说明依托游戏来构建元宇宙已具有较好的用户基础。

从总体上看，游戏是数字技术的一种超级场景，也是人类最常见的娱乐方式之一。游戏具有多种复合功能，如教育、体验、学习、社交等，在原来的商业化游戏背景下，游戏被异化成为一种单纯追求感官快

---

[1] Therese Poletti, Opinion: We have been Promised the "Metaverse" for Decades，But it is still not a Sure Thing，https://www.marketwatch.com/story/we-have-been-promised-the-metaverse-for-decades-but-it-is-still-not-a-sure-thing-11637786667?mod=article_inline.

[2] Inside the Metaverse, Jobs and Infrastructure Projects are for Real，https://www.cnbc.com/2022/01/15/inside-the-metaverse-economy-this-is-what-will-be-for-real-in-2022.html.

[3] How Much is the Gaming Industry Worth in 2022，https://techjury.net/blog/gaming-industry-worth/#gref.

感的活动，这也是游戏产业受到很多批评的原因。元宇宙将使游戏综合艺术、文化、技术等多种元素，从而成为一种新的发展模式，从而推动元宇宙的进一步普及。

　　网络游戏产业的发展与互联网发展是同步的。第一款真正意义上的网络游戏可追溯到 1969 年，当时瑞克·布罗米为 PLATO（Programmed Logic for Automatic Teaching Operations）系统编写了一款名为"太空大战"（SpaceWar）的游戏，游戏以诞生于麻省理工学院的第一款电脑游戏"太空大战"为蓝本，不同之处在于，它可支持两人远程连线。而就在同一年，美国国防部高级研究计划署研制的阿帕网（ARPAnet, Advance Research Projects Agency Network）作为互联网的雏形正式投入运用。这是世界上首个包交换网络，之后，到 1974 年时，TCP/IP 协议（互联网以及传输控制协议）发布，为互联网扩大奠定了基础。

　　从游戏中构建一个具有交互功能的虚拟世界，是游戏发展的一条重要路径。1978 年在英国埃塞克斯大学的罗伊·特鲁布肖编写了第一款多人在线游戏"MUD1"，这是一个用纯文字进行交互的多人世界，具备了一定的虚拟世界雏形。1986 年，卢卡斯电影游戏（Lucasfilm Games）的开发人员发布了第一个名为哈比兔特（Habitat）的虚拟社区的测试版，这是一个利用网络构建的多人在线虚拟环境。1990 年，软件工程师奇普·莫宁斯达（Chip Morningstar）和兰迪·法莫尔（Randy Farmer）将哈比兔特的人物命名为"化身"（Avatars）。在这个虚拟系统中，已有用户利用系统漏洞来积累游戏中的代币，并用于购买游戏中的虚拟物品；而且，在一些玩家使用可用于化身的枪支并随机杀人之后，用户之间也出现了关于暴力的辩论。这个游戏虽然影响不大[1]，但是已

_____

　　[1]　哈比兔特（Habitat）在经过几年的贝塔（beta）测试后关闭，因为维护成本太高，所以其用户并不多。

触及元宇宙这类虚拟世界的两个核心问题：数字货币和安全性①。

1994 年，暴雪（Blizzard Entertainment）发布了"魔兽争霸"，这是后来著名的"魔兽世界"（World of Warcraft）的前身，2004 年"魔兽世界"开始公测，这是一款 3D 大型多人在线角色扮演游戏。这类游戏已具备元宇宙的一些基本特征。在这些游戏中，玩家需要建立一个虚拟身份，包括其在游戏中使用的名称与形象；这个虚拟身份还可与游戏中其他玩家进行社交，在虚拟身份名下，还可以拥有各种虚拟财产。游戏中具有各种拟真的环境，这个高度的仿真环境使玩家必须运用大量脑力资源来专注于游戏中发生的事，从而产生"沉浸式体验"；玩家通过游戏，能够获得或者创造各种装备，这些装备具有一定的经济价值，这是一种早期的创作者经济。游戏中有各种游戏币，这种游戏币可以用来购买各种虚拟物品，而且这些虚拟物品有着公开市场或者地下市场进行交易，已形成一个经济系统。游戏的这些特征，与今天提出的元宇宙具有异曲同工之处。

进入 21 世纪之后，众多 MMO（Massive Multiplayer Online，MMO）游戏中，有一些刻意削弱了传统游戏中最为强调的竞技性和娱乐性，转而融入很多现实生活中的要素。在操作上，这些游戏则给予了用户非常大的自主性。不同的玩家就可以在这些游戏中分工合作，完成复杂的任务；也可以彼此交换资源，互补余缺，形成十分复杂的经济系统。不仅如此，人们还可以在不断交流的基础上，生成虚拟世界独有的社会规范和制度。所有的一切，都好像在现实世界一样。这样一来，这些游戏就逐渐摆脱了单纯的游戏范畴，变成了一个虚拟的世界。

---

① Therese Poletti, Opinion: We have been Promised the "Metaverse" for Decades, But it is still not a Sure Thing, https://www.marketwatch.com/story/we-have-been-promised-the-metaverse-for-decades-but-it-is-still-not-a-sure-thing-11637786667?mod=article_inline.

这其中一个典型的代表是林登实验室（Linden Lab）于 2003 年发布的"第二人生"，这是第一个现象级的虚拟世界游戏。电气与电子工程师协会（Institute of Electrical and Electronics Engineers，IEEE）在主页上发表了一篇关于元宇宙的报道，称"第二人生"是迄今为止最接近元宇宙的产品。"第二人生"游戏只给玩家提供土地，土地上的一切由玩家自己决定，可以尽情构建属于自己的社区。平台为用户提供各种开发工具，玩家不需要编程技能也能够创建自己的数字产品。在这个意义上，"第二人生"也是一个典型的用户生成内容（UGC）平台，玩家可以与开发者组织一起开发和共享内容。为了便于用户进行创作，平台为不同目的创建了灵活且易于理解的设计工具，用户可以设计头像、物品和数字位置，例如，玩家通过单击、拖放等简单操作即可创建出各类作品。用户既可以独立设计自己的住宅或其他物品，也可以和其他用户一起设计公园、博物馆等巨大的景观建筑。这些设计出来的虚拟物品均可以向其他用户出售。出售时使用游戏中通用的货币——林登币（Linden Dollar）计价，而林登币可以按照一定的汇率转换为现实世界中的美元。

"第二人生"还有一个不同于其他游戏的功能，即现实世界的商家可以直接入驻到其游戏空间，这个功能使"第二人生"游戏能够与物理世界有着更直接的联系，很多服务业或机构都进驻了"第二人生"。包括路透社在内的一大批媒体都在里面建立了常设的记者站；而哈佛、斯坦福等著名的大学则在里面开起了教育中心和实验中心。瑞典等国家更在游戏中建立了自己的大使馆，IBM 建立自己的销售中心，美国有线电视新闻网（Cable News Network，CNN）建立自己的游戏报纸。"第二人生"还内置了电子板以取代浏览器，通过这个工具，用户可以直接在虚拟世界里上网，就像在物理世界一样。游戏也越来越具备了一个真实世界的所有特征。西班牙的政党在游戏中进行辩论，美国的议会准备在"第二人生"中进行演讲。总统候选人兼弗吉尼亚州州长马克·华纳（Mark Warner）还曾在虚拟市政厅做了一个自己的化身，他的形象是穿着一套块状西装，打着红领带。美国的太阳（Sun）公司正在探索虚拟培训的模式，他们在"第二人生"中做了很大的投入，购入了7个小岛，把其中的一个岛专门作为培训开放日的虚拟基地：在岛上学习者可以看到全部培训开放日的嘉宾、课程以及日程介绍；让参与者可以在岛上自由地与所有参加开放日的朋友进行交流；大家不仅能够看到课程以及演讲嘉宾的介绍，还能找到视频，并实时地观看PPT。

"第二人生"游戏与物理世界联系的一个经典案例是IBM。2006年时，IBM计划把公司都迁移到"第二人生"，并把部分员工的办公和会议安排到了其中进行。同时员工把另一个重要的活动——罢工，也搬到了这个虚拟的世界。2007年9月，意大利劳资委员会与IBM达成协议员工周薪增加60欧元，但是IBM单方取消了已达成的协议。IBM的这一违约行为导致了员工的不满，他们聚集到了"第二人生"世界里的IBM总部进行抗议。IBM的高层为此作出了妥协，表示执行先前的加薪承诺。这是元宇宙领域的第一次罢工事件，这也说明，在元宇宙领域，已和物理世界之间具有直接的联系。

从"第二人生"游戏来看，打造一个虚拟世界仍需要大量的努力。如果虚拟世界没有比物理世界更强的吸引力，那么其吸引用户方面仍有很大的难度。"第二人生"总计大约有500万用户注册，但很多用户都不太活跃，并且有些居民有多个账号。这说明游戏还没有构建足够的沉浸感，来吸引玩家。例如，2017年，《大西洋月刊》曾做过一项统计，"第二人生"玩家中，有20%到30%在游玩了一次之后，再也没有进行第二次游玩。

时至今日，以"罗布乐思""堡垒之夜"为代表的游戏作品，作为基于现实的模拟和延伸，为元宇宙用户提供更加沉浸、实时和多元的体验；这些游戏作为元宇宙的先驱者，在游戏设计、用户体验等方面有较大的提升，在吸引用户沉浸式体验方面也具有较好的基础。"第二人生"游戏中没有积分、积点、赢家、输家、等级、一个最终战略，这使玩家很难具有长期加入的兴趣。在"第二人生"中，虽然有创作者经济的存在，但是创作者自由发挥的空间较小，仅限于在游戏范围内交易和使用，而且，玩家所创作的虚拟产品在产权保护等方面也缺乏完善的机制。而当前基于 VR 技术的区块链游戏，不但给予玩家更符合现实的设计感，给予更立体丰富的体验，而且，在游戏的可玩性方面也有很大的提升，这样，玩家不但能够在感官上感受更为丰富的图像和场景，在游戏化方面，也具有更沉浸的感觉。在这些游戏中，玩家可以更深入地进行创作，这些创作作品在区块链技术的支持下，形成一种具有更加完善知识产权保护的 NFT 产品，能够在更广泛的范围内交易和使用。

从 VR 的早期用户来看，游戏玩家也是其种子用户。而游戏本身的场景，尤其是搭建虚拟环境方面，游戏已有非常多的尝试，在人物形象设定、角色扮演等方面，在游戏中也得到广泛应用。因此，游戏这个场景，天然与元宇宙有着契合性，这也是元宇宙在游戏领域首先得到体现的重要原因。约翰·卡马克（John Carmack）指出，"'我的世界'和'堡垒之夜'比脸书构建的任何东西都更接近元宇宙"[1]。他认为，这些游戏之所以成功，是因为它们的开发者首先从创造娱乐体验开始，而不是架构。

---

[1]　John Carmack 是 id Software 联合创始人兼 Oculus 咨询首席技术官。本句话来源于：John Carmack:"Minecraft and Fortnite are Closer to the Metaverse than Anything Facebook has Built", *Game World Observer*, https://gameworldobserver.com/2021/09/24/john-carmack-skeptical-about-facebooks-metaverse-ambitions-unlike-fortnite-and-minecraft。

以莫江工作室（Mojang Studio）（2014 年由微软收购）所打造的沙盒游戏"我的世界"为例，玩家可以在随机生成的 3D 世界中去探索、交互，通过采集矿石、与敌对生物战斗、合成新的方块与收集各种在游戏中找到资源的工具，同时允许玩家在多人 / 单机模式下进行创造建筑物、作品与艺术创作，并且通过红石电路、矿车及轨道实现逻辑运算与远程动作。特点在于通过模拟环境和行为方式，让玩家深度沉浸在游戏中。借助虚拟现实等技术，这些游戏也正在提供与现实世界更为贴切的游戏体验，从而使游戏与现实世界之间的联系更为紧密。

以罗布乐思公司为例，它是一家提供沙盒类游戏创作和在线游玩的游戏平台。罗布乐思成立于 2004 年，提供简洁实用的创作工具，帮助内容创作者产出丰富有趣的 UGC 游戏内容，吸引玩家来平台游玩；近年来公司加速发展，成为风靡全球青少年群体的在线游戏平台。基于现象级的内容创作生态带来的游戏自由度和出色的用户活跃度，罗布乐思也成为现阶段公认的元宇宙雏形。比如在"罗布乐思"游戏中，你可以创造属于你自己的游戏，你可以选择进入你自己的游戏或由其他用户创建的游戏。游戏类似于一款虚拟游戏，可与他人互动，也可与他人相互交易，在这个平台上有一种本地的机器人货币，如同虚拟经济。罗布乐思作为创作平台，游戏资源是从云端获取。公司开发了虚拟货币罗布克斯（Robux）及交易系统，创作者收取 Robux，玩家支付 Robux 玩游戏，Robux 和真实货币之间也可以进行互换。不同于之前的创作平台，创作者几乎拥有对游戏的所有控制权，用户也可以决定游戏的开发和发展。

元宇宙概念引入游戏后，游戏平台的功能正在多元化，其中一个典型的体现就是这些平台正在变成新的媒介：社交媒介、商业展示媒介、表演媒介等。"堡垒之夜"最初是一款游戏，但很快演变成一个社交广场。

它的玩家本身并不是为了"玩"而登录,而是为了与他们的虚拟和现实世界的朋友在一起。很多人在"堡垒之夜"上与他们的朋友交谈,但不谈论"堡垒之夜"。因为"堡垒之夜"没有故事或 IP,他们谈论的主题是学校、电影、体育、新闻、男孩、女孩等。与社交软件的功能并无不同。此外,"堡垒之夜"正在迅速成为其他品牌、IP 和故事表达自己的媒介,包括虚拟演唱会、电影发布会等,例如 2019 年 12 月,《星球大战:天行者的崛起》在"堡垒之夜"独家发布了这部备受期待的电影片段,作为更大的游戏内观众互动活动的一部分,其中包括对导演艾布拉姆斯(JJ Abrams)的现场动作捕捉采访。更重要的是,该事件在电影的开场时刻被明确提及。"堡垒之夜"还制作了几个主题"限时模式",包括耐克的"空中飞人"(Air Jordan)和狮门影业(Lionsgate)的《疾速追杀》(John Wick)电影系列。在某些情况下,这些发布改变了部分"堡垒之夜"的美学、物品和游戏风格,使其与游戏无主之地、蝙蝠侠的家乡哥谭和旧西部的世界等虚拟世界相似。

第二节 区块链、NFT 和游戏

元宇宙的理想是建立一个虚拟世界,在这个世界里,经济系统是非常重要的。而经济系统的基础是要解决虚拟财产的产权问题。在类似"第二人生"这样的游戏里,玩家虚拟财产的产权是由游戏发行平台予以保证的。平台保证的模式在虚拟财产的交易、产权保护等方面,均存在一定的问题。例如,"第二人生"开发商就曾经因虚拟财产问题而与玩家发生过冲突。而区块链技术的出现,使人们看到了永久解决虚拟财产产权问题的方案,这有利于建立一个基本的交易秩序。

基于区块链的 NFT 游戏将传统游戏功能与区块链机制相结合，玩家可以通过区块链更好地控制游戏中的资产，例如皮肤、角色、武器、虚拟土地等。这些数字资产通常都是 NFT，具有独特性和防篡改功能，可以在游戏内外进行交易。玩家真正、持久地拥有可以在游戏（NFT）之外存在（和被购买／出售／交易）的独特数字物品；原来在游戏领域存在的灰色道具市场可能会被官方 NFT 市场取代。用户在游戏中购买各种虚拟产品已形成了一个巨大的市场，在 2020 年已达到 540 亿美元，据预测，到 2025 年将达到 744 亿美元（见图 6-1）。

（单位：百万美元）

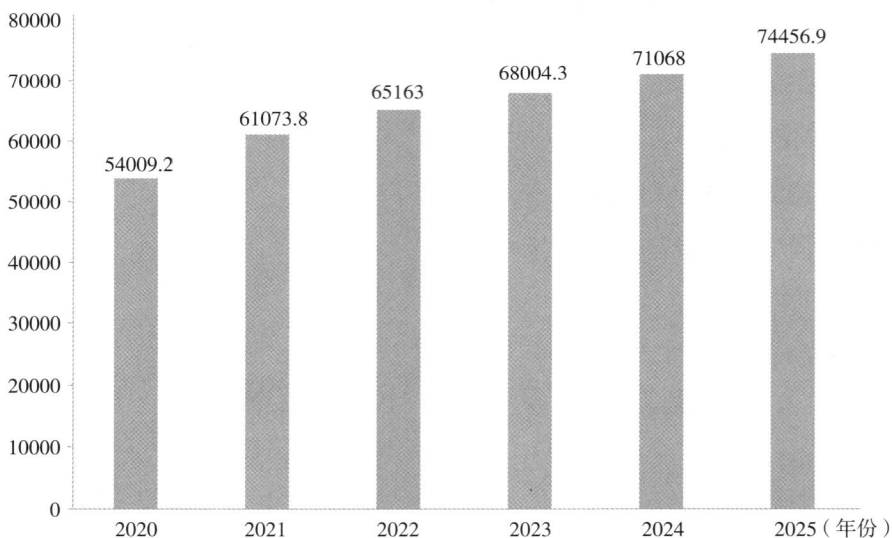

图 6-1　全球游戏内购买金额

资料来源：转引自 Michael Ciabuca，When Will the Metaverse be a Part of Daily Life?https://www.bit-sips.co/when-will-the-metaverse-be-a-part-of-daily-life/。

在区块链游戏中，通过智能合约，用户可以自由控制自己的资产。分布式账本可以确保用户免受平台的绝对控制，并保护账户免受盗窃风险。开源代码意味着玩家可以自由创新、构建并成为游戏的创造者。

NTF 将玩家手中的资产映射到物理世界。通过可视化和身份化，虚拟商品从服务转化为交易实体，从而提升用户的情感体验。在 NFT 游戏中，玩家可以通过 3 种主要策略来获得游戏资产的所有权：可以创造或培育新角色，在本地或第三方市场上购买数字物品，通过游戏升级解锁并获得新物品。加密猫（CryptoKitties）是第一个具有日常玩中赚功能的区块链游戏。

因此，加密经济学家（The Cryptonomist）网站宣称，NFT 游戏是元宇宙最好的载体。

举一个例子，在轴心无限等具有元宇宙概念游戏中①，玩家或可以根据其游戏的时长来获取相应的通证，或可以通过打怪升级来获得独有的装备 NFT（非同质化代币）。这些 NFT 的价值可以独立于其产生的平台，并且在更大的元宇宙空间中行使。这就是得力于元宇宙的跨平台特征。一些区块链平台甚至针对这个特征，推出了相应的去中心化游戏，使玩家能够更好地实现玩中赚（Play to Earn）的"消费 + 生产"的混合活动。这种模式产生了现在非常火爆的 GameFi②，因为游戏玩家赚取的 NFT 具有唯一性和不可分割性，从而有利于交易与转让，甚至作为投

---

① Axie Infinity 由越南游戏工作室 Sky Mavis 开发，其灵感来源于 Pokemon，但融入了 NFT 等新元素，是一款以玩中赚（Play to Earn）为开发目的的游戏，目前月活跃用户已超过百万。也是第一款游戏销售额超过 10 亿美元的游戏。目前游戏内销售额已超过 40 亿美元的历史交易量。在游戏中，用户必须收集数字宠物——Axies，并与其他玩家战斗以获取奖励。赢得战斗会奖励玩家一些 SLP（Smooth Love Potions），SLP 是一种代币，可用于喂养和繁殖 Axies 并在市场上交易，玩家每次尝试培育新的 Axie 都需要支付一定数量的 SLP。游戏内还有一种治理代币 Axie Infinity Shards（AXS），持有它赋予玩家在游戏中的投票权。这些代币都可以进行交易。

② GameFi 将 Game 和 DeFi（去中心化金融）这两个词合二为一，GameFi 是金融机制的游戏化，用户可以通过玩游戏来赚钱。金融的另一个含义是玩家在游戏中的投入相当于一种投资，有可能获得增值。因此，表面上，关键词是"游戏"，但本质上，"金融"是区块链最重要的东西。

资品而存在，也产生了阿斯特拉公会（Astra Guild）、元游戏公会（Meta Gaming Guild）等相关机构。在分布大陆、"沙盒"等平台，玩家在享受虚拟建设的游戏过程中，可以投资房地产，通过土地出租出售等方式，获得相应的收益。

区块链游戏虽然带来了一个"玩中赚"的概念，但是，这种以赚钱为目的的游戏，会影响玩家的体验。而且，很多玩家也质疑，游戏开发商在游戏中加入NFT，是为了其能够获得游戏代币发行的收入以及交易手续费用，因此，很多游戏开发商在现有的游戏中加入NFT时，受到了玩家的抵制。2021年年底，一家工作室快攻螃蟹游戏公司（Aggro Crab Games）公开谴责"百战天虫"开发商17组(Team17)的NFT计划，并终止合作关系，此举收获网友10万点赞。迫于压力，17组也最终宣布放弃NFT计划。游戏领域的大佬EA公司的CEO安德鲁·威尔逊（Andrew Wilson）也从全面支持在游戏中引入区块链NFT，转向对此进行观望。在2021年年底的一次全球游戏开发者大会（GDC）上进行相关调查的结果表明，70%的开发者表示对NFT没有兴趣。游戏平台蒸汽平台直接推出新规定，禁止NFT和区块链游戏上架。英佩游戏态度也比较谨慎，只允许NFT游戏在满足一定条件下上架旗下游戏商店。

对此，史蒂夫·范斯隆（Steve Van Sloun）曾撰写一篇文章从理论上来说明NFT在不同的玩家和厂商那里为何受到的不同待遇[1]。他的基本观点是，游戏内购买物品或者游戏内交易，对于玩家而言，可以起到两个方面的作用，身份和效用（Identity and Utility）：身份是购买的装饰性程度，旨在特定世界中建立某人的在线角色。当基于身份进行购买时，玩家将获得游戏中的社会信用奖励。这些所购买的虚拟商品没有提

---

① Steve Van Sloun，Identity vs. Utility: A Framework For In-Game Monetization，*Loup*，https://loupfunds.com/identity-vs-utility-a-framework-for-in-game-monetization/.

供竞争优势，但对某些游戏玩家，尤其是注重社交性与个性的游戏玩家很重要。例如，购买一个独一无二的具有高辨识度的服装，就是一种基于身份的购买。效用是购买在给定的世界中具有竞争优势的程度。购买道具可以为玩家提供纯粹的竞争优势，但一些更常见的道具购买是节省玩家时间并在游戏中进一步提升他们的功能。例如，在一些格斗类游戏中购买更具优势的装备。

　　一个好的游戏，其所开发的虚拟产品必须在身份和效用之间进行平衡。这种平衡策略的选择，对游戏开发具有重要影响。这也是为何游戏中引入 NFT 时必须注意游戏玩家类型的原因。与元宇宙具有一定关系的三款游戏是"堡垒之夜""罗布乐思"和"侠盗飞车"（Grand Theft Auto），在身份和效用之间进行了很好的平衡。

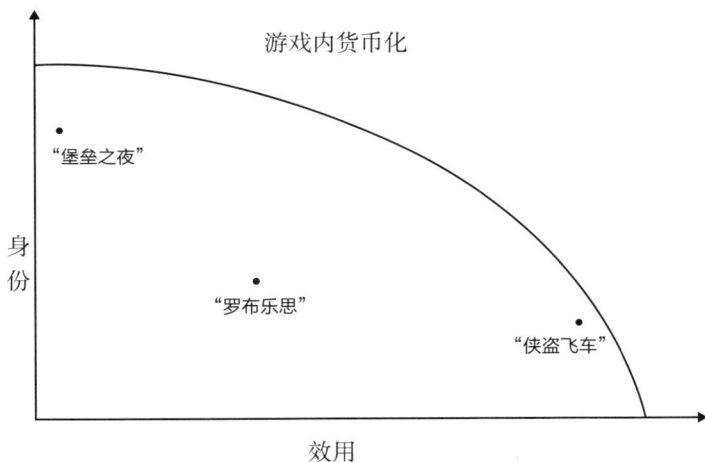

图 6-2　游戏内商品设计中的身份与效用的平衡

　　"堡垒之夜"的货币化完全基于身份。游戏内购买的虚拟财产，无论是皮肤、表情、镐等，都不会为玩家提供竞争优势。相反，从物品商店购买的任何东西都仅用于表达个人独特的身份。"堡垒之夜"在将稀缺性融入他们的物品商店方面做得很好，并且通常只在有限的时间内提供物品。此外，他们在 IP 合作伙伴关系方面一直很积极，包括他们商店中来自漫威（Marvel）、DC（Detective Comics，DC 漫画公司）、星球大战（Star Wars）、光晕（Halo）和其他公司的商品。稀缺性和流行文化交叉的双重性质激励玩家在游戏内进行购买。

罗布乐思通过身份和效用实现了更多的货币化平衡。玩家可以购买服装和动画、独特能力、游戏内物品、武器等。一些购买纯粹是装饰性的，而另一些则提供了竞争优势。在罗布乐思中，货币化决策是由个人开发者自己作出的，而不是由公司作出的。罗布乐思为罗布克斯（Robux）设定了 USD 的比率，但开发人员能够创建自己的产品，这些产品可能会偏向于任何给定游戏玩家的身份或效用。

"侠盗飞车"提供的物品主要基于实用性——公寓、车辆、仓库——所有能让玩家在游戏中获得优势的东西。玩家可以购买虚拟货币来帮助他们获得更快进步所需的游戏内物品。最终的问题是玩家必须评估，花费 20 美元购买道具以节省 X 小时的游戏时间是否合算。

第三节　游戏行业的新生：从娱乐到平台

元宇宙概念加上疫情扩散的现实，以及技术的进步，使游戏本身的功能与应用场景也在拓展，很多现实生活中的行为活动转向线上，通过游戏的方式实现沉浸式场景体验，参与者能够获得接近于现实世界的体验。这样，游戏场景将趋向于平台化，成为玩家和非玩家互动的新模式，成为多个利益相关者可以在核心产品之外创造和获取价值的平台。通过以平台化的模式整合非游戏体验，游戏已成为元宇宙的第一入口，而游戏场景也从娱乐变成一个与现实世界具有联系的虚拟世界。正在通过这些非游戏体验推动新体验，例如虚拟音乐会、虚拟时装秀、IP激活、虚拟商店、社交等。而非游戏玩家也会参与这些活动，而在社交活动中，参与者需要创作自己的身份、举办社交活动或创建自己的独特空间，他们已不知不觉地融入游戏之中。

在疫情影响下，很多游戏平台推出了虚拟音乐会等活动，吸引了大量非游戏玩家参与。据英佩游戏官方数据，特拉维斯·斯科特的"堡垒之夜"音乐会吸引了近2800万名观众，参与人次近4600万次，这意味着许多玩家参加了不止一次。在特拉维斯·斯科特的官方油管频道上发布的表演已超过1.5亿人次观看，这说明了这次活动的参与者已远远超过了游戏玩家的范围。这些活动也为歌手带来了吸引新粉丝以及推动传统营销渠道的作用，音乐研究和分析工具声图（Soundcharts）和震音（Viberate）的数据表明，特拉维斯·斯科特在"堡垒之夜"音乐会活动期间通过照片墙、脸书、笛译（Deezer）、声田和音云（Soundcloud）获得了140万新粉丝，在声田上的音乐被播放了8190万次。

研究公司新动物园（Newzoo）认为，元宇宙的概念，使游戏的影响呈现圈层式外溢效应（见图6-3）。在最里层是核心游戏，这主要是游戏玩家活动的区域，其空间仅限于游戏所设定的虚拟空间。在第二圈层，可以定义为游戏即服务（Games as a service），包括DLC[①]、游戏的订阅等。第三圈层，游戏即竞赛（Games as competition），这在现实中已有不少，包括各类竞技类游戏，以及各种电子竞技、联赛等。第四圈层是游戏即社区（Games as a community），游戏的影响力日益扩大，游戏内外形成了大量社区，如游戏直播、指南、论坛等，游戏的社交功能

---

① DLC是一些游戏在发布之后增加的后续可下载内容，容量比较大的也可以说是资料片、扩展包等。

开始出现。第五圈层是游戏特许经营（Games as a Franchise），包括与游戏相关的周边产品开发、与传统媒体的融合等。第六圈层是游戏即平台（Games as a Platform），游戏内的场景提供了越来越多的非游戏体验，可以提供更多的非游戏相关活动。游戏提供大量创作工具，使用户能够生成各种创意和内容。在游戏平台化的情景下，引入 VR/AR 等技术，将具备了元宇宙的内在特征。从这个意义上来看，游戏与元宇宙之间的确具有非常紧密的联系。

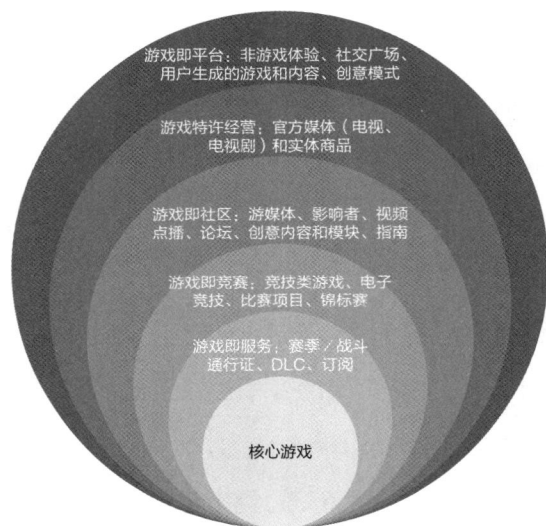

图 6-3　元宇宙游戏功能扩展

资料来源：Intro to the Metaverse，Newzoo Trend Report 2021。

元宇宙与游戏的深度融合，将给游戏带来更大的发展空间。而游戏设计方面，应具备更多的社交属性、更深的沉浸感、更丰富的创意（More Social、More Immersive，and More Creative）。

在游戏设计方面，要超越标准的单人／多人游戏模式，元宇宙游戏将具有创意、社交、教育、活动、商业和娱乐等多种模式，玩家与非玩家在核心游戏之外创造共享体验。在游戏的内容创意方面，社区将在开发中发挥更大的作用，由人工智能和其他简化创建方面的无代码工具提供支持，以降低用户参与创作的门槛，极大地减少玩家的创意变成游戏内虚拟物品的成本。

　　游戏的商业模式也将发生极大的改变。除了现有的游戏商业模式之外，元宇宙游戏将为游戏商业模式的创新提供更大的空间：虚拟活动，通过游戏内举办音乐会、教育、培训等非游戏虚拟活动，包括各种社区活动，如婚礼、毕业典礼和生日派对，以及官方品牌驱动的活动，这种活动可以与线下相对应的方式获得相应的收入；创作者经济，通过鼓励游戏参与者创作各类NFT，并通过市场出售，从而获得相应的手续费等；玩中赚（Play-to-Earn），在区块链的支持下，玩家可以通过对游戏生态系统的贡献获得游戏奖励（一般为NFT），然后通过二级市场在游戏外交易获取收入；玩中收藏（Play-to-Collect），通过发布各种与游戏IP相关的数字藏品，鼓励玩家购买收藏各种数字藏品，这种模式甚至能够吸引非游戏玩家的广泛参与，一些典型的案例是NBA顶级投篮（NBA Top Shot）和"加密猫"（CryptoKitties）；游戏社交的货币化（Pay-to-Socialize），鼓励游戏内社交活动的货币化机制，例如，共同组织线上线下联动的各类活动；虚拟社交活动等。广告与营销：在元宇宙中，广告与营销活动将得到创新，各大品牌商将在元宇宙中开设商店，而元宇宙也将打开数字广告的新大门。利用各种虚拟场景的广告与营销活动将更丰富。从未来发展看，具有真实性的新游戏原生品牌整合，以真实且非侵入性的方式将品牌纳入游戏将是元宇宙游戏的一个重要方向。

　　例如，"堡垒之夜"上出现了一个完整的子经济体，"玩家"可以在其中构建（并货币化）他们自己的内容。这可以像数字服装（"皮肤"）或舞蹈（"表情"）一样小。然而，它已经迅速扩展到使用"堡垒之夜"

的引擎、资产和美学创造所有新游戏和体验。这包括从简单的寻宝游戏到格林兄弟与跑酷文化的沉浸式混搭，再到跨越多个维度和时间线的10小时科幻故事。事实上，"堡垒之夜"的创意模式已经让人感觉像是元宇宙的原型。

从总体来看，元宇宙的确对游戏带来了极大的影响，总结见表6-1。

表 6-1　元宇宙概念对游戏的影响

时间 具体内容	过去	现在	未来
典型的公认 游戏设计	单人故事， 本地合作	单人游戏和竞技多人游戏	常规游戏模式以及社交、创 意和其他非游戏参与方式
每个区域的 平均玩家	1—4	100—1500	10000+
平台	本地单一 平台	在线多人游戏（MMO）； 1—3 个平台	无限在线多人游戏和旁观者 非玩家；所有平台
内容开发者	大型游戏工 作室	精益开发人员和 / 或玩家 驱动	社区 &AI 驱动
商业模式	实物溢价一 次性交易	高级、应用内购买、应用 内广告、订阅、许可	多种模式，包括数字活动、 游戏赚取收入、NFT 和付费 社交
交付模式	单一内容发 布，DLC	游戏即服务	游戏即平台
硬件 / 平台	控制台 + 高 端 PC	手机 + 更强大的 PC/ 控制 台；增强现实和虚拟现实	多平台、混合现实和云原生
营销	传统零售、 线性、大型 出版商合作 伙伴关系	基于社交媒体的数字广告 和绩效营销、影响者	影响者优先（真实和数字）、 IP驱动、NFT、原生广告和 游戏内激活

资料来源：Intro to the Metaverse，Newzoo Trend Report 2021。

同时，元宇宙的概念，也将使云游戏获得快速发展。云游戏是脱离终端限制，直接在云端服务器运行的游戏形式。元宇宙所包含的元素更加丰富，依靠设备自身性能进行运算渲染，对设备性能要求过高，演出效果也难达预期，上云几乎是唯一可选项。另外，云游戏需要不断扩展的特性也与元宇宙较为相近。这两个因素使得具备云端＋扩展特性的云游戏，可以逐渐在体量上接近元宇宙。

根据新动物园（Newzoo）和腾讯研究院联合发布的《2021 中国云游戏市场趋势报告》数据显示，2020—2023 年中国云游戏市场规模的复合平均增长率（CAGR）将达到 135％。全球云游戏市场规模的 CAGR 将达到 101％。其原因主要是，预计至 2023 年中国将有 9.13 亿部活跃智能手机支持 5G，进一步扩展全球最大 5G 网络，5G 网络的延迟更低、带宽更高，同时连接设备数更多，这些在改善移动网络连接下云游戏的体验时均将发挥重要作用。

世界游戏产业巨头已在云游戏领域探索十年，2018—2019 年是云游戏从概念走向落地的标志性节点，世界顶尖的 IT 技术公司纷纷入局。微软于 2018 年推出基于微软云（Azure）的 Xbox 云游戏服务 X 云项目（Project xCloud），使得玩家可以在各种设备上游玩 Xbox 游戏；谷歌于 2019 年 GDC（谷歌开发者大会）正式公布云游戏平台 Stadia。可以预期，在元宇宙概念推动下，将产生一大批云原生的具有元宇宙特征的云游戏。

第三篇　元宇宙：经济学解释

第七章　元宇宙的需求：
从物质到精神

元宇宙的兴起，与需求演进有着很大的关系。随着社会经济的进步，人类的物质需求逐步得到满足，向精神需求转型，元宇宙在满足居民精神需求方面具有重要价值。人类文明从存在起，就一直有着对新世界的幻想，不论是东方世界的天下大同、美美与共，还是西方世界描述的伊甸园、乌托邦，都描绘出一幅幅令人欣慰向往的画面。而元宇宙的起源更像是从这些对新世界的美好期许中而来，它是对游戏、电影世界的幻想的整合，并对每个人赋予新的身份、新的生活体验，以及数字化的社交关系网，对世界赋予新的规律、规则的数字化乌托邦世界。这个乌托邦世界，对满足个体的精神需求方面具有非常重要的意义和价值。

有人提出，"元宇宙"跟其他历次工业革命或技术革命一样，也是人类社会对自身漏洞的一次修复尝试，也是为了自身的进化发展，突破自我。技术是中性的，到底是好？还是坏？取决于谁用和怎么用。所以，不能说"元宇宙"是内卷，泡沫一定会有，趋势也不好说，但是，这肯定是一次有益的尝试。

因此，他把人类近年来大幅提升生产效率的技术作以下类比[1]：

蒸汽机提高了人类体力劳动的效率；

---

[1]　刘文印：《人类欲望和想象的极限，漏洞或软肋在哪里?》，http://www.360doc.com/content/21/1201/09/45328207_1006653548.shtml。

电气化提高了人类规模制造的效率；

计算机提高了人类脑力劳动的效率；

互联网提高了人类信息传递的效率；

区块链将提高人类互相信任的效率；

元宇宙将提高人类欲望想象的效率。

从这个意义上说，元宇宙将更好地满足人们的需求。

第一节　居民需求从实物向服务的演进

随着经济的发展，服务业占 GDP 的比重日益提升。在全球，服务业已占据了国民经济的绝对地位。2015 年，服务业增加值占高收入国家 GDP 的 74%，高于 1997 年的 69%。美国服务业增加值对 GDP 的贡献高于其同等高收入国家。在中低收入国家，服务业在 GDP 中所占份额的增长更为显著，从 1997 年的 48% 跃升至 2015 年的 57%。在我国，服务业占 GDP 的比重也保持着增长的态势。"十三五"时期，服务业增速高于 GDP，保持着第一大产业地位，占比持续上升。从 2015 年到 2020 年，我国服务业增加值从 346149.7 亿元增长到 534233.1 亿元，占 GDP 的比重从 50.2% 增长到 54.5%，增加了 4.3 个百分点，服务业对经济增长的贡献接近 60%，成为支撑经济增长的主力。尤其是 2020 年在新冠肺炎疫情的影响下，服务业增加值仍达到了 553977 亿元，增长 2.1%，占 GDP 比重比上年提高 0.2 个百分点[①]。服务业的快速发展，使

---

① 2020 年年底，国家统计局根据 2018 年经济普查情况，对 2019 年 GDP 进行了核实，根据最终核实数，2019 年服务业增加值为 535371 亿元，较初步核算数增加 1138 亿元，占比由 53.9% 调整为 54.3%。

人均服务资源占有量快速增加，推动了服务消费快速增长。人均服务增加值从 25181 元增加到 38158 元，名义增长了 50% 以上。

随着服务业商业模式创新带动供给效率的提升，居民支出中，教育文化娱乐、医疗保健、旅游、餐饮等方面的支出快速增长，使服务消费开始占据主流。公开数据显示，到 2018 年服务消费支出占比上升到 44.2%[1]，2019 年进一步上升至 45.9%，比上年提高 1.7 个百分点[2]，占据了居民消费的近一半。2015—2019 年，人均服务消费支出从 6442 元增加到 9896 元，增加了 3454 元，增长了 54%。而同期我国居民消费性支出从 15712 元增长到 21559 元，仅增长 37%。服务消费增量占全部消费增量的比重达到 59%，这说明服务消费对稳消费起到了关键的作用。服务消费的增加，说明我国居民消费正在升级，也说明服务业发展正朝着更优的结构发展。同时，这也意味着国民经济与居民消费日益变得非物质化。

表 7-1　服务消费占比及人均服务业增加值

年份	服务消费占比（%）	人均消费支出（元）	人均服务消费支出（元）	人均服务业增加值（元）
2015	41	15712	6442	25181
2016	42	17111	7187	27726
2017	43	18322	7878	30720
2018	44.2	19853	8775	33652
2019	45.9	21559	9896	38158
2020	42.6	21210	9037	

资料来源：2015—2017 年服务消费占比数据及服务性消费支出由笔者估算，其余数据根据统计局公开数据整理。

---

[1]　王有捐：《全国居民收入稳步增长居民生活质量持续改善》，http://www.ce.cn/xwzx/gnsz/gdxw/201901/22/t20190122_31330462.shtml。

[2]　《国家统计局局长就 2019 年全年国民经济运行情况答记者问》，http://www.stats.gov.cn/tjsj/sjjd/202001/t20200117_1723470.html。

需求的非物质化，说明很多需求开始通过虚拟世界来实现，尤其是与居民精神消费相关的需求，将进一步虚拟化。从人类历史来看，第一次和第二次工业革命是通过分工实现效率最大化的过程，因此物质产品的生产和消费是分开的。第三次工业革命中，随着线上交易的活跃，数据成为重要的商品，线下交易逐渐被线上取代。第一次、第二次和第三次工业革命解决了物质生产和供给问题，第四次工业革命重点是对个人欲望和精神予以满足，线下世界和网络世界出现了新的融合，通过这种融合满足个人的非物质需求。这也说明元宇宙的兴起，对满足居民的消费有一定的作用。也就是说，元宇宙在本质上能够满足居民的精神需求。

第二节　精神需求的崛起

在商品经济阶段，以资本主义生产方式为代表，企业内部分工即个别分工迅速发展起来，并与社会分工相结合，使整个分工的范围和专业化的程度空前扩大和加深。[①] 人们生活水平极大提高，不再单纯地满足于生理需要，还要能满足人对物质追求的精神心理。由于商品生产与交换成为社会的主流，这使社会对商品的需求极大旺盛，从而产生了商品拜物教，这种商品拜物教的一个重要方面是，人们以商品作为自身表达的一种模式，人类依赖商品生产以及商品的交换，从而商品成为社会经济的主体。到了商品经济的晚期，商品生产日益丰富，个体的基本需求得到了满足，企业之间竞争日益激烈。为了争夺消费

---

① 参见王海文：《服务利益论》，光明出版社 2009 年版，第 40 页。

者，企业开始生产各种各样的新奇产品，以满足消费者。与此同时，消费者因为商品生产的相对过剩，获得了更多的自主权。消费者主权开始取代生产者主权。这样，商品生产厂家为了吸引消费者购买其商品，日益在商品中添加符号内容，赋予商品以文化内涵。为了使商品的文化内涵获得消费者的认同，生产者与商家持续通过广告或者赞助各种文化活动，使商品的文化内涵不断得到认同，品牌开始崛起。商品的文化内涵获得大众认同之后，商品消费在很大程度上成为一种符号，这就形成了鲍德里亚所谓的"符号消费"。元宇宙有着大量的创意性产品，这些产品具有高度的个性化，使消费对精神需求的满足更具价值。

　　社群兴起，社群在某种程度上正在替代个人。从社会关系看，随着以家庭、亲族、邻里和社区为生活重心的时代已过去，个人在享受着自由快乐的同时，也开始产生一种"无根漂泊"的恐惧。"以美国社会为例，如贝拉（R. Bellah）等便认为在生活的各个面相都充斥着焦虑、不安、竞争、寂寞和疏离等症状，彼此间缺乏感情的联系，这样下去必将产生自我解构的危机。"（英国法学家亚伦：《古代法》导言）面对庞大的社会机器，个人的渺小性日益凸显。此时，个人的自我目的不可能独自实现，个人的孤独感日益强化，因此，个人必须通过结成社会团体，在与他人追求共同的理想中，以群体的力量对抗社会的压力，在群体的生活中满足自我的精神需求。元宇宙创造了一种如何更好地创建社群的虚拟空间，使人类更好地组合为社群，一种向人类群体的回归便出现了。当这种人类群体不再是传统的家庭、亲族等初级团体时，各种各样的社会团体便取而代之，并对现代人产生了相当复杂的意义。在社群内部，成员之间通常会提供一种互助式服务。这种服务一般具有共享的性质，而且会给各方带来愉悦①。

人类在本质上有着通过创造而满足自我的渴望，这种创造精神是人区别于动物的重要本能和需求之一。吴宗石和张永和（Oh Jeong-seok, Youn Ho-chang：2004，2013）提出了一个"海洋圈"（SeaCircle）的文化概念，根据这一概念，只有人类才有文化精神方面的需求。创造力被解释为开放思想和精神（Open Mind and Spirit）的一个元素，是人类文化发展的重要动力。根据"海洋圈"理论，元宇宙是一个空间，通过消除空间和资源的某些限制，人们可以更多地参与他们的创造性追求。

从消费结构可以看出，我国居民近年来的消费向精神需求转向的趋势也很明显。根据国家统计局提供的数据，2019年全国居民人均教育文化娱乐消费支出达到2513元，占全部消费的比重为11.7%，而此前的2018年为11.2%，2017年为11.4%。

从社会发展趋势来看，娱乐正在成为社会发展的一个重点方面。波兹曼在《娱乐至死》（*Amusing Ourselves to Death*）一书中写道，通过电视和网络媒介，一切都以娱乐的方式呈现；人类心甘情愿成为娱乐的附庸，最终成为娱乐至死的物种。

元宇宙的一大特性是兼具娱乐性与创造性。未来的生产靠娱乐性来导入和激励，而要有娱乐性，就必须具有挑战性来激励和吸引用户持续使用，沉浸其中并找到自我归属和价值。为了具有创造性，在元宇宙中应创造出更多有价值的虚拟资产，这些虚拟资产往往具有可复制性的特征，因此这些资产具有价格递减的趋势，即随着获得这些资产的数量越

---

① 在一篇名叫《我们的孙子们面对的经济可能性》（Economic possibilities for our grandchildren）的文章中，约翰·梅纳德·凯恩斯（John Maynard Keynes）预言说，几代人之后，"人将面对他真正的、永恒的问题——面对科学和复利帮他赢得的、从迫切的经济问题中解放出来的自由和休闲时光，他该如何使用才能活得有智慧、快乐且健康?"在社区里提供互助服务，将给人带来极大的愉悦，达到凯恩斯说的"活得有智慧、快乐且健康"的状态。

来越多，这些资产的价格就会越低，这样将吸引更多的人参与到元宇宙中。正是因为元宇宙世界的持续的娱乐性和源源不断的创造性，得以吸引更多的用户不断地追寻某种意义上的"娱乐至死"。

从未来发展看，随着 Z 世代正在成为我国消费的主力，他们对精神消费的需求更为强烈。Z 世代是数字世界的原住民。数字技术使个性得到张扬和强烈的自我意识，他们更加重视产品或服务的文化附加值、创意附加值、情感附加值。在上网过程中，他们会融入自己的审美品位、情趣爱好等元素，并将情感代入到体验过程中。这种注重精神需求的趋势，将使这一世代人对元宇宙有着强烈的需求。

体验也非常重要。体验消费快速成长，如蹦床、漂浮、冲浪、跳伞、滑翔伞等运动型体验项目消费量呈爆发式增长，油画、花艺、国学、戏曲培训、开蚌等文娱类体验项目正在成为消费新热点。主题乐园、动植物园等亲子类主题体验式景区持续走俏，在摩天轮上仰望星空等"小资式"体验消费受到特别青睐。元宇宙具有沉浸式体验的特点，对线下的体验消费能够起到一定的替代作用，可以预期，元宇宙中的体验消费将吸引大量的消费者。

Z 世代也容易形成社群与圈层。在社群中，不可避免地受到意见领袖（KOL）、关键消费者（KOC）等的影响，消费者调查数据显示，44% 的 Z 世代消费者在购买决策过程中会受到圈层的影响。在元宇宙中，这一类消费者会因共同兴趣而形成圈层，重视元宇宙中社交功能、精神满足等价值，愿意就兴趣商品、个性爱好等支付高溢价，在整个过程中有高的情感代入。在这种情况下，在元宇宙中的各种创意产品，对他们具有独特的价值，从而使他们成为元宇宙中虚拟产品的第一波消费者。

值得指出的是，精神需求的满足方式其实与其他消费需求并没有太大的区别，其背后的经济学理论依然保持着一致性。虚拟经济学大师卡斯特罗诺瓦（2008）曾经做了一个测试，就是看人们对虚拟世界商品的需求情况，测试结果表明，在虚拟世界中，需求定律依然成立，也就是说，在其他条件相同的情况下，提高商品的价格会减少需求量。量化结果表明，虚拟产品的价格提高 1 倍，其需求减少了 43.1%，这意味着需求弹性为-0.431。

从整个社会发展来看，元宇宙将使创意资源在社会经济中的作用更为重要。1996 年，日本著名逻辑思维科学家大雄建村在《新思维革命》一书中率先提出"后信息社会"的概念。后信息社会是从工业化社会进入信息社会 25 年以后开始出现的一种新社会经济形态。在"后信息社会"中，开发和利用信息资源为目的的信息经济活动迅速扩大，逐渐取代工业生产活动而成为国民经济活动的主要内容。信息资源和智能资源已经在国家五大资源（物质资源、能量资源、信息资源、智能资源、生态资源）中占据主导地位，并在实现社会信息化和国民经济信息化的过程中起先导作用和战略作用。后信息社会的特征是哲思时代（哲学创新思维取代常规形式思维），创意经济、动漫产业、奇思妙想成为生活时尚和创意产业等。后信息社会的口号是掌握先进社会观念和先进思维方式，而且会思考的人比拥有大量知识和专利文献的人更具有生存力和竞争力。元宇宙在整体上是一个创意的世界，每个人都可以在其中发挥其创意，生产创意产品。这正符合大雄建村关于"后信息社会"的论述。

需求从物质向精神转向，必然带来消费模式的变化。在元宇宙中，消费关系也将发生变化，以个性化、互动与体验为主的消费关系将成为主流，消费成为个性表现、情感体验与心情互动的一种方式。无论是购买各种虚拟创意产品，还是参加元宇宙里的各种消费场景，都将与个性化、互动以及情感体验有着直接联系。消费将首先反映消费者的个性，消费者以自己的个性，取代物理世界商品的符号价值，表现个性而非表现物理价值，是元宇宙消费关系的一个重要方面。同时，消费者的情感体验变得日益重要，消费者的消费过程是对自己情感的一种探索，具有深刻的体验价值。在元宇宙中，消费与社群之间的关系日益紧密，社群之中，或者人群之中情感互动也日益重要，消费过程成为一种心情传递过程。这种过程的价值与愉悦，将超越物质消费、符号消费带来的心理满足。

可以想象，元宇宙在满足精神需求方面的潜力将是巨大的。正如一位研究者所指出的，"虽然我们中的一些人可能永远不会发现虚拟现实像自然现实一样令人满足，但最终我们不会意识到虚拟现实和元宇宙的全部潜力。今天的孩子将成为第一批'虚拟原住民'。他们的可塑性大脑会随着他们创造和体验的虚拟世界而适应和进化。最终，他们将学会完全根据体验提供的认知丰富程度来判断体验，而不是基于'真实'或'虚拟'的任意标签。假以时日，元宇宙将成为人类共享的虚拟画布。在其中，我们将相遇以创造绕过自然现实限制的新世界和新体验。它的到来将启动一项宏大的社会实验，最终将揭示我们物种的真实本性"①。

第三节　元宇宙与符号消费

元宇宙中的消费很大程度上源于人类的心理需求，这一点决定了元

① Therese Poletti, Opinion: We have been Promised the "Metaverse" for Decades, But it is still not a sure Thing, *Market Watch*, https://www.marketwatch.com/story/we-have-been-promised-the-metaverse-for-decades-but-it-is-still-not-a-sure-thing-11637786667?mod=article_inline.

宇宙中消费的理论基础与实物消费有着很大的差异。由于现有文献几乎没有系统阐述元宇宙中消费的微观理论，难以解释元宇宙中需求如何得到满足。在前面的分析里，我们认为，从本质上看，元宇宙中的消费是满足人的精神消费而发展起来的，但是，人类精神消费是一个非常复杂的现象。精神消费的满足，一方面是个体的愉悦，通过欣赏到美好事物而达到精神愉悦的境地。而另一方面，精神的满足在很大程度上与个体的自我实现，以及其受到的关注有关。因此，有两个理论可以解释宇宙中的个体满足，一个是基于实物消费的符号消费理论，另一个是基于层次需求理论的自我实现理论。

工业经济时代，工业化大规模生产使成本急剧降低，产品批量化使各种商品在物质本身上并没有获得区分。为了彰显产品的符号价值，引入了商标、品牌等具有文化内涵的故事，使商品消费符号化。这种符号化消费使个人在消费方面的满足不仅是商品的物质属性带来的，更多的是商品符号带来的。而元宇宙中的虚拟物品，在很大程度上满足这种符号化的要求，从而能够使消费者的需求得到很好的满足。

人生不能重来，很多人的理想都不能实现，这是人类精神无法获得满足的重要原因。而在元宇宙中，可以在不同场景下，对自己的人生进行复盘，在不同的社群里或者不同的时空里，获得自我实现的感觉，从而使人生在无数可能的场景下重新来过，从而实现生命的充实。即使符号消费，也可能跟自我实现有关，因为社会地位容易与符号消费挂钩，而研究表明[①]，社会地位（来自同龄人的尊重和钦佩）对幸福感比社会经济地位更重要。

在以往的研究中，主要将消费作为满足需求的一种手段，而忽略了

---

① Anderson C, Kraus MW, Galinsky AD, Keltner D., The Local-ladder Effect: Social Status and Subjective Well-being, *Psychol*, Vol.23, No.7, 2012.

消费背后的社会关系。在《消费社会》中，波德里亚明确提出，20 世纪 60 年代以来的现代社会是以消费为主导的社会，而且，消费已经成为社会关系的一个重要组成部分。波德里亚通过研究，将消费引入社会经济发展阶段，将研究从生产力与生产关系拓展到了消费领域，这是他的一个重要贡献。基于波德里亚的研究，我们可以发现，在工业时代，人们通过物质消费的符号意义，获得精神上的满足，从而实现自我超越。消费本身不再是为了该商品的物质效用，而是拥有该商品带来的愉悦感以及满足感，因此，商品与文化混同，人们在物质中寻找意义与价值。最典型的就是品牌。很多品牌通过讲故事的方式，实现了远超商品物质的价值，形成了一大批奢侈品牌。这产生了一个"奢侈信仰阶层"（the Luxury Belief Class）（Rob Henderson，2019）。

在波德里亚看来，借助现代科技革命，发达资本主义社会步入了一个由"物"所围绕的"丰盛"社会，消费的地位空前上升，成为控制社会生活的主导方面；在消费的过程中，人们不仅消费着物品本身，更消费着物品被赋予的意义。也就是说，"符号消费"成为消费的主流。尤为重要的是，通过电子信息技术，信息编码得以快速、便捷地制造、复制和流通，信息、符号、代码充斥着这个世界，人就生活在这样一个既非真实又非虚拟的仿真世界里①。在这个意义上，元宇宙具有重要的价值与现实意义。元宇宙剥离了商品上面的最后一层物质外壳，使消费进入一个纯虚拟的意义世界里，这使消费彻底符号化。从这个意义上，可以理解为什么在元宇宙的世界里，一个虚拟 GUCCI 包的售价能够超过一个实体包。因为对实体包而言，其本身也是一种符号价值。

---

① 在这方面，波德里亚具有惊人的洞察力。例如，现在的消费，大多与信息联系在一起。在吃饭之前，拍一个照片，发到微信朋友圈，已成为标准程序。这说明消费本身，已经将实物与虚拟的现实联结起来。

　　消费的符号意义以其巨大的魅力颠覆了生产的决定性作用，使生产和消费颠倒过来，把以往的生产刺激消费转变为消费拉动生产，变"生产—消费"模式为"消费—生产"模式，人们被制造出来的需要所引导，被迫消费，而这种被迫是在人的无意识中悄然进行的。因此，波德里亚认为，在消费社会里，消费关系已经对生产关系形成了取代。这一视角虽然失之偏颇，但对于重视消费在社会经济中的作用，将消费关系分析引入社会经济形态分析中，具有重要意义。

　　消费符号化的另一个方面是消费正在成为一种信号。托尔斯坦·凡勃伦认为，社会生产的发达，会形成一个有闲阶层，这个阶层需要在不同的场合显示其身份和地位。但是，在现有的条件下，因为我们无法确定其他人的财务状况，衡量他们收入的一个好方法就是看看他们是否有能力在商品和休闲上浪费金钱。这就解释了为什么象征地位的商品往往难以获得且购买成本高昂。其中包括诸如燕尾服和晚礼服等精致和限制性的服装，或高尔夫或比格犬等昂贵且耗时的爱好等商品。这些商品和休闲活动只能由那些没有过着体力劳动者的生活并且可以花时间学习没有实际用途的东西的人购买或进行。凡勃伦甚至说："仆人的主要用途是他们提供主人支付能力的证据。"对于凡勃伦来说，管家也是身份的象征。凡勃伦提出富人炫耀这些符号不是因为它们有用，而是因为它们太贵或太浪费，只有富人才能买得起。

　　信号机制影响如此之大，乃至很多动物进化都受此影响。生物学家阿莫茨·扎哈维（Amotz Zahavi）提出 [1]，动物进化出某些表现是因为它们非常昂贵。最著名的例子是孔雀的尾巴。只有健康的鸟才能长出这样的羽毛，同时设法躲避捕食者。人类学家和历史学家贾里德·戴蒙德

---

[1]　Amotz Zahavi, Mate Selection—A Selection for a Handicap, *Journal of Theoretical Biology*, Volume 53, Issue 1,1975, pp.205–214.

（Jared Diamond）提出，人类参与诸如饮酒、吸烟、吸毒和其他对身体有害的行为的一个原因是因为它们可以作为健康指标。因为这种行为表达出一种信息："我非常健康，我可以承受毒害我的身体并继续发挥作用。"

而元宇宙将商品的物质属性去除，不同的元宇宙之间的竞争增加了消费者作为"人"的选择，这种虚拟化商品的多元化供应能够破除商品时代的"物化理论"，使人作为消费的主体性进一步增强，从而推动元宇宙中各种虚拟商品的消费。

元宇宙一方面使消费彻底符号化；另一方面，由于虚拟世界物品的丰富性，使人们能够在某种程度上摆脱"物"的控制，使精神消费与需求摆脱物化的符号，从而实现自己的满足。这样的一个后果是，对品牌的反动。在工业化时代，产品非常丰富，而消费者对产品的信息非常有限，这需要有品牌作为一个信息筛选与信号传递机制。商品生产厂家为了吸引消费者购买其商品，日益在商品中添加符号内容，赋予商品以文化内涵。为了使商品的文化内涵获得消费者的认同，生产者与商家持续通过广告或者赞助各种文化活动，使商品的文化内涵不断得到认同，品牌开始崛起。商品的文化内涵获得大众认同之后，商品消费在很大程度上成为一种符号，这就形成了鲍德里亚所谓的"符号消费"。但是，在元宇宙经济中，由于信息的极大丰富，品牌的信息筛选与信号传递的功能弱化，商品的文化意义通过社群而传播出来。消费者更多地依赖虚拟社群中同伴提供的信息或建议，这使斯坦福大学营销学教授伊塔马尔·西蒙森（Itamar Simonson）和商业作家伊曼纽尔·罗森（Emanuel Rosen）据此提出：当客户能够毫无阻碍地接触到其他消费者发出的产品评价时，能够拥有关于产品的大量信息时，品牌已经成为产品质量一个并不重要的附属品。因此，元宇宙的时代是一个去品牌化的时代。

从总体来说，人类社会的发展始终围绕物质文明与精神文明两个主轴，两者相辅相生。元宇宙的核心价值也将植根于此，围绕这两个主轴发展：提升物质文明发展的效率，丰富精神文明发展的空间。元宇宙中的消费，很多仍属于工业时代的符号消费，但这种符号的意义更多的是体现在社群中，而且社群的价值也体现在元宇宙的各类虚拟商品之中，这些虚拟商品已脱离了工业化时代的外壳，将其符号价值从物质中剥离出来，从而更好地满足人们的精神需求。

在元宇宙中，每个人都可以跨越时空来实现自己的梦想，由于元宇宙本身的多样性，个体可以选择不同的元宇宙空间，从事自己梦想的职业，并在这个职业体验过程中，达到巅峰体验，从而体验到自我实现。元宇宙对需求意义正在于此，对每个人而言，都可能脱离物理世界的局限，选择与其理想相关的生活或工作，从而在这个虚拟空间里实现自我梦想，从而达到自我实现的境界。

虚拟的世界承担着人们的幻想。人们往往需要一种接近现实又游离于现实的虚拟空间。元宇宙作为一个虚拟世界，有着更大的张力来让每个人实现自己的理想。相比之下，理想的元宇宙允许每个人向网络添加属于自己的世界，因为元宇宙的构建机制决定了并没有看门人，在其中，人类的创造力不受我们旧习俗的束缚。鼓励内容创作者探索各种可能的人类体验，而不必担心审查。每个世界都是一个主权空间，完全由其所有者——创造者决定和控制。在这种背景下，元宇宙能够使社会地位竞争出现非零和博弈结果，与地位的特征有关。地位存在于特定社区内所有人类的思想（和身体）中——而且主要是其他人的思想和身体。个人可能会保持对自己地位的感觉，但这并不取决于其本人。而元宇宙的多元性，使每个人在不同的元宇宙中有着不同的地位，一个人在某一个元宇宙中可能只是一个普通人，但是他完全可能在其他元宇宙中成为佼佼者。

第四节　人们在元宇宙中消费什么？

当前，随着物质的极大丰富，人类社会进入到后匮乏社会。后匮乏社会的核心是，人类已进入一个富裕而丰足的新纪元，人类首次出现一种少数人的闲暇与文化不必仰赖大多数人劳动的现象。正如托夫勒在《未来的冲击》中所指出的，在缺衣少食的情况下，人们为了满足眼下的物质需要而挣扎。今天，我们处在更为富有的条件下，正在重整经济以应付新的人类需要。我们正在以一个旨在提供物质满足的体制为出发点，来疾速地创造一个准备提供精神满足的经济。这种"心理化"的过程是超工业革命的中心课题之一，但却被经济学家完全忽略了。然而，这个过程将产生一个新奇的令人十分惊讶的经济，它不同于任何人所经历过的经济。它所提出的问题将把 20 世纪的大冲突，即资本主义和共产主义的冲突，归结为毫无意义的较量。因为这些问题远远超出了经济或政治范畴。

在这种背景下，元宇宙这个概念的兴起，使人们消费观念发生了极大的转变，从物质商品需求转向精神产品的需求。元宇宙中，每个人都可以从事创意性劳动，进行各种各样的创作，为人类的精神需求满足提供源源不断的各种资源。而元宇宙又使精神产品的生产者与消费者能够跨越物理空间的限制，紧密联系在一起，将精神消费过程作为一个生产者与消费者密切互动的过程，这对提升消费体验具有重要价值。

从后匮乏理论来看，元宇宙这个命题的出现是必然的，因为在物质产品极大丰富的情况下，人类社会以及精神的满足会进入一种全新的状态，这种状态将推动社会经济继续向前。元宇宙将虚拟与现实联系起来、混同起来，使精神消费成为一种生活的必须与深度体验，势必获得消费者的青睐。

在后匮乏社会消费从以往的生活手段变成了一种时代潮流、一种生活方式，不仅渗透于社会生活的各个方面，而且成为一种普遍的心理享受和经常性的文化活动。消费不仅是为了满足消费者生理上的物质性需要，而是为了满足其品位、虚荣、炫耀等心理需要。"在消费社会，需要被别人承认和尊重往往通过消费表现出来，买东西变成了既是自尊的一种证明，又是一种社会接受的方式"①。

需要的增长从既往的自发扩张转为企业、媒体乃至政府人为的有意"制造"。在这种社会里，许多人不是为了生存而消费，而是为了消费而生存，消费俨然已成为时代的标志性符号，以至于从学界到大众都以"消费社会"称呼所处的时代。正如詹姆逊（又译詹明信）所指出的："一种新型的社会开始出现于第二次世界大战后的某个时间（被五花八门地说成是后工业社会、跨国资本主义、消费社会、媒体社会等）。新的消费类型；有计划的产品换代；时尚和风格转变方面前所未有的急速起落；广告、电视和媒体对社会迄今为止无与伦比的彻底渗透；市郊和普遍的标准化对过去城乡之间以及中央与地方之间紧张关系的取代；超级高速公路庞大网络的发展和驾驶文化的来临——这些特点似乎都可以标志着一个和战前旧社会的彻底断裂。"②

相比于现实世界中的物质资产，元宇宙的产品主要满足消费者的精神需求，这类数字化产品在物理上没有稀缺性，但在元宇宙中，可通过技术与制度方面的安排，使其满足稀缺性的要求，从而实现大规模的

---

① ［美］艾伦·杜宁：《多少算够》，毕聿译，吉林人民出版社1997年版，第20页。
② ［美］詹明信：《晚期资本主义的文化逻辑》，生活·读书·新知三联书店1997年版，第418页。

交易。

　　经济学所说的稀缺是指在给定的时间内，相对于人的需求（欲望）而言，经济资源的供给总是不足的。一方面，人类对经济物品的欲望是无限的；另一方面，用来满足人类欲望的经济物品是有限的。因此，现实生活中存在资源的有限性和人类欲望与需求的无限性之间的矛盾。人类消费各种物品的欲望是无限的。满足这种欲望的物品，有的可以不付出任何代价而随意取得，称之为免费物品，如阳光和空气；但绝大多数物品是不能自由取用的，因为世界上的资源（包括物质资源和人力资源）有限，这种有限的且为获取它必须付出某种代价的物品，称之为经济物品。相对于人类的无穷欲望而言，经济物品或生产这些经济物品所需要的资源总是不足的。元宇宙中，各种数字产品在理论上可以无限复制，用于满足精神需求。然而，无限复制会使产品本来带给消费者的满足程度下降，也会使元宇宙中的生产者缺乏生产的激励，因此，在元宇宙中，很多产品被人为地制造出稀缺性来。

　　与现实世界相比，元宇宙世界的经济规律有一定特殊性。首先需要注意的是，元宇宙世界不等于虚拟世界。与现实世界一样，元宇宙世界也凝聚着人类的思考和劳动，也满足着真实的人类需求，从娱乐的需求、社会交往的需求，到学习的需求、工作的需求。这些需求都是真实存在的，与人类在现实世界满足的需求并无二致。

　　信息网络技术最典型的新颖、独特之处，就在于"数字化""虚拟化"。网络是由电脑互联构成的，上面流动和存储的信息都是以数字（比特和字节）的方式存在的，我们所看到的和听到的一切，都变成了数字的终端显现。甚至在网络上，人也是以一个或多个符号为代码进行活动，或者说被数字化、虚拟化了。这种一切均化为数字之幽灵的"虚拟时空"或"数字世界"，或许是人类有史以来最诡异的一种生存变异和活动革命。而通过开放数据运动，使人更可以使用数据将他人的特征、整个人际关系网络等形象地描绘出来。

借助虚拟技术、信息网络技术，人们的能动性、自由度较以前大大提高了，人类认识和实践活动的深度、广度得以前所未有地拓展，人类生活、实践获得了新的活动空间。随着各种"虚拟"活动，如虚拟交往、虚拟会议、虚拟商业活动、虚拟文学艺术创作、虚拟宗教活动、虚拟旅游、虚拟游戏、远程医疗、远程教学的出现，人们已经或正在感受到，许多过去人类不可能或尚无条件亲自进行实践活动的领域，现在正渐次对人类打开大门；而许多过去受到时空、物质手段以及社会经济等因素制约的活动范围，迄今为止由于虚拟世界的出现而不再构成限制，如在虚拟环境中学习驾驶飞机、汽车，电脑模拟核试验，远程专家会诊、手术；甚至人们的想象力也前所未有地丰富、发达起来，一个看似"虚拟"的"另类"的"网络社会""虚拟社会"，已经或正在成为人们真实的现实生活的一部分。

随着网络的普及，网络愈益独立于现实社会，人们社会生活的某些部分也因网络化而演变为一种独特性的网络社会生活，从而部分地取代现实社会生活的功能；而且，现实社会生活将在很大程度上越来越依赖于网络。甚至可以说，当社会的信息化达到一定程度，离开互联网，现实社会生活有可能陷入瘫痪。

信息技术的迅速发展，极大地促进了文化、知识、信息的传播，普遍地提高着大众的文化知识水平。"网络社会"引起了整个社会生产、生活方式的深刻变化，形成了人的第二生存空间。网络社会是一种"远离传统"的全新的社会生存方式。它既不同于以地理区域为特征而划分的社会方式，也不同于以意识形态为特征而划分的社会方式。它是建立在高速的信息电子网络基础上的"虚拟社会"，是一种不断地远离传统、探索未来的新型的社会生存方式。网络社会最为显著的特征，是以计算机网络技术为基础的"数字化生存"方式，这种"数字化生存"方式，正以特有魅力影响着人们的社会生活。

元宇宙为何受到消费者的欢迎？元宇宙构建了一个与现实世界既有联系又有不同的虚拟世界。这个世界解决了纯虚拟世界所带来的人性扭曲问题。在元宇宙的概念出现之前，虚拟世界被过多地工具化，被视为一种提高效率、获取顾客的工具。正如卡尔·阿尔布瑞契特与让-詹姆克所指出的："经济发展的确是越来越快，但顾客得到的被关怀的感觉，却未必越来越多了；经济的确越来越'虚拟'了，但所创造的顾客价值，恐怕也越来越'虚拟'了。在这个企业花重金打造一条'电子鸿沟'的新经济时代，顾客和活生生的服务人员也距离越来越遥远了，先进的技术外衣下，隐藏着的却是冷漠。"数字鸿沟将顾客和活生生的服务人员隔离开来，并使服务竞争演变成一场毫无伦理色彩的服务软件的对抗[①]。

元宇宙的概念使互联网具有直接满足人们需求的能力，它不再是工具，而将人们生活带入一种新状态的方式。杰伦·拉尼尔在《你不是个玩意儿：这些被互联网奴役的人们》中写道，互联网的发展，将使人类成为非人类（Nonpersons），并产生"网络极权主义者"（Cybernetic totalist），或者"数字极权主义者"。由于网络世界的纯虚拟性，"打了就跑型假身份"（Drive by Anonymity）产生了大量网络暴力，并在现代网络恐怖的扩散中起到了独特的作用。元宇宙将现实世界与虚拟世界联系起来，而利用区块链等技术又实现了分散化治理等问题，对满足消费者的需求具有重要意义。

---

① ［美］卡尔·阿尔布瑞契特、让-詹姆克：《服务经济：让顾客价值回到企业舞台中心》，唐果译，中国社会科学出版社2004年版，第7—9页。

元宇宙的数字空间场景也可以做到因地制宜。元宇宙不见得必须要借助 VR 等头显设备，不见得需要骑乘、过山车等很重型的设施；元宇宙很可能用一种很轻盈的方式，在一个小的空间就能有所体现。元宇宙的出现能够打通线上线下，线下主题和线上游戏可以相结合，IP 形象可以开发电影、动漫，游客可以随时与它互动、体验。元宇宙可以让海洋、天空等场景呈现得更加真实立体，内容可以无限想象。这种更具有亲和力的元宇宙发展形态，将使个人对其更具有兴趣参与其中，从而受消费者的偏爱。

第五节　元宇宙消费的意义

元宇宙深刻改变现有生活生产方式，将真正改变我们与时空互动的方式，给社会和个人带来广阔价值空间。

第一，元宇宙让个体在短期内能够增加多元化的人生体验，在承载人类现实活动的虚拟世界当中，我们可以去我们没有去过的地点，欣赏高度数字化逼真的美景；去感受元宇宙本身的沉浸化、实时性和多元化的特征，去拥抱另外一种生活；对于消费者元宇宙而言，由虚向实是指通过在新兴虚拟场景中为个人带来真实的多元交互体验，以满足个人的精神需求，同时个人也可以在虚拟世界中发挥创造力，创造实际社会及经济价值。元宇宙世界给人带来温暖和治愈感，用户可以在上面倾诉烦恼，交换想法，带来情感精神层面的交互。

第二，元宇宙的虚拟数字化提升了整个社会整体幸福感。不需要在办公室里办公，元宇宙让居家办公成为一种常态，打工人每日往返工作地点耗费了大量的时间，也给交通造成了巨大的拥堵，而元宇宙虚拟办公场景的出现减少了物理距离的隔阂和通勤的时间成本，降低了交通堵塞等传统城市痛点问题，节省下来的时间可以去创造其他的价值，对于整个社会的运转来说也是巨大的优化。

第三，元宇宙扫清了物理距离、社会地位等因素造成的社交障碍，为个体实现自我价值提供了更多的手段，元宇宙是对现实中的社交、生活以及经济社会系统的重构和融合，对硬件、运算等核心能力和内容创造、服务提升等方面提出更高要求，基于此将改造当前的社会经济生态。同时，虚拟社交平台消除了一系列社交障碍，包括物理距离、相貌打扮、贫富差距或者种族和信仰差异等因素，使用户有机会毫无压力地表达自我。以陌生人社交软件 Soul 为例，用户在 Soul 平台通过虚拟身份进行社交，社交障碍得到消除，用户拥有更自由的表达空间；同时面对持续推送的兴趣相投的用户和内容，用户有望形成更强的归属感，最终元宇宙当中的社交场景成为用户缓解孤独并自由交流的庇护所。

第四，元宇宙打造沉浸感的游戏和社交体验，为平淡的生活增添乐趣。元宇宙均给予用户对应一个虚拟身份，个性化打造形象，并基于该虚拟身份进行娱乐、社交、交易等一系列操作并形成一系列社交关系。然而，元宇宙作为一个统一的体系，即使体系内由多元化商业主体运营不同的应用，其身份系统需要实现统一，为玩家创造一个良好的游戏和社交体验，同时也形成较强的用户黏性和渗透能力。

第五，元宇宙中的消费解决了资本主义消费中的一些问题。资本主义视角下的后匮乏社会，是一种立足于物质消费的社会，本身会带来人性的扭曲与社会制度的不可持续性。马尔库塞认为，资本主义通过引进新技术，创造了丰富的社会财富。这使人们由于处于贫困状态而去革命的可能性变小，革命将演变为反抗人性压抑的工具。从资本主义与技术的关系中既可以看出资本主义具有空前的能力，因为技术的进步，造就了"单向度的人"①；同时也可以看出资本主义具有自我消亡的可能，即技术对人性的压抑。"资本主义的技术成就充满了失败，不幸和压抑。资本主义揭开了一个新的范围，这一范围标志着资本主义的生活领域和否定资本主义的生活领域。商品和服务的生产在扩大，它缩小了资本主义进一步发展的基础。"②马尔库塞认为，垄断资本主义阶段的灭亡，其基础就是消费社会。他批判消费社会的这种存在形式，他说，难道真的可以把消费社会看作资本主义的最后阶段？"消费社会"这一术语是错误的，因为很少有一个社会，像这个社会这样全面地屈从于控制着生产的那些利益。消费社会是一种形式，在这种形式中，处于最先进阶段的垄断国家资本主义进行着自我再生产，而且正是在这一阶段，压迫也改组了，资本主义的"资产阶级民主"阶段结束了，新的反革命的阶段开始了。③

从本质上看，后匮乏社会中的物质商品极大丰富了，使人们在消费产品时，除了满足人的基本需求之外，其核心是满足人的炫耀性需求④。元宇宙从另一个视角来理解后匮乏社会。元宇宙搭建了一个新的世界，在这个世界里，消费的意义得到了挖掘，消费过程中，合作、共享、协作等内在精神得以释放。而元宇宙的兴起，对商品的意义本身也是一种扬弃，人们对拥有商品的模式和意义进行了演进。马克·扎克伯格在脸书改名为"元"之际发表公开信写道：

---

① 所谓单向度是相对于双向度而言的。双向度是既有肯定的一面，又有否定的一面；只有肯定性，没有否定性、批判性，即单向度。

② ［美］马尔库塞：《反革命和造反》，见任立编：《工业社会和新左派》，商务印书馆1982年版，第94页。

③ ［美］马尔库塞：《反革命和造反》，见任立编：《工业社会和新左派》，商务印书馆1982年版，第101页。

④ 参见波德里亚关于"符号消费"的系列研究成果，如波德里亚：《消费社会》，刘成富、全志刚译，南京大学出版社2006年版。

想想你今天有多少物理东西，在未来可能只是全息影像。你的电视、带有多台显示器的完美工作装置、棋盘游戏等——它们不是在工厂组装的实物，而是由世界各地的创作者设计的全息影像。你将在不同的设备上体验这些体验——增强现实眼镜可以留在现实世界中，虚拟现实可以完全沉浸其中，手机和电脑可以从现有平台跳入。这不是在屏幕上花费更多时间，这是为了让我们已经花费的时间变得更好。

在元宇宙中，社群在某种程度上正在替代个人。从社会关系看，工业化时代对家庭进行了解构，个人重获自由，然而，面对庞大的社会机器，个人的渺小性日益凸显。此时，个人的自我目的不可能独自实现，个人的孤独感日益强化，因此，个人必须通过结成社会团体，在与他人追求共同的理想中，以群体的力量对抗社会的压力，在群体的生活中满足自我的精神需求。元宇宙既有跨越时空的特点，能够更自由灵活地组建社群，当人与人之间在元宇宙中而加深某一方面的了解时，人们会倾向于加入到某一社群之中，使自己的个性得以张扬，兴趣得以满足。

可以想象，元宇宙的出现确实使大多数人的生活焕然一新。元宇宙也可以说是现实人在非工作时间之外的休闲时间中从事的活动，是典型的"休闲经济"。但是，元宇宙的发展势必模糊休闲和工作的界限，颠覆工作的统治权。未来，人们将在虚拟办公室里"上班"，与虚拟的同事面对面开会；相隔数千英里的家庭每天晚上都会相聚几个小时，把他们的虚拟形象聚集在厨房的桌子旁，大家一起聊天。总而言之，后匮乏社会的局限终将被打破，元宇宙将推动一个崭新的社会出现，焕然一新，充满活力。

元宇宙的普及化，将使很多人能够在元宇宙中重新选择自己的人生，与自己兴趣相投的人相伴在一起，这种新奇的经历，将推动元宇宙在为物质后匮乏的社会提供一条新的发展道路，使人们的精神生活在物质后匮乏时代丰盈起来，从而进入丰盈社会的通道之中。

第八章　元宇宙中的虚拟土地

　　元宇宙兴起之后，元宇宙中的虚拟房地产突然火爆。这其实也是一个必然的规律。在元宇宙中，虚拟地产是对普通人最好理解的一种资产，因而吸引了很多人的参加，并最终成为一种最火爆的虚拟资产。在虚拟世界中炒作房地产并不是一件新鲜事，早在2004年，注册名为"钟安社"（Anshe Chung，真实名为Ailin Graef）的用户，成立"钟安社工作室"先以9.95美元向林登实验室在"第二人生"游戏中购入土地，再用计算机软件为土地绘上不同的背景，如森林河流等，加价出售（"第二人生"中地块的平均售价在100美元到1000美元之间），获利超过百万美元，被外界称为"虚拟世界的洛克菲勒"，甚至还登上美国《商业周刊》的封面，国内也有不少报刊对此现象进行讨论①。2010年，虚拟世界先驱乔恩·内弗迪·雅各布斯（Jon "NEVERDIE" Jacobs）宣布以635000美元的价格出售自己在"安特罗皮亚的世界"（Entropia Universe）游戏中的虚拟小行星内弗迪俱乐部（"Club NEVERDIE"），"安特罗皮亚的世界"这款游戏以在宇宙开拓殖民地为

---

　　① 第二人生（Second Life）观察：《钟安社现象》，http://www.qianjia.com/html/2007-05/15_2964.html。

主题，而这个价格在当时创造了虚拟地产的世界纪录 [①]。

第一节　从现实炒房到虚拟炒房：疯狂的
元宇宙房地产

2021 年的元宇宙热潮席卷全球，带动了虚拟地产的火爆。很多人说，元宇宙是以虚拟土地价格飙涨作为开端。伴随市场规模和代币涨幅的飙升，虚拟土地的需求出现显著增长，价格也屡创新高。

2021 年 2 月，区块链游戏轴心无限中 9 块虚拟土地拍出了 888.25 ETH（以太坊代币），约合 150 万美元，成为当时虚拟土地销售的最高价。6 月，数字房地产 NFT 投资基金共和现实（Republic Realm）以 91.3 万美元的价格购入分布大陆上的 259 块土地，这刷新了虚拟世界平台分布大陆的历史纪录 [②]。11 月，分布大陆的一块数字土地被卖出 243 万美元的高价，该售价已经略高于现实中美国曼哈顿的平均单套房价，该块土地被元宇宙集团（Metaverse Group）购得，以帮助其进入数字时尚行业的计划。随后，"沙盒"的一块虚拟土地以 430 万美元的价格售出，创下了当时元宇宙虚拟土地交易新纪录。据悉，元宇宙房地产开发公司共和现实从视频游戏公司 Atari SA 平台购买了这块虚拟土地，两家公司计划将合作开发一些地产项目。

---

① "Club NEVERDIE" Virtual Asteroid Sells for World Record $635,000，https://pressreleases.responsesource.com/news/60684/-club-neverdie-virtual-asteroid-sells-for-world-record-635-000/.

② 共和现实是一家 2021 年成立的元宇宙房地产投资基金。据共和现实官网介绍其为轴心无限（AxieInfinity）、分布大陆（Decentraland）、沙盒（The Sandbox）和树宇宙（Treeverse）中最大的土地所有者之一。

不仅越来越多的机构在虚拟世界"圈地"，越来越多的名人也开始配置自己的虚拟土地资产。

灰度基金创始人巴里·希尔伯特（Barry Silbert）早在 2019 年就花费 8.1 万美元购买了分布大陆上的 64 块虚拟土地，并成立灰度分布大陆信托基金（Decentraland Trust），目前管理资金近 5000 万美元。知名 NFT 收藏家捕鲸船（Whale Shark）是"沙盒"上继币安后的第二大的虚拟土地所有者；以太坊巨鲸和 NFT 收藏家元科凡（Metakovan）拥有"沙盒"、加密体素和梦幻空间 VR 等项目共计数百块虚拟土地。2021 年 9 月下旬，"沙盒"宣布与传奇说唱歌手史努比狗狗合作，在元宇宙中建立 NFT 豪宅，打造史努比宇宙（"Snoopverse"）[①]。这一举措受到了广泛关注，已有粉丝花费 45 万美元在史努比宇宙旁边购置土地，以成为史努比狗狗的邻居。10 月，歌手帕丽斯希尔顿（Paris Hilton）与分布大陆和 Genies[②] 合作，成为 10 月底举行的首届元宇宙节（Metaverse Festival）的主要艺术家之一。2021 年 11 月 24 日，歌手林俊杰在推特上宣布，自己买了分布大陆平台上的三块虚拟土地，正式涉足元宇宙世界。据估算，他购买这三块"地皮"花了大约 12.3 万美元，约合人民币 78.4 万元。林俊杰的虚拟土地投资行为带动了周边地区的土地价值，最紧邻的一块土地价格在几天内从 6000 玛纳（MANA）上涨到 20000 玛纳，土地价格涨了 3 倍多，折合人民币 40 万元。12 月 9 日，新世界

---

①　史努比狗狗（Dogg）一直在"沙盒"中开发自己的互动世界，这是一个基于以太坊的平台，用于创建在线聚会空间和游戏体验并从中获利。他目前正在为他在加利福尼亚州钻石吧的真实豪宅建造一个体素艺术版的史努比宇宙，他将在那里举办私人虚拟音乐会、派对、艺术画廊展览等。史努比宇宙——包括 22 块土地、67 块优质土地和 3 个庄园——使土地所有者能够在他们的土地上建造并从其他访问的居民中获利。

②　创世公司（Genies）号称全球最大虚拟形象技术公司，于 2017 年成立，其主要业务是利用人工智能开发可供用户自定义虚拟化身的系统，特点是用户可以基于个性化头像和装扮，用于创作大头娃娃虚拟形象。

发展集团 CEO 郑志刚宣布花费金额约 500 万美元购入虚拟世界平台"沙盒"中最大的数字地块之一，希望打造"创新中心"，展示大湾区新创企业的商业成功。

其他商业机构也开始进军元宇宙的虚拟地产。

总部位于纽约的会计和咨询公司普拉格·梅特斯国际公司（Prager Metis International LLC）于 2022 年 1 月宣布支付 35000 美元在分布大陆开设虚拟办公空间。据《华尔街日报》报道，普华永道的香港子公司收购了"沙盒"的虚拟房地产。普华永道香港合伙人威廉·吉在《华尔街日报》援引的一份声明中表示："元宇宙为组织通过创新的商业模式创造价值提供了新的可能性，并引入了与客户和社区互动的新方式。"

根据元宇宙数据和分析公司（MetaMetric Solutions）的统计数据显示，2021 年沙盒、分布大陆、加密体素和梦幻空间四大元宇宙平台上的虚拟房地产销售额达到 5.01 亿美元（约合人民币 32 亿元）。其中，"沙盒"有 65000 笔虚拟土地交易，总计 3.5 亿美元。分布大陆共完成了 21000 笔房地产交易，价值 1.1 亿美元。对于这两个虚拟世界，土地的平均投资约为 5300 美元，价格已从 2021 年 1 月的平均每块土地 100 美元大幅上涨至 2021 年 12 月的 15000 美元，并在第四季度开始加速增长。同样，根据元宇宙数据和分析公司发布的数据显示，2022 年 1 月，元宇宙房产销售额超过 8500 万美元。该机构预计，2022 年元宇宙房地产销售额有望增长 1 倍，达到 10 亿美元左右。根据摩根大通（JP Morgan）的分析员克里斯汀·莫伊（Christine Moy）和加吉尔（Gadgil）的一份报告，每年约有 540 亿美元花在虚拟商品上，几乎是购买音乐的 2 倍[①]。虚拟地产在虚拟物品交易额中所占的比例还不高，因此，未来还

---

① Opportunities in the Metaverse，*Geek Wire*，https://www.geekwire.com/sponsor-post/opportunities-in-the-metaverse/.

有很大的增长空间。研究机构品牌本质市场研究（BrandEssence Market Research）的报告预计，从 2022 年到 2028 年，元宇宙房地产市场规模将以每年 31% 的年复合增长率增长 [①]。

　　在元宇宙大行其道的背景下，虚拟土地的价格获得大幅上涨，不仅给早期投资者带来巨大回报，也在不断刷新普通用户对虚拟房产的认知。2021 年，虚拟世界平台加密体素上一块名为第九机器人大道（9 Robotis Route）的土地初始价格为 101.2 美元，目前售价为 9570.8 美元，该土地在 3 次转售过程中翻了近百倍，创下虚拟土地最高涨幅。根据 NFT 数据网站（nonfungible.com）的数据，2021 年 10 月中旬，"沙盒"元宇宙平台上的平均房地产价值为 2620 美元。一个月后，在脸书宣布这一消息后，该价格飙升至 11042 美元。加密资产投资公司（Tokens.com）的首席执行官安德鲁·基格尔表示，自 2021 年 10 月以来，该公司所购置的虚拟地产价格飙升了 400%—500%。

　　虚拟地产还具有一定的抗风险能力，就像物理世界中的传统地产一样，在过去的几个月里，尽管比特币（BTC）和其他加密货币的潮起潮落，元宇宙房产仍继续蓬勃发展。2021 年 11 月至 2022 年 1 月，每月以 3.5 个以太坊（ETH）的平均交易价格售出 8000 块土地，约合 13000 美元。2022 年 1 月，元宇宙土地交易日均价超过 5 ETH，超过 18000 美元，达到历史最高点。根据 NFT 数据网站的数据，2022 年 2 月 7—14 日的一个星期内，沙盒（Sandbox）平均交易额下降到了 10900 美元，出售了超过 1400 块土地，交易额达到 1580 万美元。分布大陆平均交易额下降到了 18500 美元，出售了超过 320 块土地，交易额超过 594 万美元。这与以太币的价格波动有关。

[①]　Sales of Metaverse Real Estate Are Expected to Double in 2022，https://www.altcoin-buzz.io/nft/sales-of-metaverse-real-estate-are-expected-to-double-in-2022/.

　　在我国，虚拟房产同样颇受欢迎。2021年9月，一对上海"95后"情侣购入一套虚拟房产准备当作婚房的消息也上了热搜。10月28日，A股上市公司天下秀（600556）（600556.SH）旗下一款虚拟社交元宇宙产品"虹宇宙"（Honnverse），开启线上限量版虚拟房产的预约抢购活动，首日预约量两小时破万。受此影响，天下秀10月28日后连续三天涨停，股价在不到一个月时间里从8.5元左右涨至最高的15.31元，区间涨幅接近80%。虹宇宙有20000套房屋可以在公测前通过登录网址进行预约抢房。最终，在闲鱼等二手市场，虹宇宙中的房地产最高涨了数万元。然而，由于缺乏生态的支撑，现在虹宇宙中的房地产价格出现了暴涨暴跌的情形。从虚拟房产的标价上也能看出，相比此前动辄数十万元的虹宇宙虚拟房产，现在的价格已经缩水至几百元到几十元，甚至有极端低到18元的价格。不少卖家喊出"打折出手"，但依然无人问津。

　　虚拟世界的房地产受到广泛关注，也带来了许多衍生的产品和产业。2021年秋季，加密资产投资公司（Tokens.com）签署了一份意向书，购买元宇宙集团拥有的数字房地产投资组合50%的股份，然后计划将这些产品作为首屈一指的虚拟房地产不动产投资信托基金（REIT）进行营销，并在2022年或2023年公开上市。元宇宙房产（Metaverse Property）还组建了第一个虚拟房地产投资信托（Metaverse REIT），其背后的资产是虚拟土地和房地产投资组合支持的NFT。大地零技术公司（TerraZero Technologies）于2022年提供了首个用于购买虚拟房地产的元宇宙抵押贷款（"Metaverse Mortgages"）。大地零公司（TerraZero）作为注册所有者持有土地NFT，作为数字资产抵押品，当抵押贷款还清时，虚拟土地（NFT）将全部转让给借款人。同时，大地零公司授予借款人"部署权"。这使借款人能够在他们的土地上建造、组织活动、经营数字店面或托管他们的内部公司办公室[①]。

第二节 元宇宙虚拟土地：构建稀缺性

　　虚拟世界最大的特点是其产品可以无限复制。因此，要在元宇宙中销售土地，需要通过人为的方式，构建稀缺性。

　　与现实世界中土地概念不同，每一块虚拟土地都被赋予了独一无二且不可复制的 NFT，并以此来区分每个地块和每笔交易。土地供应商和用户可以在平台的一、二级市场进行买卖，并将虚拟房产用于住宅或商业[②]。

　　虚拟土地是如何从无限复制的虚拟物品"脱虚向实"开始具备现实意义上产权价值的？虚拟土地价格飙涨现象背后的经济学逻辑是什么？解答这些问题，我们需要先从"稀缺"开始。

　　从某种意义上来说稀缺是经济学逻辑的起点，从这个起点我们发现了人的无限欲望与现实资源有限性之间的矛盾。这种有限性往往并不是指该资源是不可再生或者在绝对的量上是稀少的，只是相对于人的无限欲望来说总是不足的。在现实世界中，每一单位商品的额外生产都需要付出成本，加上受到自然要素禀赋、生产能力、生产要素的限制而无法进行无限的生产。同时，各种人为的规章制度如政治制度和法律法规同样会对消费者获得商品制造门槛，从而形成某种意义上的稀缺性。当人

---

① https://metaversenews6.com/terrazero-technologies-inc-provides-one-of-the-first-ever-metaverse-mortgages-to-a-client-financing-their-virtual-real-estate-purchase-within-the-metaverse/.

② 冯忆情：《一块土地转手 3 次涨 100 倍，元宇宙炒房客："我有 5 座岛，价值二十万！"》，《时代财经》，https://www.tfcaijing.com/article/page/3964685553652b3771616a68663944554b752f6666513d3d。

们发现由于某种稀缺性从而导致自己的欲望不能全部满足时，便会开始衡量各种不同的欲望，优先满足自己认为最重要的，然后满足次要的。

这个对比排序的过程就是经济学意义上的效用最大化问题。效用在西方经济学同样有着基础性的作用，它是指消费者从某种商品上得到的主观上的满足感。效用满足并不是单纯地指某种商品的实际客观用途，或者对消费者带来的实际价值增加，而是更多地取决于消费者主观的评价。比如，当一个消费者喜欢吃冰淇淋胜过主食时，冰淇淋对他的效用满足就超过主食，而实际上主食对其生命存续有更为重要的作用。在日常生活中人们会对各种不同的商品进行相对独立的效用评价，当不同消费者对某种商品有着较高的评价而这种商品又有限的时候，竞争行为便会出现。在这个时候，对某种商品具备所有权这种排他性的权利就会变得格外重要，而产权便是对这一需求最好的满足。一旦明晰了产权，某件商品的所有权、使用权和处分权就会随之得到确认，这种权利天然就具有排他性。当然拥有不同商品产权的消费者会有与他人交易的需求，在这个基础上市场便随之应运而生。人们可以在市场上交易不同的商品从而实现自己更大的效用，在交易的过程中，理性人会在自己拥有的商品也就是经济学意义上的预算范围内进行仔细的衡量比较，尽可能地使自己在市场交易中得到效用的最大化满足。市场上无数个人的衡量与交换就会形成市场的供给与需求，而供给与需求共同决定了各种商品的价格。

因此，我们可以发现的是经济学意义上的效用、价格、产权、市场机制归根结底是由稀缺引致的。在现实世界中，稀缺性造成的原因有许多。主要的方式有：一是天然因素。稀土矿、贵金属就是因为其有限的储存无法满足人们无限的需求，从而显得极为稀缺而价值高昂。二是法律手段。最为典型的就是各种准入牌照。出租车的牌照是国家法律人为设定的，这种法律设定的稀缺同样具备价值。三是技术限制。相对于人的无限欲求，人受制于技术手段的原因生产的商品总是不足的，特别是对于工艺水准要求严苛的商品更为稀缺。代表性的例子就是中国的青花瓷，受制于技术手段，在古代青花瓷的生产总是需要高超的技术加些许的运气才能产出，这直接导致了青花瓷存世的稀少，价格也就水涨船高了。四是营销手段。奢侈品的限定款、豪车的限量出售、游戏皮肤的节日限定等，只要在营销手段上采用限量出售的方式就能给一个本来普通而并不稀缺的事物赋予格外不同的意义，彰显其拥有者的地位与身份，当然其价格也随之飙升，其中钻石是这种营销手段塑造的最成功的作品之一。但是在元宇宙中这些限制似乎并不存在。元宇宙中生产一单位的产品并没有自然要素禀赋或者生产能力的限制，生产要素也只是由一段段的代码拼接而成，因此也是无限的。同时原宇宙世界中的产品并没有磨损、老化、损坏的问题存在。一单位的商品一旦制造出来便会保持这个状态，并且具备无成本的无限复制再生属性。这些情况仿佛都在告诉我们一件事，那就是在元宇宙中并不会有现实世界中的稀缺问题。但是虚拟土地飙升的"地价""房价"不禁让许多人感到迷惑，在没有稀缺的世界，价格体系的支撑在哪？

显而易见，在元宇宙中虽然不受现实世界的各种物理限制，但是这并不代表稀缺性就不存在了。人为制造的稀缺恐怕是这个问题的最好答案。

美国印第安纳大学教授爱德华·卡斯特罗诺瓦（Edward Castronova）所提出的"虚拟经济学"理论中表示，元宇宙稀缺性的存在，是人为了提升在虚拟世界中的体验而作出的人为设定。人性是复杂而多样的，世界上没有两片相同的叶子，也没有两个相同的人。每个人都具有独特的性格，追求差异化的物品是这种独特性格的外在写照。因此，人为地制造差异性和稀缺性是有一定的逻辑基础的，追求的就是人无我有，人有我不同。稀缺性的东西会比大众化人手一份的东西更值得人们去追求，也更容易在人们心中占据独特而难以替代的位置，这对于元宇宙的长期发展有着积极的意义①。

但是从更传统的经济学角度上来谈，这种人为的稀缺性设计为元宇宙的良性发展建立了激励机制。元宇宙并不是一个已经成型，有着明确规则的完整体。在现阶段它只是一个雏形，这个雏形在当下所有元宇宙的参与者的共同努力之下不断地演化发展，形成未来元宇宙的基石。而一个完整的元宇宙框架搭建和充实过程需要海量的参与者尽心尽力地贡献，规则的设立、运行机制的成型、内容的填充、底层代码的改进甚至是元宇宙所需的硬件更新等的工作需要大量专业人员的协同配合。造物主的工作并不是一句"神说，要有光"那样轻松，也不能单纯地依靠少部分热爱者的为爱发电。烦琐、细致而又严谨的元宇宙搭建过程需要一个稳定有效的激励机制，让所有参与元宇宙建设的劳动者都得到相应的回报。而激励的逻辑起点就来自"稀缺"，因为稀缺才显得独特，才会有价值，才会给人更高的效用满足。

经济学中用非竞争性和非排他性两项属性来界定一项商品是否属于私人产品。非竞争性是指当一个人使用或者消费某种物品时并不会干扰其他人对该物品的使用，数字内容天生就有非竞争性的特点，一份数字文档能够在互不干扰的情况下使用。非排他性是指，当某人使用或者消费某种物品时是否能够排除其他人的使用权利。元宇宙世界里的数字内容是很难做到排他性。在稀缺并不受物理规则限制的元宇宙，人为构建稀缺性的方式成为将数字内容从公共产品、公共资源和

---

① 陈永伟：《元宇宙的经济逻辑》，http://www.eeo.com.cn/2021/1115/511353.shtml。

俱乐部产品转变为现实世界里具备明确产权界定的私人产品的重要方式。这些人为制造稀缺性的方式有：第一，信息防扩散技术，以数字权利管理（DRM）和信息隐藏技术（"数字水印"）为代表。第二，隐私计算技术，以安全多方技术（MPC）为代表。第三，区块链技术，以同质化的区块链（FT）和非同质化的区块链技术（NFT）为代表的信息防扩散技术为数字产品的产权建立了第一道门槛，为数字内容加上一把原作者的锁。数字权利管理（Digital Rights Management，DRM）指数字内容版权加密保护管理，更简单地说是数字产权管理。数字化的制作、传输和数字格式的保存极为简便，使数字化内容未经授权的复制和流通变得更加难以追踪、监管，对原创者的保护也变得更为艰难，而数字产权管理技术的出现有效地遏制了这一问题。数字权利管理技术相当于为数字内容加了一把"锁"，许可证或者密钥需要向产权拥有者付费或者达成某种要求才能获得，这有效地限制了未经授权的复制和再贩卖。数字权利管理主要应用在以下四个方面。第一，认证技术。对所有的相关设备和存储介质分配数字密钥，拥有密钥则可以无限制地实现身份认证，设备认证、权限分配与管理和权限回收等功能。第二，密码技术。密码技术是数字权利管理的根基，通过对称或者非对称密码、流密码等加密算法为数字内容设计一把独特的技术锁。第三，数字水印技术。通过数字水印算法来给数字内容加盖原创者或者产权拥有者的标签，有效表明了数字内容的版权信息，为相关的版权纠纷提供证据。第四，防篡改硬件模块和智能卡技术。这是数字权利管理的硬件支持部分，它将其他部分的数字技术限制在相应的安全模块中进行。

　　多方安全计算（Secure Multi-Party Computation，MPC），其核心的思想是让数据"可用不可见"。数字权利管理为数字内容加上了一把锁，但一旦通过密钥将锁打开了，所有数字内容便很难再限制对方以第三方手段进行收集和再利用，而安全多方技术便是应对这种情况而产生的。在元宇宙时代，数据成为新的核心生产要素和极为重要的企业资产，数据与以往的生产要素不同的地方就在于数据是所见既拥有。也就是说，数据一旦被对方知晓便失去了独有的所有权。但问题在于许多时候各方拥有的数据不同，许多时候打破数据孤岛效应需要不同主体之间数据之间的合作，如何促成更好的合作而自己的数据又不会被对方知晓，就成为亟待解决的问题。这也就是姚智期所提出的"百万富翁"问题，两个百万富翁如何在不向对方透露自己的真实财富情况下对比两者的财富多寡。安全多方技术为数据这一新生产要素提供了只出售使用权而不需要所有权转移的可行性，进一步加强了元宇宙世界中产权界定能力。在安全多方技术的基础上成功实现了数据合作而又保证数据独有产权的双赢，同样这一技术也为元宇宙世界的个人数据隐私保护问题提供了一定的解决思路，后文中会提及。

区块链技术。元宇宙中的稀缺更多的是人为设计的，而这种人为设计的稀缺是否能够得到消费者的认可和信任是虚拟商品能否真正对消费者产生效用从而拥有其独特价值的关键。区块链技术的发展是对这一关键问题的最好回应。中本聪在 2008 年 11 月首先创立了区块链技术的概念，简单来说它是一个天然具有去中心化属性的共享的账本和数据库，不可篡改、全程记录留痕、可追溯、集体维护和公开透明等特征，这些特征给予了元宇宙的消费者天然的信任基础。而 NFT 则在这个基础上更进一步地确立了这种信任机制。NFT 也就是非同质化代币，通常是指在以太坊中根据 ER721 标准发行的代币，NFT 的特征有：第一，独特的属性信息。每一个 NFT 代币都有唯一的标识，也就意味着每一个 NFT 代币都是不同的。第二，可溯性。每个 NFT 代币都拥有从创建到每一次交易过程的所有记录，全程溯源，难以仿造。第三，稀缺性。每一种NFT代币都会在创建之初就设计好有限的总量，这个属性给予了NFT天然的稀缺属性从而成为效用价值的来源。第四，不可分割性。每一个NFT代币都是最小单位，不会分割，这保证了NFT代币的价值的稳定性。以上四种特征使NFT能够成为证明数字产品唯一归属权的有效工具，从而使虚拟土地、游戏装备、皮肤等特定商品具有了独一无二的NFT编码，而这个编码就是元宇宙世界里的产权凭证。

其次，稀缺性的另一方面也会受到来自现实世界中的物质限制和技术限制。代码是可无限复制的，但是代码的运行需要实体设备的支持。有限算力和无限需求的矛盾将会取代现实生活中生产力不足与无限需求的矛盾，成为元宇宙中的基本矛盾。在以往的互联网发展历史中，我们可以清楚地发现，游戏的画质一直都受限于硬件设备的性能和带宽，在技术上我们现在可以轻松达到4K、8K、16K乃至更高，但是我们很难真正随时得到这样高画质的体验。为了体验高画质的3A大作我们不得不耗费巨资购入各种高性能设备，而这对于消费者或者用户来说并不友好，大多数消费者并不具备这样高额的预算投入游戏娱乐。对于游戏产商来说也并不友好，缺乏大量受众的游戏很容易出现叫好不叫座的尴尬局面，因此产商不得不在画质和用户数量之间作出取舍。元宇宙中也是一样，每一个元宇宙虚拟商品的背后都需要实体设备、网络带宽和计算机算力的支撑，这就天然限制了元宇宙的商品并不能无限产出。在有限的资源下，只有真正吸引用户，具备价值的商品才有更多机会出现在用户面前。

通过稀缺性的构建使元宇宙世界中的虚拟地产具备了稀缺性、独特性、可拥有、可交易等特征，从而为虚拟土地的价格飙涨构建了经济学意义上的根基。

在当前，元宇宙中的土地的确非常稀缺。元宇宙房地产销售最为火爆的四大平台分别是沙盒、分布大陆、加密体素和梦幻空间。四个平台上一共只有 268645 个面积、位置各异的虚拟土地或虚拟房产在售。下面以最具备代表性的分布大陆作为案例，来研究元宇宙中的虚拟土地机制设计及其市场接受度现状。

虚拟土地设计机制。在分布大陆平台上，土地有两种形式：一种是 Land，另一种是 Estate。其中 Land 是土地的基本单位，单个 Land 是标准的，均为 16m×16m 大小，高度为 20m。分布大陆平台一共有 92598 个 Land，但是只有 43689 个地块可被销售，其余的包括 33886 个街区地块、9438 条道路、3588 个广场。而 Estate 是由多个相邻的 Land 组成的，且这些 Land 必须直接相邻，不能被道路、广场或其他地块隔开，Estate 可再被分解为 Land。现有 Estate 总数是 2265 个，其中已销售的数为 944 个，占比为 42%。根据统计，已销售的 Estate 中包含的 Land 数最小为 1 个，最大为 259 个。其中，包含 Land 数在 1—10 个的占比最多，为 87.08%。除了数量的稀缺性限制，地块高度同样设置了稀缺性。单个 Land 的高度是 20 米，但是被组合成 Estate 的多个 Land，每个 Land 中的高度为：$20m \times \log_2{}^{(n+1)}$；其中 n 是 Land 总数。

分布大陆中虚拟地产的市场表现。分布大陆从 2018 年 10 月开始有虚拟地产销售额，到统计日即 2021 年 12 月 10 日，土地总销售金额为 7492 万美元，其中 Land 销售总金额为 3627 万美元，Estate 销售总金额为 3865 万美元。而另一元宇宙平台加密体素的总销售额为 2819 万美元，分布大陆为其 2.6 倍之多。土地销售额的增长表现非常值得关注。从 2018 年开始到 2020 年呈逐年小幅上涨趋势，但 2018—2020 年各年销售额占总销售额的比重均在 5% 以下；2021 年销售额相对于以前年度则出现了爆发式上涨，且占比达到总销售额的 87%，而截至 2021 年 12 月 10 日的第四季度的销售额占比已高达 52%。在铺天盖地的新闻报道和大众的关注下，第四季度销售额达到了历史高峰。在土地数量上，43689 个可被交易 Land 中，截至 2021 年 12 月 10 日，共被售出 11041（该数据已包含 Estate 中的 Land 数并去重），即 25% 的可销售地块目前被销售一次或多次，其余 75% 尚未被交易过。而土地均价也随着时间的变化有巨大的变化。

我们进一步对高单价进行分析，发现高单价地块大多集中在创世纪广场附近，如 Estate#4313（该 Estate 中 Land 均价为 7.3 万美元）在创世纪广场东侧；而图中紧挨创世纪广场的北侧和西侧的两个 Land 单独售价分别达到 42 万美元和 22 万美元，也是 Land 单独售价历史前两名；紧接着排名第三的 15 万美元也在创世纪广场附近。且后三个地块被同一个买家购买①。

此外，其他元宇宙世界的土地数量并不多。"沙盒"的虚拟世界地图基于 166464 个地块汇集而成，123840 个地块可出售，25920 个地块作为奖励分配给合作伙伴、创造者、玩家，"沙盒"保留 16704 个地块作为举办活动和游戏的场所。除了限量供应之外，土地也有优质和普通之别。在"沙盒"平台上，黄色土地为优质土地，灰色土地为普通土地，蓝色为多个土地连在一起的土地（Estate）。轴心无限元宇宙土地名为 Lunacia，共有 90601 个地块。地块的价格根据地理位置而有所不同。而轴心无限的每月活跃用户（MAU）已超过 100 万。这样，每个地块都是稀有的 NFT。

---

① Dawn Xue：《元宇宙平台 Decentra Land 土地销售分析》，https://xw.qq.com/cm-sid/2021 1212A09QOW00。

第三节　虚拟土地价值的理论分析

在稀缺性已经构建完成的元宇宙中，以虚拟土地为代表的虚拟商品对消费者来说就有了价值。但是，当这些虚拟地产的价值甚至超过了现实中的房产价值时，不但引发了社会广泛关注，也使人对元宇宙虚拟地产是否存在投机、泡沫等问题进行深思。元宇宙地产价值到底何在？是什么支撑了虚拟地产令人咂舌的价值表现？

在经济学中，一件物品对消费者来说具有效用往往就具有价值。在上文中我们提到效用是消费者使用或者拥有某项商品而带来的有用性，它不仅局限于商品的客观用途对消费者的实际需求满足，更多的是消费者对该商品满足自身欲望能力的主观评价，典型的例子就是"水与钻石悖论"。而在"观念经济"主导的元宇宙世界中这一主观评价的特点更为突出。此外，我们需要引入边际效用的概念来解释稀缺性对消费者价值的创造作用。边际效用是指消费者在一定的时间范围内多消费一单位某商品对效用满足的增加量。随着消费者对某种商品的消费量上升，额外一单位该商品的消费给消费者带来的效用满足会不断递减。因此，某种商品越少，消费者能够消费的机会就越少，其对消费者来说边际效用就越高，从而价值也就越高。

首先我们需要明确的是，与现实世界相比，在元宇宙中同样凝聚着消费者的脑力劳动和体力劳动，只是表现的方式有所变化。元宇宙中的消费者同样对这个建构的世界有着各种各样的需求，娱乐、社交、学习、工作、自我满足和自我实现等，用户在元宇宙中满足这些需求的过程中就会给消费者带来效用。

接下来，我们讨论元宇宙对消费者从哪些方面满足消费者需求，产生效用从而创造价值。

在 20 世纪 90 年代，互联网得到广泛应用，很多人就意识到，互联网将会把社会经济数据化，将为鼠标替代水泥打下良好的基础。因此，将互联网作为现实社会的替代成为一个饱受关注的发展方向。以电子商务为例，将商品数据化之后，使之从现实货架进入虚拟货架，就是一个典型的以虚拟地产替代物理地产的案例。在电商平台上以各种方式缴纳的费用，类似于物理地产的地租。从互联网的本质来看，仍然是一种地产发展模式，即"造平台—聚人气—收租金"。在这个意义上，虚拟地产有其价值，是应有之义。大家可以想一下，淘宝或者天猫首页的钻石位的价值，就能够明白虚拟地产为何有如此之高的价值。

虚拟土地满足了消费者自我展示的心理需求。随着互联网的全面普及，尤其是移动互联网的发展，互联网不再是一个单纯的效率工具，更重要的是，网络空间已经成为人们生活空间不可或缺的一部分。在中国，网民数量已超过 10 亿人，周均上网时间接近 30 小时，网络已成为生活方式的一部分。然而，从网络空间本身来看，个人的展示空间非常有限，尤其是移动互联网使用 App 的模式，使个人的身份、信息、个性等被一个个 App 切割，个体在网上展示个性的空间受到极大的压制。元宇宙的虚拟地产，正好给个体一个充分的展示空间，从而使其个性在网络空间进行发扬。例如，在网上买入一块虚拟地产，可以建立人物形象，发挥自己的个性进行装修、装饰，充分展示自身个性化，可以作为个人的社交空间和场所。这样，虚拟地产满足了消费者的展示需求，给用户带来效用，因而具备了其价值。在元宇宙中角色奉献和自我取悦的动机的效用会比以往的互联网游戏中更高。高度的沉浸感是元宇宙的八大特征之一，沉浸感越高，对于元宇宙中的角色认同感就越高。这种高度的认同感会让元宇宙中的消费者对自身角色（Avatar）的付出也就更加舍得投入时间、精力、金钱。在元宇宙中置办地产也就成为一种呼之欲出的需求。同样的，高度的认同感会带来自我取悦的动机，在传统互联网游戏中这个自我取悦会体现在非功能型虚拟道具的消费上，而在元宇宙中这个动机会扩展到在元宇宙中的衣食住行甚至是虚拟地产装修的各个方面，并且这个投入—满足—再投入的循环会随着在元宇宙中沉浸的时间越久变得更加稳定。

虚拟地产同样具备现实地产的社会区隔作用和攀比效用，满足消费者想要成为某个群体一分子或者接近某个群体的心理需求。随着社会物质生产的日益丰富，人的精神需求越来越重要。从地位经济学的视角上来看，生活在社会中的个体，总是在与他人的交流和比较中发现、认识、确立自己在社会中的相对位置、福利水平。地位经济学将地位偏好引入经济学理论，探讨微观个体行为和宏观经济现象背后的社会文化机制。地位本身不具备交易等性质。也就是说，我们见不到直接的市场上明码实价的买卖地位，因此地位的获取就需要以其他方式来显现。购买昂贵的地产来人为塑造社会区隔和为了攀比而进行的炫耀性消费就是一种常用的方式。

进一步的研究表明，无论消费者身处何种社会阶层、收入情况如何，总是倾向于购买并积累那些能够体现社会地位的产品。某些特征的个体倾向于相信高地位意味着高回报。在这个意义上，人们可能将地位视为中间商品，关注地位是为了获得地位所引致的未来收益，例如可以在市场交易或非市场交易（如婚姻）中获利，得到权力或者获得更好的消费机会等。在地位经济学中，人们会在日常与他人交流和比较中发现、确认自己在社会中的相对位置，包括相对收入、相对消费和相对财富等因素，相对位置较近的群体会自发组成信息、资源互享的小群体，也就是圈层。在现实生活中人们喜欢购买毗邻名人的高档社区房产，不但在某种意义上彰显了其收入地位，同时也有了与该高收入、高社会地位人群建立独立小圈层的机会。同样地，现实中高档小区的高昂价格溢价也有一部分来自于此。而在元宇宙中这样的需求同样明显，哪怕在元宇宙中物理距离的概念已经变得模糊，但是心理上的地位满足同样支撑着这些虚拟土地的高溢价。在 2021 年 11 月 23 日林俊杰宣布在分布大陆花费 78.72 万美元（换算为现实单位为每平方英尺 571.333 美元）购买了三块虚拟土地之后，毗邻林俊杰的几块虚拟土地价格立马水涨船高。仅仅一天时间其价格已经增长了 3 倍有余。在该土地的出售公告上"离林俊杰最近的地块，价格便宜，欢迎咨询购买"字样。这场景多熟悉，现实地产上的逻辑已经成功嫁接到虚拟土地之上。如前所述，说唱歌手史努比狗狗宣布与"沙盒"合作建造虚拟豪宅史努比宇宙之后，已有粉丝在其旁边以 45 万美元的价格购买虚拟土地。

同样地，攀比心理也是一个符合地位经济学理论的重要的效用来源。炫耀性消费，攀比心理在熟人社会中远远超过陌生人社会。无论在现实中还是在网络上，人们总是愿意为了让自己看起来比别人过得更好，看起来更为闪耀而付出巨大的代价。元宇宙中的虚拟地产高昂的价格正是符合了人的这部分心理。价格贵没有关系，重点是独特、稀有，能够彰显自己的身份地位。并且这种心理需求还会伴随元宇宙的参与人数上升而上升，曲高和寡的传世名画行家才懂，但是价格高昂，闪闪发光的虚拟地产仅从外表就能满足拥有者的炫耀心理。对于这部分人来说，不怕虚拟地产价格高，就怕价格不够高，无法彰显其身份地位。奢侈品的溢价内核就在于此。

当然元宇宙对标的是第二世界，而不仅仅是简单的一个虚拟游戏，元宇宙内的虚拟土地也不仅仅有以上的炫耀性功能，或者是单纯满足自身的内在需求。从已有的一些案例看，不少创出新高的虚拟地产，买家都是看中其商业价值，已经开始满足人们的投资需求。基于区块链技术和 NFT 技术的虚拟土地，在某种意义上已经超越了虚拟商品的概念，开始真正与现实世界的产权土地有了初步的映射。从土地经济学的视角来看，这种具备现实映射的虚拟房产会像现实房产一样随时间的推移自然增值，这种增值可能会来自地产的域名稀有性或者土地位置的稀有性。同时也来自拥有者对该虚拟地产的装修和改造，从而获得价值增值。虚拟土地同样能够创造被动收入，位于关键地段的虚拟房产可以出租获得收入，或者装修成能够给消费者带来良好体验的特色空间，从而依靠收取门票费或者服务费等获得收入。当然，这种映射关系是否真实可靠，取决于元宇宙是否能够如预期那样蓬勃发展，逐渐成为真正的第二世界。但这并不妨碍一群嗅觉敏锐，风险偏好强的开拓者在这个"新世界"里开荒掘金。

新世界发展集团 CEO 郑志刚买入虚拟地产是希望打造"创新中心"，展示大湾区新创企业的商业成功。郑志刚表示，将在"沙盒"的虚拟土地上建设 10 家特色公司，包括主营诊断和基因检测的公司普利尼替克斯（Prenetics）、主营业务为物流的"独角兽"公司货拉拉等，这些公司都会在元宇宙的虚拟土地上建立数字模拟公司，主要是给消费者提供身临其境的体验。共和现实购买分布大陆虚拟地产是希望开发商业街项目，将其改造成一个以日本时尚圣地原宿为原型、名为"元宿"的虚拟购物区。

虚拟房地产开发公司共和现实在其投资购买的土地上建设虚拟私人岛屿，在 2021 年出售时，这些岛屿的价格为 15000 美元，现在的价格已涨到300000美元，与美国房价的平均水平相同①。华纳音乐集团宣布将与《沙盒》合作举办音乐会和其他"音乐体验"，但是，在此之前，华纳已开始出售其持有的一部分虚拟地产了，并声称这些虚拟地产将与华纳自营的物业有一部分功能共享②。

其实，这一模式并不新鲜。在"第二人生"已有"钟安社"的案例。互联网经济是一种注意力经济。从商业上看，虚拟地产的价值主要体现在流量和注意力。在既有的商业逻辑下，流量和注意力的价值已经得到了充分体现，如直播电商发展过程中直播间的坑位费。从虚拟地产交易来看，很多虚拟地产都位于网络空间中人气高涨的区域，很容易吸引到流量和注意力，其价值就很容易体现出来。

从"第二人生""银翼杀手"到前两年的"头号玩家"，人们对元宇宙的构想越来越丰满，参与元宇宙构建的人数也在不断上升，随着技术的发展加上资本的进入，虚拟世界的商业氛围正在形成。以分布大陆为例，在其中已经策划了各种特色商街，包括创世纪广场（Genesis Plaza）、中央活动广场、维加斯城（Vegas City）、充满时尚品牌的时尚街道（Fashion Street）、派对之城（Festival Land）、中国特色街区龙城、森林绿地森林广场、朋克景点项目、游戏竞赛区（Gamer Plaza）、教育区（分布大陆大学）等，许多企业也在其中建立了虚拟总部。例如，区块链协议玻色子（Boson）以超70万美元购入的分布大陆虚拟土地将用于创建虚拟商城，"吃豆人"开发公司雅达利将在分布大陆建设链上拉斯维加斯，世界顶级的拍卖行苏富比在分布大陆上推出虚拟画廊项目，

---

① https://www.cnbc.com/2022/01/12/investors-are-paying-millions-for-virtual-land-in-the-metaverse.html.

② Warner Music Group Partners with Sandbox Games for Virtual Concert Venue - The Verge，https://www.theverge.com/2022/1/27/22904382/warner-music-group-the-sandbox-virtual-real-estate-sale-concert-venue.

英国艺术家菲利普·科尔伯特将在分布大陆上推出 NFT 艺术展和音乐表演，去月球（TO THE MOON）音乐节将举办虚拟现场音乐节，知名时尚运动品牌阿迪达斯曾在分布大陆举办时装秀，这对集聚人气、增加流量具有重要价值，而流量的增加，对虚拟土地价值也是一个很大的促进作用。

随着虚拟世界用户的持续增加，时装展、美术馆、演唱会、博物馆、景区和电影院等商业化活动将在虚拟世界中不断增加。我们所熟知的经典 IP 们也随之进场，2021 年 11 月耐克也正式申请了 7 项与元宇宙相关的商标申请，并且与罗布乐思一起合作建立了一个叫"耐克岛"的虚拟空间，作为其品牌展示窗口。当然国内的 IP 拥有者也没有错过这样的风向标，阿里巴巴、字节跳动、小米等大型企业也注册元宇宙商标，开始正式进驻元宇宙，开启新的市场。2021 年 10 月，《盗墓笔记》IP 拥有者南派三叔也为该 IP 申请了盗墓元宇宙商标。这些既具备专业人才、技术又富有资本的公司进驻元宇宙将有利于进一步集聚人气，从而形成一批商业中心区，使流量和注意力进一步集中，虚拟土地的商业价值也会更加稳固。

针对以上情况，已有专业机构对元宇宙中土地价值作出了专业评估模型，例如，环球数字资产公司（Global Digital Assets，gda.capkal）曾经总结出元宇宙中虚拟土地的估值因素 [1]：

·土地 / 宗地大小和尺寸

·地块 / 地块位置

·靠近关键的平台功能（例如，需求旺盛的自然景观、充满活力的商业区等）

---

[1] Research Release: State of the Metaverse，*Global Digital Assets*，https://gda.capital/2021/11/12/state-of-the-metaverse/.

· 视觉美学 / 吸引力

· 不同地块类型的稀缺性

· 用户的战略实用性（如可进行财产收集，可以寻宝等）

· 各地区的企业采用

· 更广泛的平台内 / 平台间宏观经济因素

该机构还指出，如同物理世界的土地一样，元宇宙中的土地价值直接取决于其位置[①]。但是，元宇宙中土地的位置概念更具有动态性，因此在不同时间点的估值方面有所不同，这主要是由于诸如大型企业 / 商业利益等因素创造了新的有价值的位置热点，元宇宙中各种新的街区形成等，都会造成价值的变动。元宇宙集团的基格尔指出，在元宇宙中，土地资产的价值取决于三件事：位置、位置、位置。而位置是由流量决定的[②]。

有人的地方就不会总那么理性，况且效用评价本身也是主观的事情。因此，元宇宙虚拟土地的效用价值有一部分也来自投机的需求。"炒房"的人永远是商业嗅觉最为灵敏的一批人，在这一方面堪比最优秀的创业者。虚拟地产这样一项建立在数字世界里的虚拟物品是如何成为受资本热捧的香饽饽，以上从经济学效用理论出发初步解释了其飙涨价格下的经济逻辑基础。但是，虚拟地产所代表的意义也不只局限于某样商品给人带来效用满足从而具备价值这样单一的逻辑之下。

---

① 共和现实的首席执行官詹妮·尤里奥（Janine Yorio）认为，虚拟世界中的土地价值将取决于所有者对房产的处理方式。例如，设计一个受欢迎的景点，如博物馆或特色。尤里奥认为，位置并不重要，因为在元宇宙中，可以跨越物理空间的限制。但是，尤里奥也承认，无论如何，你的邻居是谁，对房地产的价值都具有非常重要的影响。参见 https://www.cnbc.com/2022/01/12/investors-are-paying-millions-for-virtual-land-in-the-metaverse.html。

② https://www.cnbc.com/2022/01/12/investors-are-paying-millions-for-virtual-land-in-the-metaverse.html.

第四节　从实物消费到符号消费：虚拟土地如何创造效用

　　谈及元宇宙从实物消费到符号消费，我们首先需要回溯法国思想家让·鲍德里亚与他的拟像秩序理论。在鲍德里亚的理论中将文艺复兴到工业革命时期划分为第一个拟像时代，在这个阶段里，人们追求的是反映、模拟和复制自然，遵循自然价值规律。第二个拟像序列是从工业革命开始的以生产为主导的生产序列。在这个阶段中，拟像遵循市场价值规律，强调物对人的功能性价值，人们追求商品价值。而进入第三序列，便进入了由代码主宰的仿真阶段。在这个阶段，拟像通过自我复制构造了真实，人们开始追寻符号价值。

　　鲍德里亚的拟像秩序理论梳理了人们从追寻实物价值到符号价值的发展过程。在经济发展不发达的阶段，物质生产力并不充足，消费者消费的主要目的是生存，为了更好地延续生命长度。在这样的情况下，物的使用价值远远超过了凝聚在其使用价值之上的符号价值。随着物质生产能力的提升，消费者的生命存续问题不再是首要问题，人们已经有富余的条件来要求更多的额外需求满足。而在这个阶段，商品的符号化意义就逐渐被重视起来，实物消费开始出现被赋予更多的符号化含义。也就是说，更多的服务内容被嵌入实物消费过程中，实物成为服务消费的一种载体。商品社会是一个大众消费的过程，独一无二的商品很少，因此，需要通过货币符号来体现商品的价值，并使消费者获得相应的地位，这是因为在商品社会里，货币是一种公认可以进行地位排序的中介。

　　由于商品经济所特有的文化消费模式，因而对消费的意义也进行了重构。在符号消费过程中，消费被赋予符号消费的意义，按"物—文化—虚拟"层层递进。正如鲍德里亚在《消费社会》里所指出的，"为了构成消费的对象，物必须成为符号"。因此，日常生活消费的主要用途之一就是与他人形成差异，正是符号之间的关系，使"差异"得以确立。但是，这种符号化的"个性化的"差异再也不会把个体相互对立并真正区别开来。无论怎么进行自我区分，实际上都是向某种范例趋同，都是通过对某种抽象范例、某种时尚组合形象的参照来确认自己的身份，并因而放弃了其一切真实的差别和独特性。

以虚拟土地为代表的虚拟商品在为消费者提供效用满足的同时也在塑造着消费者自身，包括自我认同和社会认同两方面。自我认同是指人们通过社会学习和自我认知的不断发展从而确立的包括自己的各项社会角色、在社会中的地位、所追寻的目标等基础性认知。而社会认同则是个体在自我认同的基础上追求集体的肯定，通常是某个具体的小圈层的认可。在现实世界，这种自我认同和社会认同的强化从早期实物消费阶段的以职业或专业为基础建立，进入消费时代，对于商品所代表的符号意义开始成为新的自我认同和社会认同的锚点。炫耀性消费是建立这种锚点的有效方式之一，人们通过购买某某奢侈品，名车、豪宅、名表、高档装饰品等来满足自我认同，同时追求社会对其身份、地位的认同。进入元宇宙阶段，消费的符号价值属性得到了进一步强化。元宇宙的世界里没有实物消费，人们进入这个世界的首要目标就是满足精神需求，各种虚拟商品所代表的符号意义是其建立虚拟形象自我认同和社会认同的最好物品。而在这些虚拟商品中，虚拟土地构建的符号意义最为强烈，在现实生活中，拥有虚拟地产彰显这个人是新潮的，站在时代浪潮的前端，同时也是具备身份地位的，尤其是当虚拟地产的价格飙升时。在元宇宙世界中，拥有自己的虚拟土地，通过装扮这块虚拟土地能够更好地建立自己独特的形象从而获得自我认同，同时融入自己想要融入的群体。并且这个过程所需要花费的成本远比现实世界要低得多。购买虚拟土地这项行为最终实现了自我形象和购买对象的有效映射，一个"受尊重"形象也就符合了现代消费者的自我认同及社会认同。

现代意义上的地产在消费符号意义上代表着一定的社会地位，尤其是稀缺性房产资源，虚拟地产亦然。在现实生活中，房产背后所代表的意义深刻，是身份与社会地位的象征。以学区房为例，学区房所代表的符号意义包括优质的教育资源或者说优质的文化资本，拥有学区房代表其子女在教育资源的获得上已经占据优势地位，而优质的教育是将来社会地位的基础。其次，学区房代表着经济实力，同样是一种经济资本。在中国，学区房的溢价严重，能够购买得起学区房一方面代表其较高的收入、良好的家庭背景；另一方面学区房本身就是一种独特的"金融产品"，这代表着单单拥有这套房产你的经济实力就会逐年增加。最后，学区房同样代表着一定的社会资本符号。现实中的学区房是稀缺资源，许多时候不仅需要一定的经济资本同样不需要社会资本才能拥有，同时学区房周边的人际关系本身也是一种优质的社会资本。而在元宇宙中，虚拟土地同样是一种稀缺资源，前文中我们仔细论述了元宇宙中虚拟地产稀缺性的来源及其建构机制，好地段、人口聚集、商业氛围浓重的地产如现实生活中一样是有限的，拥有这样位置，虚拟地产的人同样能够获得如现实中拥有学区房一样的消费符号意义。同时，虚拟地产的更进一步优势在于，理论上来说其所有权是无限的，任何一个 NFT 代币所代表的意义都是独一无二的，并且没有时间期限。在这个意义上，虚拟土地可以代代相传。一样有价值、不会丢失、不会过期的虚拟地产对于人类天然的后代繁衍需求是一种元宇宙提供的独有永久性保障。

从经济学的意义来看，社会地位可能需要非常多的没有实用价值的东西来证明。凡勃伦指出："高雅的品位、举止和生活习惯是绅士风度的有用证据，因为培养这些需要时间、应用和费用，那些需要将时间和精力花在工作上的人不能付出这些时间和费用。"罗布·亨德森（Rob Henderson，2019）更是直接指出[①]，过去，人们用他们的物质装备来展示他们的上层阶级身份。但今天，奢侈品比以前更实惠。富人已将社会地位与商品脱钩，并将其重新附加到信仰上。这已形成了一个奢侈品信仰阶层。

　　符号消费与虚拟地产基础上的元宇宙亚文化空间建构。1995年以后出生的Z世代是数字世界的原住民，他们的成长过程就是数字世界的发展过程。他们的消费从一开始就充满着符号消费的动机。更加追求多元化、个性化，强调圈层消费，并在这个基础上建立起一个以A站（ACFUN）和B站（Bilibili）为代表的二次元亚文化数字圈层世界。在这个虚拟的世界里，亚文化替代了主流文化，占据了主导地位，潮流文化所代表的符号消费成为消费者获得圈层身份认同的主要方式。而元宇宙的到来，虚拟土地比以往的互联网空间更进一步地消解了现实的社会结构和秩序规范，时间和空间的界限也随之模糊。在现有的世界秩序里，大家都在同一个物理世界里争取地位，并通过地位来达到自我实现的目标，在这个过程中，物质消费的符号化很重要，各人都只关心自己的相对地位，造成了社会的零和博弈。在元宇宙空间里，符号消费是主流，一个根本的变化是体现个人地位的符号多元化。每个人都可以在元宇宙空间里充分表达自己的才能，从而在元宇宙中持续创造文化价值、心理价值等虚拟价值，这样有利于不同的人员在不同空间的自我实现。

　　个性化并不是完全一个人的爱好与审美，而是因为很多有相同审美

---

　　① Rob Henderson，Thorstein Veblen's Theory of the Leisure Class，*A Status Update*，https://quillette.com/2019/11/16/thorstein-veblens-theory-of-the-leisure-class-a-status-update/.

或者爱好的人，受到物理世界的阻隔，其爱好、兴趣无法进行聚合，而作为一个个体，在其认识的圈层里，就会受到孤立。现代交通体系的建立、互联网的普及，使很多个性化的兴趣或者爱好有了聚合的可能性。随着元宇宙的演进，身份、朋友、沉浸感、低延迟等，将物理世界与虚拟世界之间的隔膜逐步打破。而虚拟土地的出现使这样基于兴趣的小群体，可以真正有机会能够打造属于自己的文化归属地和精神家园。从这个意义上来说，未来的元宇宙不是一个单一的平台，而是有着更多的可能性，使不同特长、不同兴趣、不同爱好的个体聚合在一个元宇宙的空间，大家相互欣赏、相互促进，从而使每个人都获得成就感，获得自己相应的社会地位，这样，使社会消费从符号消费领域的零和博弈走向非零和博弈，推动实现各方面的共赢。

虚拟土地作为流量入口的消费符号意义。从自然农业社会步入社会化大生产的工业社会，再到现在凭借互联网基础进入到后工业化社会，每一次的生产力跃迁都会导致社会的形态发生巨大的变化。进入互联网时代，数据与信息成为全新的生产要素，用信息技术建构起的互联网网络开始逐渐发展出新的社会形态，而这种网络社会形态最终的发展样式就是元宇宙。元宇宙在某种意义上是一个完整的实体，包含着生产者、消费者、传播者和接受者，现实社会中的一切关系都可以在元宇宙中找到映射，这意味着元宇宙已经跳过虚拟关系成为一种全新的社会形式。在这个信息和数据构建的世界里，信息、数据本身就是一种资本，而流量则是这种资本最常见的表现形式。在流量的社会里，社会分层方式发生转变，掌握流量的人能够同时掌握财富、权力和声望，这种掌握并不是建立在常规的生产劳动和资本积累之上的，而是对流量的掌控和引导。信息化时代里，注意力是最核心的资源，谁能最大限度地吸引消费者的注意力，谁将截取最多的流量，并且注意力这种稀缺资源具备正的边际收益效应，吸引的注意力越高，就越容易产生价值，产生价值吸引的注意力就越高，从而实现对流量的自然垄断。一栋建造在虚拟土地上的虚拟房产能吸引注意力，有效占据优势地位，获取流量信息，吸引消费者注意甚至引导控制流量本身从而使虚拟土地成为元宇宙中最佳的流量入口。从这个视角来看，虚拟土地已经是真正意义上的资本，给消费者带来心理上满足的同时也会带来大量的社会资本，实现社会地位的上升。

第五节　预期自我实现：虚拟物品的金融属性

一个商品往往包含两种属性：商品属性和金融属性。其中商品属性主要是指该商品的使用价值，如食物、水等基础性商品，使用价值是其价值的主要来源。而进入商品社会发展的成熟期，商品的金融属性越发地突出。商品的金融属性主要体现在商品的资产性。从这个角度看现代商品的或强或弱都具备一定的金融属性。但是，某些商品的金融属性更为突出的原因就在于其不仅能给持有者提供价值，更关键的是能提供资产增值、资金融通等功能。

商品的金融属性是由商品的可再生性、稀缺性、流动性和可储存性等方面特性共同决定的。其中具备不可再生性的同时又对人们有效用的商品天然具备成为金融品的基础。因为一旦某种商品可再生，市场的供求机制就会自发地调整生产和需求来多生产高价物品，使高价物品的价格难以稳定。只有不可再生或者生产周期较长的商品才有较为稳定的价格水平乃至具备升值空间。其次，能满足人们某种效用的商品越稀缺价值就越高，其金融属性也就越强，随处可见的水或者空气是很难具备高价基础的。在这特性中，人为制造的稀缺同样有效，典型代表就是钻石，全球的钻石储备并不少，但正是钻石产量被严格控制才显得极为稀缺珍贵。同样地，要想成为全体消费者都认可、通用的商品，流动性是一项必不可少的属性。我们不能牵着一群羊去做交易，因此动物的金融属性要比植物低得多，在中国历史上就出现过"君子兰"这种特殊的植物金融商品。可储存性，在某种意义上又可以叫稳定性，不会变质。农产品中易变质的水果、蔬菜等几乎不具备金融属性，但是耐储存等白糖和棉花却可以成为金融商品在全球金融市场上交易。因此在现实世界中，最为普遍和具备代表性等金融商品是石油、贵金属、矿产等。

在元宇宙之前的互联网时代虚拟物品的金融属性较弱，因为这些虚拟物品的产生过程缺乏有效控制其可再生性、稀缺性、流动性和可存储性的机制，这就直接导致这些虚拟商品的价格浮动巨大，缺乏经济支撑。在腾讯公司出品的绝地求生游戏中，2018年1月，一件连帽皮夹克的虚拟装饰商品一度炒到12000元左右，但是由于后期游戏内该商品的无限制发放，价格一夜崩盘，跌至不足1000元。同样的例子比比皆是。

元宇宙中虚拟物品金融属性的支撑。在元宇宙的世界里，经济系统是建立在区块链技术基础之上的，这使元宇宙中的经济系统能有效地提供各种服务，如为用户提供虚拟资产权益等标记、确立以及交易服务、网络支付、价值确认、价值转移等金融服务。同时，区块链技术同样具备公正、透明、高效的特点，所有的参与者都可以无障碍地知晓该金融市场上的每一笔交易，使该经济系统更为可信。

尤其是当NFT的出现之后，元宇宙的经济基础更为牢固。建立在NFT标准之上的元宇宙能更好地确立虚拟资产的产权归属性、交易历史、交易价格以及现状，同样地，NFT也能够为用户的虚拟身份提供有效的保障。NFT 的唯一性、可溯性、稀缺性和不可分割的特点有效地建立了虚拟商品和现实权益的一一映射，使虚拟商品的资产化有了现实基础。在以往的互联网世界中，游戏产商所出售的皮肤、道具等虽然是以物等形式呈现但实际上又是一种服务，游戏人物及道具虽然名义上具有归属权，但是这种权益缺乏现实基础，最终的控制权力还在游戏产商手中，因此他们可以轻易地改变某件游戏道具的属性，改变人物技能，甚至删号来彻底剥夺消费者的所有权。而基于 NFT 的虚拟物品改变了这一切，每个建立在 NFT 上的物品属性是不可更改的，或者说不经所有者同意，游戏产商是不可更改的，更无权剥夺。其次其唯一性和稀缺性确保了游戏内的某项物品是有限的，产商并不能无限生产。虚拟物品也有了特殊的标识，产生了排他性的权力，并且可以自由地交易和转让。理论上，NTF 是可以无限制地保存的，并不像现实商品那样随着时间折旧或者随着使用次数的上升而磨损，甚至是某个元宇宙项目消失也不会导致该 NFT 虚拟商品的消失，这保证了虚拟商品的稳定性。

去中心化金融（DeFi）的出现是虚拟产品金融属性产生的另一大支撑。去中心化金融是指基于智能合约平台如以太坊构建的加密资产、金融类智能合约以及协议。去中心化金融的协议和应用程序基于智能合约的基础之上。智能合约是指存储在区块链上并由大量验证器并行执行的小型应用程序。每个参与者都可以参与并验证任何操作的正确执行，虽然这导致其有部分效率损失但是这赋予了去中心化金融高度开放、透明、去中介、去中心化、安全可控的特点。这些特性使去中心化金融能够对现有的经济体系进行创新，通过更加去中心化、透明化的方式使得每个参与者具备相同的参与机会和权利。同时，建立在去中心化金融基础之上的去中心化交易所统一转换试验室（Uniswap）等，使人们可以在不同的元宇宙项目之间实现不同币种的兑换。这是未来元宇宙世界的经济基础，也是虚拟商品的金融属性的逻辑支撑制度，大大提高了虚拟商品的流通性。

从现实中一般商品金融化过程看待虚拟商品向金融品演化的形成机制。在现实中，一般商品的金融化往往是以资本想要垄断流通环节从而获取垄断利润为起点，商品自身具备的抵御通货膨胀的功能以及其他商品特性共同导致了人们对该商品具有价格普遍上涨的预期，从而引发更多的关注和更高的交易量，而这又增强了商品的流动性，最终构成商品金融化的正反馈过程。这就是商品预期自我实现的金融化过程，预期价格上涨，引发追逐，导致价格进一步上涨，流通性增强，逐渐具备金融品的属性。

普通商品的价值基础通常是其使用价值，消费者在消费普通商品时得到的效用满足和该商品最终的市场均衡价格成正比关系。而作为金融商品时，其具备三大金融属性，包括抵御通货膨胀、对冲风险和优化投资组合。首先，在不考虑存储成本和生产技术进步时，普通商品一般并不会随着时间的变化而贬值，受通货膨胀的影响也较小。在存在通货膨胀压力的情况下，这种保值性能够为消费者的心理效用兜底。其次，通过购买商品的期货以及期权来进行跨期风险对冲。普通商品具备无形价值，如白酒、药材等商品，珍贵、地位就是其无形价值，这些商品往往会因为其无形价值而具备升值的可能性，从而满足消费者的投资和投机的需求，优化消费者的投资组合。同时，对商品价格的上涨预期本身也会引发更多消费者的追逐，从而促成新一轮的价格上涨。尤其对于收入需求弹性较高的艺术品、珍贵药材等，它们的稀缺性和本身具备的象征性意义使其价格上涨空间更大，从而引发舆论的破圈式宣传和资本下场运作，进行囤货、跨期购买与销售等操作。这会使其价格波动可能脱离理性范围而升高，最终产生如 1636 年著名的荷兰郁金香泡沫。无论是一般的价格上涨预期还是资本操作下的价格泡沫，都会导致商品的短期交易量上升，流动性上升，而流动性的上升反过来又会推动商品抵御通货膨胀的能力进一步提升，对消费者进行套期保值的兜底心理满足作用同样得到提升。

虚拟商品的金融化过程与普通商品类似。投资，或者更为准确地说投机，是其金融化的开端。人们将商品金融化的一大目标就是利用，商品的跨期交易赚取价差，从而获得高额回报。这种投机心理是推动商品价格上升的一股劲，在这个基础上，商品金融化的进程正式开启。投机开启的商品金融化进程往往并不那么理智。普通商品的价格是建立在使用价值基础上然后通过供需平衡共同决定的，因此普通商品的价格一般会随着供给和需求的变化而较为平稳的变化。但是金融品的价格更多地建立在消费者对其价格的心理预期而不是实际需求之上，因此这种预期价格容易受外界因素的影响，当外界对该商品的评价降低时，大量的消费者就会抛售手上的商品，在评价变高时，又会在市场里争相抢购。在这个过程中可能会有多次的价格大幅上升和短时间的价格跳水现象同时存在，这是一种价格形成的扭曲机制，对于普通商品转变为金融产品是一项考验，能够较为平稳地渡过这个过程的商品会成为真正的金融品，没渡过的就成了泡沫。虚拟地产正在投机者的推动下刚刚开启其金融化过程，现在已经有一定的不合理价格泡沫存在。

塞巴斯蒂安·邦尼指出，资产的价值是主观的，它之所以有价值，通常是因为它以某种方式为我们提供了价值。目前，实物资产比数字资产提供更大的感知价值。这就解释了物理与数字资产价值之间的差异。随着人口老龄化的来临，喜欢实物资产的人会减少，而数字资产的普及程度会越来越高。每个人都会根据年龄、价值观、兴趣、性别和地位，在元宇宙中的不同领域和产品中找到实用性和价值。这样，数字资产的价值将会越来越高。

可以确定的是，收入需求弹性越高的商品，也就是经济学意义上的奢侈品，因为具备更多的无形价值，其价格确定性越弱，从而金融化的可能性越大，金融化的速度也越快。在马斯洛需求理论中满足越高层次需求的商品对消费者来说弹性越大，因为高层次的需求需要在低层次需求得到满足的基础上才会变得更加重要。对于虚拟商品来说天生就是用来满足消费者社交、娱乐和自我实现等较高级的心理和精神需求的，它们的需求弹性可能会比白酒、药材、艺术品等更大。虚拟商品金融化同样是建立在稀缺性上的，NFT 赋予了每一样虚拟商品独一无二的标识，这种稀缺性在某种程度上比现实情况中更为极端。现实中的房产就是由于土地的有限性及国家的宏观调控从而成为稀缺性商品，这是房产金融化的有效前提。因此，虚拟地产也由于其稀缺性从而具备金融化的潜能，而现实情况也是虚拟地产成为元宇宙中第一个开启金融化过程的虚拟商品。

虚拟商品金融化的过程是一定时期下的特殊产物。疫情的影响之下，虚拟会议、网上授课、远程办公等使用场景逐渐增多，加上相关技术的进步，推动元宇宙的概念更加呼之欲出。同时，实体经济受到冲击，现阶段投资实体经济风险过大，大量资金无处可去，最终瞄准了元宇宙及虚拟商品。这直接推动了虚拟商品金融化的进程，当然风险也进一步提升了。

虚拟商品的金融属性。从预期的自我实现角度来看，现阶段大量的资金涌入元宇宙，对虚拟商品的价格上涨有利好作用，并且随着元宇宙相关配套技术的成熟和内部机制的进一步完善，虚拟商品的价格会有进一步上涨的预期，从而吸引更多的人和资金买入虚拟商品，这个过程就提升了虚拟商品的流动性，其抵御通货膨胀和对冲风险的金融属性就会显现。但是在这个阶段，与普通商品金融化之后的特点对比来看，虚拟商品的金融属性尚未明朗。以 NFT 和 DeFi 为核心的经济体系还在建设完善过程中，虚拟商品的价值并没有与现实价格形成稳定的关系。现阶段的虚拟商品，特别是虚拟地产的价格主要是靠拍卖行为进行校准的，而拍卖定价存在的非理性因素太多，并不可靠。其交易流通性也并没有很高，除了人群聚居点或者规划中的商业中心之外许多地产仍未进入流通领域，其抵御通货膨胀的特性还未体现。现阶段的虚拟商品同样并不具备风险对冲的属性。元宇宙尚处在萌芽阶段，接下来会往哪个方向走有无限的可能，同时加上未来监管的变化，这意味着选哪个方向或者元宇宙项目同样会有无限的风险，不确定过大，没有进行理性预期的基础。而优化投资组合，也就是对消费者投资甚至投机心理的效用满足是现阶段虚拟商品对大部分消费者来说最为直接的金融属性，对投机者来说交易虚拟地产并不是因为虚拟地产本身为其带来了某种效用满足，而是为了转售所有权从而获利。当然也有一部分人是看好元宇宙的长期发展，从而进行超前投资，尤其是对于有品牌宣传需求的大牌厂商或者经典 IP，元宇宙的无限可能是掌握下一时代流量入口的最大希望，在其萌芽阶段就进行投资是最好的布局机会。

从元宇宙中各种虚拟物品的价值来看，其价值不但包括现在的使用价值，更包括未来可能的成长空间，元宇宙这一概念，已被经济学家认为是下一代互联网的代表。昂德雷卡写道，即使元宇宙没有达到科幻小说作者所捕捉到的奇幻想象，它作为一种新的计算平台或内容媒体也可能产生数万亿美元的价值。但在其完整的愿景中，元宇宙成为大多数数字体验的门户，所有物理体验的关键组成部分，以及下一个伟大的劳动力平台。作为这样一个系统的关键参与者（如果不是驱动程序）的价值是不言而喻的——今天的互联网没有"所有者"，但几乎所有领先的互联网公司都跻身全球最有价值的 10 家上市公司之列。元宇宙中的虚拟土地正在成为人们参与这个新的伟大愿景的入门券，这样，其交易过程就面临着金融化。大卫·维达尔·托马斯（David Vidal-Tomas）（2021）的研究指出 ①，元宇宙给各类 NFT 带来了新的上涨空间，而上涨中所内含的过度金融化，将带来泡沫化的风险。

总的来说，虚拟商品中最具代表性的虚拟地产金融化之路尚且如此，其他虚拟商品的金融化道路更是道阻且长。

第六节　虚拟物品：会是下一场"庞氏骗局"吗

在前面的章节中，我们花了大量的篇幅讲述元宇宙的物质基础、技术积累和未来前景。元宇宙有无限广阔的前景，但是在现阶段元宇宙中充满了泡沫，我们要审慎辩证地看待元宇宙的未来和现阶段的局限性。新事物的出现不是一帆风顺的，螺旋式上升才是客观规律。把握住这一点，我们就能较为理性地看待元宇宙和虚拟物品的现在与未来。

很多人认为，元宇宙是未知的，但其技术已具备基础，已经能够窥见未来的一角。虽然现阶段的元宇宙大多还在概念之中，但已经有了一定的增长基础。在技术上，5G 技术的成熟带来的大带宽是元宇宙建设的前提，没有足够大的带宽，元宇宙的世界缺乏一个真正的入口，并且 5G 技术的进一步发展也需要元宇宙的建设，现实生活中的人们对带宽的日常需求已经初步达到饱和，只有数字基础上的元宇宙才是 5G 巨

---

① David Vidal-Tomas, The New Crypto Niche: NFTs, Play-to-earn, and Metaverse Tokens, MPRA Paper 111351, University Library of Munich, https://mpra.ub.uni-muenchen.de/111351/1/MPRA_paper_111351.pdf.

大带宽优势的真正用武之地。VR、MR、XR 的发展为元宇宙提供了可以肉眼观察的现实感，人们可以更为直接地体验元宇宙的模样而不是依靠想象。当然在更远的未来，脑机接口技术的发展可能是人们真正全身心进入元宇宙的契机。大数据、云计算和人工智能为元宇宙巨大信息流的处理提供了解决方式。建立在区块链和智能合约基础上的数字货币和 NFT 非同质化代币同时为元宇宙世界中的经济体系构建、数字产权的界定、交易的顺畅进行，以及在 DEFI 基础上的金融体系使得跨时间交易以及跨元宇宙经济体系的货币互换成为可能。Web 3.0 的发展也为数字世界的知识产权归属建立了标准，为元宇宙的参与者更好地创作激励，建立起创作—激励—再创作的稳定 UGC 内容生产方式，这是元宇宙长期发展的根基。

除了技术上的可行性，资本的大量涌入也为元宇宙的发展提供了一定的保障。回过头看待互联网技术的发展历程，我们可以看到的是，这个过程同样充满了资本的狂欢和泡沫的兴起与破碎。美国的脸书、英伟达、分布大陆、"沙盒"，中国的腾讯、字节跳动、网易、阿里巴巴，日本的索尼，韩国的三星纷纷下场为元宇宙的发展站台，并且投入大量资金进行商业模式的探索和基础技术的发展。

从现实基础看未来，虚实结合已经成为互联网发展或者说时代发展的大趋势，这个趋势很难逆转。在未来可能不是元宇宙成功，但也会是某种虚实结合的新形态网络形式，或许可以叫钱学森提出的灵境？在现阶段我们很难单纯地断定元宇宙及虚拟物品是一场庞氏骗局，因为元宇宙的确有了发展的技术基础，基本的发展逻辑也已建立，资本的大量涌入又增添了一份动力来源，谁能否认元宇宙未来的无限可能性呢。任何新事物的出现，特别是划时代事物的出现，总是需要突破前面的局限。哥白尼日心说的出现震动了整个世界，打破所有人已有的世界观，但是客观真理是不会因为人心理上的抗拒就会因此改变的，时代的发展、科学的进步，最终还是日心说取代了地心说成为真理。元宇宙的发展并没有日心说那样是客观真理，但就世界发展趋势来说，这的确是走向未来的趋势性，这种趋势从互联网的出现就已经开始萌芽，从脱实向虚走向虚实的结合。

但是将眼光从未来放回现在，单纯从现阶段的发展现状来看，元宇宙的许多概念的确符合"庞氏骗局"的特征，并且也有了大量血淋淋的现实案例。

在国内，中青宝是玩弄元宇宙概念的个中翘楚。2010 年，主营业务为网络小游戏的网游概念公司中青宝在创业板成功上市，号称元宇宙第一股。但是盛名之下的中青宝其业务数据一塌糊涂。营收亏损、研发投入短缺、员工薪酬水平只有行业的 1/2、固定资产周转率过低，这一项项数据都表明中青宝本该是不受资本欢迎的公司。但是 2021 年 9 月，中青宝披着元宇宙概念外衣的虚拟游戏"酿酒大师"使其一下子受到资本热捧成为元宇宙第一股，股价也一周内多次涨停。"酿酒大师"的商业逻辑中最为关键的就是游戏玩家可以在游戏中自己模拟经营酒厂，自行选择酿酒配方，酿造属于自己的独特酒类、设计专属包装并且进行 NFT 认证，支持线下提酒。乍一看，线上 NFT 确立稀缺性，线下支持提酒绑定了实际价值，完美契合元宇宙发展逻辑。但是仔细剖析"酿酒大师"的商业逻辑就会发现，这并不是逻辑自洽的元宇宙逻辑，只不过是一场玩弄概念的游戏。首先稀缺性，这种人造的稀缺性逻辑并不能构成闭环。白酒的品类是有限的，玩家不可能设计新的独特酒类，这也就意味着每一个玩家生产的酒类在本质上是一致的，并且能够无限生产。那么 NFT 所包含的特殊性就仅仅停留在玩家给酒类设计的独特外观，核心产品不具备稀缺性的实际特征而依靠外包装构造稀缺性，那不如设计一个"奇迹暖暖"换装游戏在元宇宙逻辑上可能会更立得住。同时，生产的虚拟酒在兑换现实酒时同样存在逻辑漏洞，游戏中的虚拟酒要实现现实兑换时谁来支付现实中酒的价值就成了问题。这样的兑换行为是否符合现实监管也是未定的一大问题。而这样一个立不住脚的概念游戏却能够引发大量的"投机"行为，股价连升5倍，最终泡沫破裂时是谁吃饱了谁又兜了底，"庞氏骗局"可见一斑。另外，从上市公司天下秀设计的"虹宇宙"来看，其价格的暴涨暴跌也说明了元宇宙虚拟地产的风险之大。根据公开消息，在不到3个月的时间，虹宇宙中的土地从几十元涨了十多万元，到2022年2月时，又跌回了十多元。这种元宇宙虚拟土地正在成为一种博傻游戏。

相比之下，国外虚拟货币"鱿鱼币"（SQUID）的崩溃就显得更为现实、更加血淋淋。鱿鱼币是在网剧《鱿鱼游戏》大火之后趁势推出的新币种。鱿鱼币的发放机制模仿了该网剧的六轮比赛机制，用户支付预设价格的鱿鱼币参与游戏，最终这些参与者的花费都归胜利者拥有。裹挟着《鱿鱼游戏》大火的流量，鱿鱼币一经出世就受到资本的热捧，2021年10月26日鱿鱼币以0.01美元的单价推出，随后价格便飙涨，仅72小时就涨到4.42美元，涨幅达到44.1倍。随后持续高速增长，并且在11月1日再次迎来暴涨，仅仅三个半小时价格升至2861.8美元的最高点，涨幅达到骇人听闻的75倍，在一周内涨了超过2400倍。但就在随后的5分钟内，鱿鱼币的价格瞬间从最高点跌至0.0007美元，跌幅高达99.9999%，只留下4万鱿鱼币的持有者成为这场博傻游戏中的最后失利者。"鱿鱼币"符合"庞氏骗局"特征的另一特点还在于，鱿鱼币的持有者无法将该币在币种交易平台薄饼交易所（Pancakeswap）上出售兑换成现金。也就是说，鱿鱼币的持有者从头到尾持有的只是一个虚幻的概念，这场骗局除了币种开发者，没有赢家。当价格脱离实际投资价值，成为资本的工具，在金融操作下不断空转，以增值转卖套利为唯一的目标，最终只会成为一种博傻游戏，进入"庞氏骗局"的陷阱之中。

现阶段元宇宙中的虚拟商品无疑也缺乏现实价值支撑。以区块链和 NFT 建构的稀缺性是否真的能够得到大众的认可是虚拟商品是否能够获得真正的价值与现实产生真实映射的"最惊险一跃"。消费者认同，愿意持有、收藏，看好其长期价值并进行持续地投入对于虚拟商品来说远比单纯地进行投机性的倒卖获取利差行为更加能够推动虚拟商品实体化获得真正的价值基础。然而虚拟地产也一样，现阶段各种"地王"的售价纪录刷新，除了吸引更多的投机分子之外，并没有创造多少实际价值。单纯的投机行为完全是依靠舆论吸引来的流量和背后的资本金融操作支撑起来的，一旦虚拟地产的人气下跌，或者金融资本收钱走人时，这些虚拟地产就像泡沫破碎一般变得一文不值。庞氏骗局的苗头已经展露，该如何及时遏制，需要各方参与者的共同努力。虚拟地产的长期发展，需要现在这些持有者持续投入，对该虚拟地产进行装修、改造、利用，真正利用其实用价值，从而构建元宇宙世界中商业、娱乐、社交的基础，而不是仅仅用来囤积等待升值套利。

因此，面对元宇宙的土地热，需要冷静思考。《人民日报》于 2021 年 12 月 9 日发表评论表示，元宇宙仍在发展的最初阶段，虽然有无限的可能性但现阶段更多的是不确定性，炒房谨防热到烫伤。商业内幕网站（Business Insider）在调研了多位专家后指出，将数字房地产等同于物理存在一个问题：适用于现实世界财产的主要价值来源不适用于虚拟世界，这意味着虚拟土地可能不会升值。与元宇宙相关的任何东西——或者任何基于区块链的东西，都是一种加密资产，其当前的价值主要来源于投机性购买和风险购买。短期内会有很多人赚到钱，但是从长期看，这没有任何意义。经济学人智库（the Economist Intelligence Unit）

的技术分析师德克斯特·蒂林（Dexter Thillien）同样指出，对元宇宙土地而言，"如果有足够多的人想在它上面花钱，那么它就会变成一个市场"[①]。而深度参与到元宇宙的虚拟房地产开发公司共和现实的首席执行官詹妮·尤里奥也指出，元宇宙地产在目前是高度投机的，具有非常高的风险。投资者应该只投资准备损失的资本。亚利桑那州立大学房地产理论与实践教授兼主任马克·斯塔普（Mark Stapp）也同样指出，虚拟地产是与现实无关的事物，其发展下去，可能会形成一个泡沫[②]。而且，普遍公认现在元宇宙的监管秩序还没有完全建立起来，而且，以太坊上燃料（Gas）费用太高，元宇宙中土地等虚拟物品的未来流动性令人担忧[③]。

　　而如何避免元宇宙及虚拟商品成为下一个"庞氏骗局"，我们可以从"第二人生"的发展历史中学到一些东西。2003年上线的"第二人生"被公认为是现代元宇宙的雏形之一。在这个虚拟世界中，玩家的行为并没有主线任务的引导，他们可以像现实生活中一样社交恋爱、买房装修、打工赚钱，还可以自由地出去探险、旅游，源于生活又高于生活。在"第二世界"中最突出的创新就在于，以内容创作为主要收入来源的策略。游戏产商鼓励玩家进行自主创作，而这些作品可以在游戏中使用"林登币"进行自由的交易。同时更进一步的重大突破在于林登币与美元双向兑换机制的实现。这使"第二人生"中的虚拟商品具备了现实价

---

①　Metaverse Real Estate isn't Really Land — It's a "Risky" Crypto Asset That's Nothing Like the Physical Thing，*Business Insider India*，https://www.businessinsider.in/tech/news/metaverse-real-estate-isnt-really-land-its-a-risky-crypto-asset-thats-nothing-like-the-physical-thing/articleshow/89164213.cms.

②　https://www.cnbc.com/2022/01/12/investors-are-paying-millions-for-virtual-land-in-the-metaverse.html.

③　https://loterrybajar.com/5-problems-with-buying-land-in-the-metaverse-risks-of-buying-land-in-the-metaverse/.

值，玩家在游戏中创作的内容也真正具备了现实意义，"玩中赚"模式已经有了实际应用。许多线下的企业进入游戏中创建线上宣传和交易场所，高校也在其中开启教育中心和实验中心，一切发展都在预示着"第二人生"正在逐渐走向"第二世界"。但是"第二人生"最终还是衰弱了。究其原因，"第二人生"对于消费者的效用满足太过狭窄，只满足消费者逃避现实世界的娱乐需求是很难以维系消费者长期待在虚拟世界中的。另外，玩中赚的模式虽然存在，但是门槛过高，少部分具备创作才能的人垄断了大部分的收益，对于其余消费者来说依靠游戏赚钱并不现实。虚拟世界的操作体验并不好，许多玩家在一次尝试之后并不愿意投入大量时间、精力去学习其中复杂的游戏机制，并且在当时虚拟世界的接受度并没有那么高，人们不会因为拥有虚拟世界里的某个地产或者稀有的商品而从其他人身上得到炫耀性的心理满足。同时，"第二人生"所面对的监管问题一直都是其软肋。

从"第二人生"中，能够学习到的是，虚拟商品要避免对消费者单一的效用满足，娱乐以外的社交满足、工作、地位显示、投资满足都是虚拟商品应该发展的方向，并且元宇宙的虚拟商品在区块链及 NFT 机制的限制下具备这样的可能性。另外，要赋予虚拟商品更强的产权归属性，让创作者真正拥有其作品的拥有权和处分权。同时要重新设计内容创作的激励机制，降低内容创作的门槛，让普通消费者也有机会设计自己独有的虚拟商品获得奖励。在现阶段虚拟商品不能放任其金融属性的发展，投机制造的泡沫对消费者是重大伤害，对元宇宙及虚拟商品同样是毁灭性的打击。因此，应该降低虚拟商品上的投机性，强调虚拟数字藏品的概念，加强其投资价值。2021 年 6 月 23 日，支付宝联合敦煌美术研究院基于 NFT 技术设计并限量发售的"敦煌飞天"和"九色鹿"付款码皮肤就被投机分子炒到上百万元的高价。这已经是"击鼓传花"

游戏的开始，但是支付宝及时更新用户服务协议，禁止任何未经权利人许可的 NFT 商业用途，严禁炒作、场外交易等操作。10 月 23 日，蚂蚁链进一步确认，反对数字藏品的金融产品化。10 月 31 日，国家版权交易中心联盟牵头发布《数字文创产业自律公约》，强调防范投机炒作和金融化风险，坚决抵制任何实质发行和炒作虚拟货币的行为。这是对虚拟商品泡沫化的一种有效清除方式。元宇宙的发展需要金融资本的参与和支持，并不需要金融资本带头的金融炒作制造泡沫和庞氏骗局进行割韭菜行为。

大浪淘沙，去芜存菁。虚拟商品和元宇宙还处在发展的初始阶段，在这个阶段并不需要太多的金融操作，控制虚拟商品的金融化是有效控制泡沫的方式之一，过早金融化只能导致元宇宙的早夭。元宇宙的长期发展并不明朗，但是已经值得我们报以足够高的期待。元宇宙是现实的扩展，是虚拟与现实结合发展的未来，这是可以预见的趋势。在这个意义上，元宇宙的地产并不会成为下一场庞氏骗局。阿尔祖·阿尔万（Arzu Alvan）指出 [1]，"当许多人接受该价值或资产时，通常会产生价值。例如，如果比特币不被许多人接受作为一种持有价值的手段，它今天就不会存在。如果元宇宙被很多人接受，就可以巩固自己的地位，实现上述的可能性。在我看来，这不是一种遥远的可能性"。

第七节　虚拟地产：对物理世界的启示及影响

元宇宙，或者虚拟地产发展的另一个问题，就是其对物理世界房地

---

[1]　Arzu Alvan, The Metaverse and its Possible Economic Impacts，https://arzualvan.com/the-metaverse-and-its-possible-economic-impacts/.

产可能带来的影响。

事实上，自数字经济发展以来，其对产业空间、城市空间的影响就饱受关注。从本质上看，城市只是随着工业化进程而产生的一种新的空间发展形态。尤其是在中国，随着城市化的进程，产生的一个后果是房价的飞涨。城市房价的飞涨从根本上取决于两个因素：一是城市的公共服务体系及其他服务体系，包括医疗、卫生、教育、娱乐、购物等，这使城市生活的便捷程度远超农村，大城市远超中小城市；二是城市的就业机会，城市作为产业集聚中心，使其就业机会更多。

元宇宙解决了传统生产要素依赖于物理成本的问题。由于互联网跨越时空的特点，这使元宇宙能够在某种意义上跨越各个地区因为地理区位、交通条件、基础设施等方面的差距，从而获得相同的发展机会。但是，一些实证研究表明，网络媒体的早期主要受益者是在城市地区，因为最高质量的在线内容是在城市地区制作的。这可能是与萨维奇和沃尔德曼（Savage 和 Waldman，2009）发现，城市居民支付宽带费用更高的原因之一。福尔曼等（Forman 等，2012）的研究结果表明，富裕城市是商业互联网的主要受益者。城市和大公司的企业互联网采用率较高，但与城市或大型公司相关的优势互为替代。受益的机制取决于集聚效应，特别是当地劳动力市场的熟练工人的集聚水平。

但是，随着互联网深入发展，尤其是一些偏远地区网络基础设施的进步，互联网跨越时空的效应进一步发挥出来，这有利于一些物理条件较差的区域。安杰姆和提瓦里（Anjum 和 Tiwari，2011）指出，电子商务为欠发达国家提供了独特的机会，从而在内部和外部大大拓展市场。在外部，互联网和其他技术可能允许低成本的国际贸易，即使对于小型的本地企业也是如此。在内部，许多被视为"边缘化"和"没有银行账户"的公民可能获得负担得起的金融服务，因此可能更容易参与社会经济的各个方面。克莱尔·华莱士（Claire Wallace，2012）提出，信息和通信技术（ICT）开辟了新形式的关系和参与的可能性，这些形式构成了现代社会的社会性的一部分，发展中国家已经能够"跨越"数字技术的发展，例如，非洲在移动电话普及方面，与更先进的国家之间的差距非常小。移动电话的使用是因为它们能够绕过早期的、增长较慢和更不平衡的技术，例如固定电话系统，这些技术因为需要大量固定资产投资而不能普遍提供。迈克尔·塞勒（2013）也同样指出，移动智能技术对发展中地区的作用远大于对发达国家，能够帮助印度、非洲等发展中地区跳过资本密集型基础设施投入，快速融入当今移动大潮。而发达国家则必须首先替换已有的基础设施才能使用新的移动智能技术，从而处于劣势。对于有些地区，移动终端设备是当地居民第一次看到的真正的基础设施，并且已经因此而受益。

　　元宇宙的发展，除了对城乡之间的产业布局带来影响之外，还可能对城市空间布局带来影响。1989 年，社会学家曼纽尔·卡斯特（Manuel Castells，1989）提出了"流空间"（Space of Flows）的理论，并给出其动态化空间的概念。其中对流空间中各种流，特别是信息流的研究则成为寻找流空间特征的重要途径。对于卡斯特而言，这个空间是建立我们社会的新事物，流空间意味着物理空间不再被认为是绝对的，而是与数字维度融为一体。之后，卡斯特在其《信息时代》三部曲中，对流空间以及其对信息时代的空间影响进行了更深入的研究。元宇宙快速发展，形成了一个新的虚拟空间，这个空间与物理空间联动，对社会经济空间布局发生了极大影响。美国经济地理学家科特金（Kotkin，2010）认为，信息时代，重要的资产已不再是自然资源，而是获得高技能劳动力——尤其是科学家、工程师及其他主导新经济的专业人士的能力。因此，经济空间形态必然发生剧烈的变化。布拉纳特（V. I. Blanuts，2019）研究了数字经济对俄罗斯经济地理变迁的影响。中国的一些学者（如修春亮，2020）沿袭卡斯特的研究，对信息技术与中国城市空间布局进行了研究。

在 20 世纪，由于政府对城市空间的强力介入，城市空间很大程度上是规划的结果。以公共交通为导向的开发（Transit-Oriented Development，TOD）成为规划城市结构形态的主流思想。基于以公共交通为导向的开发思路，城市空间形成了点轴模式、带状模式、放射模式、环状模式、组团模式和网络模式 6 种主要空间扩张路径。在 20 世纪下半叶，精明增长（Smart Growth）成为一种具有影响力的思路，其核心是限制城市地区的地理扩张（蔓延），并使它们更紧凑（更密集）。这些城市空间扩张路径强调通勤时间与职住均衡，但在实践中往往难以达到理想状态。通过限制城市扩张来提高生活质量，被视为信息时代城市竞争力的关键。伊冯·奥迪拉克（Ivonne Audirac）和詹妮弗·菲茨杰拉德（Jennifer Fitzgerald，2003）对信息技术与城市空间的相关研究做了一个早期而重要的综述。从整体上看，研究信息技术与城市形态之间协同作用的文献不仅指向某些经济活动的潜在集中，而且还要研究郊区发展、社会空间隔离和交通拥堵等方面的问题。

在互联网发展之初，有经济学家和城市学家设想，数据是数字经济最重要的生产要素，数据可以在赛博空间里无重力流动，因此，数字经济将使城市空间呈现扩张趋势，从而减轻城市中心区的压力。但在具体的研究成果之间，也存在不少争议。科特金（Kotkin，2010）指出，信息时代，乡村的价值将重新得到重视。信息时代的乡村中心或称为"瓦尔哈拉"（Vallha）。伊冯·奥迪拉克（2005）认为，信息技术对城市空间形态的影响是双重的，发生了城市分散和区域集中化的现象。一种可能的形态是通过高速交通和数字网络相互连接的 ICT 集聚区域，从而形成多中心的网络式城市模式。但是，一些实证研究却表明，数字经济对城市空间变迁的影响可能没有想象的那么重要。数字房地产（Digital Realty），于2021年发布的"数字重力指数"（Data Gravity Index，DGI）表明，主要的全球城市将继续以更大的规模成为数据引力的焦点。最大的数据存储区位于伦敦、东京、纽约、巴黎、北京和硅谷。

　　而元宇宙的来临，使原来依赖于物理空间的教育、医疗、金融、信息、创意等很多产业都可以在这个虚拟空间中完成，从而会对原来高昂的物理空间价值带来影响。可以想象，在元宇宙教育成为一种普遍的行为时，当前被炒到高价的学区房，其价值能否还会延续？当医疗、购物等都通过元宇宙来完成时，当前居住价值并不大的城市中心老旧小区的房价能否延续？这些都是值得进一步研究与探讨的问题。因此，元宇宙房地产的兴起，可能对物理世界房地产带来极大的影响。

　　科特金指出，火车、电报、钢铁、电灯和汽车这些现代文明的原动力，不仅创造了巨大的新财富，而且在从英国中部到美国中西部这些以往死气沉沉的地区创造了一大批新城市。

　　这推动了工业文明时代城市的崛起，带动了城市房价的高涨，从而推动了房地产业的快速发展。卡洛·M.奇波拉主编的《欧洲经济史》第三卷《工业革命》中，曾描述了房地产业发展的情况。作者指出，"几乎任何地方，每当工业化开始加快步伐，就感到住房短缺"。而且，由于房屋建设的步伐跟不上需求，使房租等价格也快速上涨。具体的研究数据表明，"在19世纪期间，一些势力联合起来抬高房租，收入中花费在房屋上的比例日益增加，在英国年房租大约占总消费开支的5%；1851年增至8%；1901年增至9%。而且，非常明显的是，正如施瓦布所论证的，'房租支出的比例随着收入的降低而增大'，一本维多利亚女王时期的手册指出，在英国，250 英镑年收入的 10% 要用来付房租，而收入更少的人则要把自己收入中的更大比例用来付房租。年收入为 125 英镑者，要付约 25 英镑的房租(1/4—1/5)，而年收入大约为 40 英镑者，则要付大约 6 英镑 10 先令房租，或自己收入的大约 1/6"。布罗代尔通过研究欧洲 16 世纪及 18 世纪的物质生活之后发现，"欧洲没有一个城市的金钱不向邻近的土地漫溢。城市越大，涉及的范围越广，任何障碍都阻止不了城市财主们的扩张。不但在近郊，他们还通过订立契约，向很远的地方发展：请看热那亚商人，他们于 16 世纪在遥远的那不勒斯王国购买领地。在 18 世纪的法国，不动产市场遍及全国；人们在巴黎可以购买布列塔尼的领地和洛林的土地"[①]。麦格劳也指出，直到现在，在房地产开发上发迹的美国人远比在其他方面发财的人要多。但是土地只能算是美国资本主义发展道路上的第一站[②]。

到了后工业化时代，人们开始远离城市中心区，美国呈现出明显的郊区化趋势；高科技时代最显而易见的赢家是新的外围社区，科特金称之为高端郊区（Nerdistan），即设备齐全的高档郊区，其兴起是为了满足新兴高科技产业及其工人的需要。这些都导致了城市中心区的衰落。而元宇宙的来临，又会给物理世界的房地产带来什么的影响，是需要更深入研究的课题。

---

① ［法］布罗代尔：《十五至十八世纪的物质文明、经济与资本主义》（第 2 卷），顾良、施康强译，生活·读书·新知三联书店 2002 年版，第 256 页。

② ［美］麦格劳：《现代资本主义：三次工业革命中的成功者》，赵文书、肖锁章译，江苏人民出版社 1995 年版，第 335 页。

第四篇　元宇宙：监管与治理

第九章　元宇宙的治理与监管

　　元宇宙是一个与现实物理世界有着直接联系的数字虚拟空间，这个空间既有虚拟空间的特点，也会反过来对物理世界带来影响，从成瘾到犯罪，再到个人隐私保护和安全，以及可能存在的各种政治问题等，都会出现在元宇宙中。这需要在一开始时，就设计元宇宙的治理架构及机制，从而为其进一步发挥作用奠定基础。因此，要加强元宇宙相关法律的发展，谨慎识别两个世界中的差异性，针对元宇宙世界独有的特征对现行法律进行调整、适配。国务院于2021年12月12日印发的《"十四五"数字经济发展规划》中明确指出"要健全完善数字经济治理体系，强化协同治理和监管机制，规范数字经济的发展。探索建立与数字经济持续健康发展相适应的治理方式，完善政府、平台、企业、行业组织和社会公众多元参与和有效协同的数字经济治理新格局"。这为建立元宇宙的治理与监管体系提供了规范性指导。

第一节　元宇宙的治理机制

一、元宇宙两种治理架构

　　对于元宇宙的治理机制，很多人提出了两种基本前景（Nabben,

Kelsie，2021）：一种是私有化、集中化的治理机制，像今天的互联网一样，由大平台控制了人们在元宇宙中"社交、学习、协作和娱乐"，这也是脸书的"元"平台正在做的事情；脸书正在以天秤座计划（Libra，现更名为 Diem）进行区块链和加密货币的试验，并利用 NFT 来表示和交换数字资产。美国《大西洋月刊》的执行主编阿德里安娜·拉弗朗斯给予了非常尖锐的批评。她犀利地指出，脸书与其说是个网络出版商、社交平台、公司或程序，不如说是一个"国家"。在元宇宙概念出现之后，人们对其治理架构进行讨论时，大多对中心化的元宇宙治理机制持否定态度。例如，应用商店"交易税"（如苹果税、谷歌税），增加了交易成本。

另一种是基于去中心化技术架构，将元宇宙构建为一个去中心化自治组织（Decentralized Autonomous Organization，DAO），可以在不依赖外部资源的情况下集体协商、资助、建设、维护和复制。"去中心化"一词仿佛是元宇宙的孪生兄弟一般，随着元宇宙的兴起便一直形影不离，一直是一些技术专家的梦想，也承载了部分人的乌托邦思想。这种架构基于开放、可互操作的区块链技术，强调社区成员参与自治，维护系统的运行。一个匿名的加密社区成员最近发布了一份联合签署的"网络空间相互依存宣言"（Declaration of the Interdependence of Cyberspace），该宣言建立在约翰·佩里·巴洛 1996 年发表的著名的"网络空间独立宣言"基础上，强调通过社区成员自己构建元宇宙，并集体拥有它。在去中心化金融（DeFi）中集成了一套 NFT 系统，用于支付和交换。例如，分布大陆是第一个完全去中心化的游戏世界，分布大陆由去中心化自治组织控制，去中心化自治组织拥有分布大陆最重要的智能合约和资产。通过去中心化自治组织，社区成员可以决定并投票游戏世界运行的方式。

为什么元宇宙的治理机制中如此强调"去中心化"的架构呢？这与早期元宇宙试验在中心化架构中遇到的难题有关。

我们先从最广受关注的游戏"第二人生"开始谈起。2003 年林登实验室所发布的这款游戏为元宇宙的未来描绘了一定的现实可能性图景。这款游戏曾经轰动一时，受人追捧，里面的经济体系也初见成效，虚拟物品第一次有了现实价值的映射。但是这一切都在 2006 年改变了，这一年林登实验室强制要求所有游戏用户提供信用卡或者贝宝（paypal）账户，而没有提供的用户账户因此被封禁。这意味着，林登实验室有随时剥夺你在"第二人生"中一切"财产"的权力，并且他们也真的这么做了。这就让"第二人生"失去了其无限的可能性，一个被"造物主"所操控的世界是极端不稳定的，"造物主"们在构建完世界体系后就不应该有继续操控的权力，否则用户的一切努力都随时会被抹杀，这对于致力于成为人们寄予无限的第二世界变得令人无法接受。数字资产是否真正具备价值，稀缺性不是唯一的条件，可信、可靠、受规则保护、真正具备排他性权利的资产才是真正的资产，这个排他性权利要包括排斥元宇宙的"造物主"。

在工业化大生产的时代，法人企业代表着先进的生产形式以其标准化的生产、专业化的管理、规范化的制度加上以有限责任制和股权制度为代表的风险分担机制等共同创造的优势打败了传统的家族式企业以及小作坊生产，将人类带入了快速发展的工业时代。而任何事物、任何组织形式都不可能适应所有的时代，也没有任何组织形式只有优势而没有短板，一切都只是产出与成本之间的衡量而已。法人企业为人类发展提高生产率的同时也催生了垄断巨头这样的畸形存在，富可敌国并不是一个夸张词，从早时期的沃尔玛商业帝国，到如今的互联网巨头林立的亚马逊、谷歌，国内的腾讯、阿里巴巴。2022 年 1 月 3 日，苹果公司成为全球首家市值突破 3 万亿美元的公司，以世界各国当年 GDP 计，苹果公司已经是全球第五大经济体。3 万亿美元的苹果公司能做什么，谁也无法知晓，但是这样体量的一个巨无霸企业所具备的影响世界的能力却是真真切切。在步入数字化的未来中，企业巨头在数字世界被技术和数据垄断能力会进一步放大，如果不加以限制，商业帝国在元宇宙世界中成为实质意义上决定元宇宙居民财产甚至"人身"权利的大独裁者。

元宇宙想要真正成为人们的"第二世界"，就要谨防出现可以操控一切的中心化集权组织，而去中心化是值得关注的可行道路。

正如我们在前文中所提出的，元宇宙正在成为 Web 3.0 架构之上的一种重要应用。而 Web 3.0 正是一种去中心化的网络架构。以太坊的联合创始人加文·伍德在《我们为什么需要 Web 3.0？》一文中提出，中心化的组织结构最终都会无法维系，依靠政府也无法完全保障所有人的利益。而当前的互联网形式就是典型的中心化组织形式，这种中心化形式的互联网从最初设计上就是有残缺的。财富、权力、舆论、数据、影响力等，一切都掌握在极少数的人或者大企业中，而这些互联网巨头通过大数据累积和分析对我们每个人的了解甚至超过了我们自己。互联网巨头对人们生活的影响也逐渐走到了"控制"的程度。网络中立在 Web 1.0 和 Web 2.0 时代已不存在，而且这种技术带来的天然垄断如果不加以限制的话，在进入数字时代会更加变本加厉，近两年备受关注的大数据杀熟的价格欺诈行为就是这个"潘多拉魔盒"的一角。而在 Web 3.0 时代去中心化为其核心，没有哪个组织或者企业对这个网络本身包括用户在网络中行为产生的数据、创造的内容等具备所有权，更不能依靠产生于用户的数据反过来对用户进行独特定价，搞价格歧视，剥夺消费者剩余，攫取超额利润。

如前所述，在 Web 3.0 时代，用户可读、可写、可拥有。在去中心化的架构使用户可以自己掌控自己在虚拟空间中的账户，包括与账户有关的所有操作数据。浏览记录、购买记录、创作内容，用户的行为不需要中间机构来传递，用户的数据也不会被某机构所垄断。去中心化的 Web 3.0 为打破 Web 2.0 时代互联网垄断巨头掌控一切的局面提供了一条可行的解决道路。

二、去中心化自治组织治理架构的基本特征与分类

建立在 Web 3.0 基础上的去中心化自治组织是当下元宇宙中在去中心化建设道路走得最远也是最具可能性的一种组织形式。在致力于打破数字极权和技术垄断的 Web 3.0 时代，去中心化自治组织的一切规则都在体现着去中心化，在这样一个组织中没有一个自上而下的管理者，或者说每个人都是共同管理者。所有参与者都可以获得自己的一份投票权，共同的利益促使着组织中的个体通力合作实现共同的目标。与工业化生产为基础时代不同的是，数字世界中强调社区的概念，与现在的亚文化群体类似，社区中的人因为相同的兴趣爱好而聚集，有相互认可的共同价值，交流紧密，不断自我产出内容来促使社区氛围的稳定和进一步发展。在这样一个小环境中，去中心化自治组织的出现为社区的发展奠定了发展基础。

从本质上看，去中心化自治组织的核心是一个由一系列智能合约管理的组织，这些智能合约使组织能够自主运作，而无须核心中介或权威机构。智能合约是在区块链上运行的一组计算机代码，当满足特定条件时，它会自动执行预先确定的交易。代码和其中包含的协议允许全球匿名、独立的各方执行无须信任的交易和协议。

去中心化自治组织的特征有：

一是以区块链技术为基础，以智能合约协议为标准，需要社区全体成员共同决定才能修改的底层代码规则取代了可以被少数权力掌控者改动的法律成为保障社区成员利益的有效手段。在去中心化自治组织的机制之下，信任变为一件成本更低的事情，因为没有人能够在本人不知情或者不同意的情况下伤害其利益。

二是在去中心化自治组织中，参与者既是所有者，所有人都可以在建设去中心化自治组织的过程中获得激励的同时掌握自己的一份权力。去中心化自治组织的发展能够为所有参与者提供长远的利益，所有人能够共同享受劳动成果，而不是如 Web 2.0 时代多数人参与少数人受益的机制。

三是在去中心化自治组织中，底层代码都是公开的，可溯源的，每一个社区参与者都可以获得该社区的所有信息，解决了信息不对称带来的一系列问题。

四是去中心化自治组织中资源可以自由流动，所有人都可以自由进出任何一个去中心化自治组织，转换成本极低，每个人都可以凭借自己的兴趣爱好及个人专业能力找到最适应的社区，最大化发挥个人才能。对于去中心化自治组织来说，社区内的成员也更容易因为共同的志趣而达成同样的目标，为社区的长远发展奠定了一个稳定的基调。

五是去中心化自治组织不需要某个少数群体来为大众做决策。参与社区建设的所有人都共享去中心化自治组织的管理决策权。真正实现共同建设，共同管理，共同所有，共同受益。同时建立在区块链技术上的去中心化金融体系如 DeFi 为社区所有参与者获得建设社区的激励以及价值交换提供了途径。

建立在区块链基础之上的去中心化自治组织虽然有了去中心化的底

层技术支持，但这不代表去中心化自治组织就能够真正实现去中心化。智能合约的出现是对这一个实际的进一步保障。智能合约协议之下一切规则及数据对外都可见，所有的交易过程也是公开的。这就支持了去中心化自治组织社区之中的交易可以在没有第三方的情况下进行交易，并且这些交易可追踪但不可篡改。由代码确定的规则取代了人来制定规则，作弊行为最大化地被规避，信任问题也就有了基础。这种公开、透明、开放的基调促使去中心化自治组织生态能够长远发展并走向繁荣。这种独特的架构，使去中心化自治组织获得了快速增长。根据去中心化自治组织分析机构深度的（DeepDAO）的数据[1]，在过去的三年里，去中心化自治组织社区管理的资产从 4 亿美元增长了 40 倍，达到惊人的160 亿美元。此外，去中心化自治组织的参与成员从 13000 人增加到160 万人，增加了 120 多倍。

在法律上，已开始有立法对去中心化自治组织进行规制了。2021年 3 月 17 日美国怀俄明州通过了全球首个去中心化自治组织法案，《怀俄明分布式自治组织法案》（Wyoming Decentralized Autonomous Organization Supplement），旨在明确去中心化自治组织的法律地位。法案规定，怀俄明州有限责任公司法案适用于去中心化自治组织，这相当于明确去中心化自治组织具有有限责任公司(LLC）的法律地位。而且，法案规定，去中心化自治组织以智能合约的方式进行治理[2]，与人工治理同样可行。这意味着以算法为代表的技术治理在法律上得到了认可。因此，智能合约所明确的各主体之间的权利义务，是具有法律效力的。这个法案的出

---

[1]　What are DAOs?: The Future of Organizations - FiO，https://www.fio.one/2022/01/17/what-are-daos-the-future-of-organizations/.

[2]　该法案规定："除非组织章程或运营协议中另有规定，否则去中心化自治组织的管理应归属于其成员（如果由成员管理）或智能合约（如果通过算法管理）。"

台具有重要的意义，这意味着物理世界的法律对虚拟世界治理机制的认可，在某种程度上是认可虚拟世界中"代码即法律"。

现阶段去中心化自治组织的治理主要分为链上治理和链下治理。链上治理强调完全的去中心化管理，所有的操作都由社区的参与者进行投票、进行决策并实施，参与者的投票结果直接决定智能合约的内容，并且依据这些合约内容由系统自动执行代码，对社区进行管理、变革和发展。这个过程不受任何社区外的群体影响，也不会被社区内部的少数群体主导投票结果，真实体现社区中多数人的意愿。由于链上治理现阶段决策速度较慢，投票手续费或者说交易费用高昂的困境。链下治理是这个阶段主要采用的方式。链下治理社区用户指通过各类工具的使用，实现社区与开发团队的权力制衡。用户在链下进行投票，达成共识，然后将投票结果存在链上的去中心化存储于网络之中，从而保证了客观性、不可篡改性。社区的通证持有人对投票结果进行备案，并监督项目执行成员的行为。而社区的开发团队则根据投票结果进行社区治理，或者项目建设。

去中心化自治组织的发展如火如荼，现在已经初步形成了几种较为典型的去中心化自治组织社区。

一是协议型去中心化自治组织，这种社区通过发行项目通证，为社区的开发提供了金融融资工具，并且在这个过程中逐步将权力从开发团队转移到社区建设者手中。项目的通证不仅具备收益的作用，同时代表着对社区的管理权力。现阶段的协议型去中心化自治组织主要用来建立去中心化金融社区，代表性的有统一转换试验室（Uniswap）、制造者去中心化组织（Maker DAO）等。

二是投资型去中心化自治组织。该社区的目的是为社区成员带来投资回报。社区内成员共享信息，共同投入资金，共同进行投资决策并且共担风险。投资型去中心化自治组织的运行需要协议型去中心化自治组

织完善的基础上才有可能实现。具有代表性的有比特去中心化自治组织
（BitDAO）。

三是捐赠型去中心化自治组织。这种去中心化自治组织是最早出现
的，通过协议获取成员捐赠，并且共同投票决定资金的使用方式，参与
成员的目的大多是保障去中心化自治组织的长期发展而不是单纯出于资
金回报。捐赠型去中心化自治组织关注的是去中心化体系中更为基础的
项目，在元宇宙生态有着至关重要的作用。但是问题就在于这样的去中
心化自治组织难以评价其价值，就如同现实世界中基础理论发展难以单
纯用投资回报率或者技术可行性等简单的评价方式进行评判。代表性的
有快照（Snapshot）、复合捐赠（Compound Grants）等。

四是劳动匹配型去中心化自治组织，该项目的目标是在探索数字世
界中如何实现劳动力和工作岗位的有效匹配。参与在去中心化自治组织
中付出劳动，获得通证奖励，成为社区治理的一分子。这是一种新的劳
动价值交换模式，人们在为去中心化自治组织付出的劳动最终都会自己
受益，这改变了工业生产时代拥有生产资料的资本家获取所有剩余价值
的模式。

五是信息渠道型去中心化自治组织。该项目的目的是让所有人都可
以参与到信息的传播渠道之中，每一个在去中心化自治组织中的个体都
可以浏览该社区中的信息和往期决策记录，他们也可以通过创作内容来
获取社区的奖励，这种奖励同样具备治理权力。代表性的有无银行去中
心化组织（Bankless DAO）。

六是社交型去中心化自治组织。这种社区更像是线下的俱乐部形
式，通过一定的前置条件将一部分满足相关资质和条件的人聚集在一
起，他们在社区内进行自由的交际。与线下俱乐部不同的是，这种去中
心化自治组织没有一个确定的组织者，所有人都是组织者，共同参与去

中心化自治组织的运营和发展。

在现阶段，去中心化自治组织的发展还是初始阶段。社区用户的自主治理理念并没有成型，绝大部分拥有治理权的用户并没有行使其手上的权力。也就是说，有去中心化之名，但实际上还是由少部分人愿意参与，愿意参与治理的人替全体社区成员做了决策，中心化程度仍然很高。同时，去中心化自治组织的规则是建立在代码基础之上的，虽然排除了人的主观作弊可能性，但是代码就会有 BUG，一旦重大 BUG 出现就会造成巨大的、难以挽回的经济损失。2016 年 The DAO 的项目被黑客发现智能合约中的漏洞，成功盗取了用户的资金。针对这次黑客行为，以太坊（ETH）社区强行把智能合约进行了修改，此次强行修改历史账本的操作被称为硬分叉，也因此将以太坊分为了两条链，以太经典（ETC）和以太坊，其中以太坊被一部分人质疑其违背去中心化自治组织的去中心化本质。

三、元宇宙与去中心化自治组织架构：契合性与批评

元宇宙要成长为承载人们精神寄托的"第二世界"，就必须解决权力集权和资源垄断的问题。数字化的世界规则的制定与执行有更多的机会交由大众决定，需要付出的成本并不像现实情况中那样不可实现；相反，集体决策的成本低廉。每个人都应该得到自己劳动的回报，这种回报在现实生活中仅仅得到了一部分劳动收入，并不能获得所有权。在没有所有权的数字世界，数字资产的产权也就无从谈起，所有权与治理权才是数字资产的核心保障，否则数字资产的价值永远都是镜中月、水中花，随时都会被开发团队所收回。去中心化自治组织作为去中心化体系的代表性形式，在元宇宙的世界里重新调整的组织制度和权力结构，改

变了庄家通吃的分配制度，参与者成为所有者，共享权力，共得收益，使元宇宙的世界更加扁平化、高效化，一个更为均衡的新社会形式正伴随着元宇宙的发展而萌芽。

然而，去中心化自治组织这种新的组织形式，也面临不少批评。

一是决策参与度低，中心化程度高。在绝大部分去中心化自治组织中，用户参与治理的意愿都偏低，决策依然很中心化；目前大众参与治理程度较低，决策较为中心化。根据去中心化自治组织数据分析机构深度的数据，投票用户与去中心化自治组织参与者的数量往往差距较大，例如统一转换试验室（Uniswap）的总用户数是投票人数的 200 多倍，比特去中心化自治组织的投票用户数只有总用户数的千分之一。这反映了参与治理的门槛依然较高，对于普通用户来说参与治理的意义有限，以及去中心化自治组织的决策掌握在少数人手中。

二是安全与监管风险较高。由于去中心化自治组织的规则完全依赖于代码实现，当重大缺陷（Bug）出现时，会造成巨大的经济损失，往往还很难事后追溯；同时，部分去中心化自治组织通证（DAO Tokens）表现出很明显的证券特征，有较大的监管风险；2017 年美国证监会在一份调查报告中明确提出，去中心化自治组织通证是一种美国法律意义上的证券[1]。这样，去中心化交易及监管缺失，使去中心化自治组织中的交易，容易脱离现有国家的法律管制，从而陷入无政府主义状态。

三是去中心化自治组织在现实中难以实现。很多批评者认为，去中心化自治组织机制最终可能会产生更多的看门人。还有人指出，如果虚拟世界要拥有真实用户的真实产品，它必须支持统一、集中的体验。这

---

① SEC.gov，SEC Issues Investigative Report Concluding DAO Tokens, a Digital Asset, Were Securities，https://www.sec.gov/news/press-release/2017-131.

些永远不可能真正开放，考虑到近几十年来技术行业平台、体验和产品的发展历史，可以看到很多大平台正在成为元宇宙领域的发起者，这本身就是一种讽刺①。

人类最早的较为成熟的去中心化民主投票自决模式甚至可以追溯到被恩格斯称为"最纯粹、最典型"国家形态的雅典民主。古雅典的民主制度的本质就是主权在民，其主要治理机构包括公民大会、五百人议事会和民众法庭。这三大权力机构均对成年的全部雅典公民开放，在这些权力机构中每个人都可以参与任何与国家发展有关的事宜，包括关于宣战、制定法律、决定财政开支，以及法律的执行与审判等，每个公民充分享有民主参与权与投票表决权。这一系列制度安排是否很像去中心化自治组织社区的去中心化架构？但是这样的民主自决带来的并不是完美的国家发展模式，在雅典就曾发生过因为民主自决从而作出了令人难以理解的决定。公元前406年阿吉纽西战役中，雅典海军在阿吉纽西战役中打败斯巴达人。政客却以阵亡将士尸首未能及时收回为由，对10名海军将领提出诉讼，公民大会判处其中9人死刑。之后不久，雅典遭受外敌入侵时，由于缺乏杰出将领而导致雅典舰队全军覆没。更为广为人知的案例是苏格拉底被雅典民主投票处死，一个伟大的哲学家、思想家最终因为思想罪被民众判处死刑。这就是某种意义上的"乌合之众"，"群体理性"有时并不值得信任。

同样，对去中心化有效性的怀疑来自经济学。博弈论中的囚徒困境模型告诉我们，对于个人来说的最优选择，却没有实现整体的帕累托最优，反而会使整体陷入非理性，造成整体利益的损失。去中心化自治组

---

① Stefan Brambilla Hall，Cathy Li，Metaverse:How will Businesses Monetize it in the Future? *World Economic Forum*，https://www.weforum.org/agenda/2022/02/metaverse-monetization-business-guide/.

织中的每个参与者根据自身利益最大化作出的选择会不会是另一种"囚徒困境"也未可知。

再回到去中心化的目的，我们需要的并不是一个完全去中心化的世界，我们需要的是一个公平而具有效率的世界，在这个世界中每个人的切身利益都能受到良好的保护，每个人的权利都能得到良好的行使。一个既杜绝了"垄断者"也杜绝了"独裁者"从而让所有人获得自身全部劳动价值的世界，而这样一个世界的存在必不可少的是一个完善、客观、有效运行的监管体系。

第四，为了去中心化而去中心化。应该看到，利用去中心化自治组织来治理元宇宙，要面临的风险挑战还有很多。去中心化的体系需要的不仅是去中心化组织形式，去中心化身份、去中心化金融体系、创作者经济体系、去中心化计算／边缘计算都需要大量的实践才能得到完善。去中心化为个体带来了决定社区发展和影响自身切实利益相关决策的权利，从元宇宙建设的一开始我们便对去中心化架构寄予厚望，将其看作元宇宙中打破巨头资本垄断、技术壁垒和数据极权的最好方式。但是我们更需要认识到，元宇宙中的去中心化更多的是一种保证公平和利益分配的手段，而不是为去中心化而去中心化，我们要时刻记得，去中心化并不是万能灵药。

最重要的一个问题是，在中心化与去中心化的平衡之中，国家如何对其处置。去中心化的元宇宙仿佛天然不需要国家政体来进行自上而下的管理与监督，一切问题都可以由社区群体投票自决决定。但是实际上，如果没有一个具备强制执行能力和惩戒作用的组织结构承担元宇宙运行的保障者角色的话，社区的构建者极有可能发展为新式的"封建领主"。如今的这些大企业耗费巨资并不是真的为了人类的共同未来而无私奉献，企业的本质就是实现利益最大化，他们花费如此巨资就是嗅到了元宇宙中无限的商机。这样抱着利益最大化目的的企业和社会精英们建构的元宇宙，其唯一的目的就是怎样从普通用户身上最大化地剥夺其剩余价值。想象一下，元建立的去中心化自治组织社区真的会如他所说的一切权力都是去中心化，一切决策都是民主自决吗？谷歌建立之时便喊出了"永不作恶"的震天口号。互联网时代，我们已经窥得齐泽克所说的"企业封建主义"的一角，企业主们控制话语权、资本、生产力，打造出一个只有资本才能收益的世界。元宇宙的未来该如何治理是一个值得我们探讨的重大议题。我们的观点是，去中心化自治组织本身与元宇宙之间的契合性，在元宇宙治理中将会有较大的应用前景。当然，这种治理机制本身也会持续改进。

第二节　元宇宙的法律治理架构

元宇宙并不能脱离现实物理世界而存在，这个物理世界是元宇宙的"母体"，因此，现实世界的法律规则，应该成为元宇宙治理的基础法律框架。也就是说，数字时代生活的"双重空间"——现实物理社会和数字虚拟社会，在法律体系的适用方面不能存在着本质的差别。当然，因为互联网超越时空的特点，使主权国家的法律在元宇宙空间面临着跨法域适用等问题，这将对现实世界的法律治理架构带来挑战。

一、元宇宙的法律挑战

在元宇宙中，物理世界中的很多实质性伤害变得不重要，这给其法律应用带来了新的问题。很多学者提出，元宇宙治理中应建立"以现实物理世界为本"的"法律中立原则"①。但是，这一原则面临很大的挑战。元宇宙在本质上面临着法律管辖的问题：

第一，元宇宙本身是一个虚拟空间，其法律规则如何适用？元宇宙的发起者与建设者，都会有国籍，因此，必然受到该国的法律约束；元宇宙的参加者，大多都会跨越国界，他应该受哪国的法律约束，值得深入探讨；元宇宙相关的硬件基础设施，如网络、算力设施等，可能分布在不同的国家；而现实世界中，法律都是以主权国家为主体制定的，这些法律如何适用涉及多个国家的虚拟空间，都是需要非常复杂的国际规则来进行解决。

第二，元宇宙的法律执行，需要通过代码或者智能合约等新工具，因此，在立法、执法过程中，需要物理世界的执法主体和虚拟世界的建设者、主导者（主要是平台企业、计算机系统设计者和投资者）进行合作，这种合作机制，在现有的法律架构下，还没有形成成熟的模式。

第三，元宇宙带来了很多新的基础法律问题，需要更深入的理论研究。例如，元宇宙中虚拟化身的人格权问题、虚拟主体的财产权利问题、虚拟财产的继承问题等。这些问题在现实世界中的法律已有相应的规定，但是，这些规则能否直接运用到元宇宙虚拟空间中，还需要进一步的研究与验证。

二、元宇宙面临的具体法律问题

元宇宙正在成为我们生活的一部分，这将带来很多具体执行过程中的法律问题。

---

① 程金华：《元宇宙治理的法治原则》，https://m.thepaper.cn/baijiahao_16718904。

一是元宇宙中的身份验证问题。

传统的身份验证依赖身份证、公安部门等，便于社会管理，但由于需要中心化鉴定，也常遇到证明"我爸是我爸"的情况。而元宇宙中，依赖于加密算法来验证身份，这样会带来两个方面的问题，一方面的问题是如果系统出现重大漏洞导致个人身份被泄露或者密码被盗等情形，个人基本没有办法找回身份；另一方面的问题是加密算法在保护个人隐私的同时也可隐匿身份，这样，元宇宙中如果出现各种违法犯罪行为，很难进行追踪。如何在元宇宙中平衡隐私、身份、安全等各个方面的问题，是一个现实的法律挑战。

还有一种情况就是个人在元宇宙中完全使用虚拟身份。虚拟角色是个人为了在元宇宙中生活、交际、娱乐而创造的符合其审美偏好的外在形象。这样出于审美而精心设计形象可能会与现实世界中人物的一切特征没有任何关系，发型发色、肤色、身高体型甚至男女性别，我们该如何针对这些构造的角色进行有效的监管？虚拟角色行为所违法的法律责任是否需要延伸至现实之中？这些虚拟角色在元宇宙中的法律主体资格是否应该在现实中得到承认？在元宇宙之前，我们对虚拟角色的认知大多是一些经典文艺作品中的人气角色，如哈利·波特、漫威电影中的超级英雄等。这些虚拟角色所面对的问题也只是与版权保护相关的问题，针对这些问题，可以应用《著作权法》进行界定、监管、保护。但是元宇宙中的虚拟角色所代表的意义完全不同，他更多的是代表人类在元宇宙世界中的一个"化身"，而不只是一个单纯的文艺作品。这些"化身"上承载了更多的人格特征，代表着虚拟外表下真实的人类行为。因此对于这些虚拟角色的监管应该更多地参照对移动互联网时代相关社交账户的监管方式。在移动互联网时代，社交账号代表着一个人在互联网世界中的通行证，而这个账号的一切行为和发言都将由现实主体来承担责任。而这个账户受到其他违法侵害时，也会有相关的监管部门保障你的权益。而在元宇宙世界里，这种"角色"与背后的人的映射会更加紧密，法律中对于主体的界定应适当扩大到元宇宙的虚拟角色之中。

二是 NFT 数字资产的性质与监管问题。

元宇宙中的资产大多以 NFT 的方式存在，NFT 是用于表征数字资产（图片、音乐、视频、创意作品等）唯一的数字通证。NFT 既具有数字资产属性也具有数字消费品属性，这种资产性质，使其具有用于洗钱等非法用途的功能，也使业内存在一些假借数字文创，行炒作、诈骗之实的不规范行为。对这些数字资产的交易如何监管，是一个巨大的挑战。

在现阶段，元宇宙中虚拟财产的保护并没有完善的法律，甚至在法律意义上如何界定这些虚拟财产还没有一个定性的规定。在 2017 年 9 月 4 日，中国人民银行联合七部委发布《关于防范代币发行融资风险的公告》中第一次将比特币定义为虚拟商品，这是中国首次真正在法律意义上认定虚拟货币属于虚拟财产范畴。现在普遍对虚拟财产的保护方式有物权说、债权说、新型财产说和知识产权保护四个方面。其中物权保护可能是元宇宙中对虚拟资产的保护较为适应的方式，因为元宇宙的未来会与现实世界虚实结合，共同发展，元宇宙中虚拟财产会超过互联网虚拟空间寻常的游戏装备、账号或者其他知识产权类物品。虚拟财产在某种意义上更像是一种"物"，个人可以像处理现实之物一般对虚拟物品进行质押、抵押、物品所有权的交易，甚至与现实物品进行价值对标。当虚拟物品的产权遭到侵害时，可以更多地参照现实相关物权保护的法律关系进行保护，但是同样需要考虑到虚拟商品产权的特殊性，针对这些特点进行法律的修订、完善，在元宇宙中更好地保护数字财产安全。

在司法实践中，《民法典》第一百二十七条规定："法律对数据、网络虚拟财产的保护有规定的，依照其规定。"2020 年修改后的《民事案件案由规定》也明确增加了"网络侵害虚拟财产纠纷"，充分反映出了此种纠纷在实践中的普遍性和典型性。在最高人民法院于 2021 年发布的互联网十大典型案例中，"俞彬华诉广州华多网络科技有限公司网络服务合同纠纷案"为妥善调处网络虚拟财产相关纠纷提供了典型参考，有利于进一步提高对网络虚拟财产的保护水平。2021 年 10 月 31 日，国家版权交易中心联盟、中国美院、湖南省博物馆、安徽文交所、蚂蚁集团、京东、腾讯等机构共同发布了《数字文创行业自律公约》，但是这种非强制性的业内公约，并不具有法律约束力，对数字藏品等交易规范化只能起到引导作用。

从元宇宙中资产的交易来看，也给法治带来了新的问题。NFT 无准入门槛、无实名、公链系统缺乏风险管控机制的特性，使其不可避免地充斥金融风险与炒作热潮，但是，在现实中，关于虚拟财产的法律属性及交易机制等，立法层面尚无清晰规则。在元宇宙中与现实不同的是，现实中签订契约的方式往往是纸质合同，纸质合同的签订到履约需要同时满足各种条件，并且如果合同存在某种不合理的话随时可以中断合同的履行并且要求返还已经履行的部分财物。但在元宇宙中主要是以智能合约的形式进行交易。智能合约的特点就是以数字化契约取代社会契约，并且最终以代码履行契约而不是人来履行，这有效地避免了人的主观作弊和拒不履行的可能性。同时智能合约对于交易内容的确定性远超现行合同，现行合同方式往往会因为合同约定内容的措辞而造成许多歧义，但是在智能合约的条件下，任何操作都是明确的。智能合约的方式也并不是完美的交易方式。智能合约具有不可逆性和不可更改性，这就意味着无论智能合约是在何种情形下签订的，其一旦履行就没有机会更改和反悔。这对不平等的合约是不利的。同时，有代码的地方就会有缺陷（Bug），一旦缺陷发生，合约的履行就不会按照原定方式进行，甚至交易处理顺序的变化都会影响智能合约的执行结果。智能合约生态系统上的所有代码理论上都是公开部署的，因此无法阻拦任何人的访问，黑客也会试图寻找该合约的代码漏洞从而进行攻击，单方面对合约进行更改获取交易对象的财物。因此，我们需要法律来监管交易的进行，从公平性的角度进行审查、追踪，同时确保智能合约结构下交易的顺利执行，一旦发生意外情况，法律就要承担兜底作用，保障双方的利益。

三是元宇宙"游戏"及运营主体的监管问题。

元宇宙是游戏又不是游戏，元宇宙中，既可以社交，也可以工作，还可以创作，其功能已远远超过了游戏的范畴，以"罗布乐思"为例，其社交功能日益明显，很多玩家都利用该平台进行聊天、社交、创作，这样，虽然该平台被称为游戏平台，但很难说是一个游戏平台。在我国，游戏具有严格的监管措施，如防沉迷、版号管控等，这些措施，能否应用到元宇宙领域，需要有法律明确规定。

从目前发展态势来看，元宇宙的建设主体还是以大平台企业为主，从事电信经营业务的元宇宙平台公司应当严格遵循《电信条例》《电信业务经营许可管理办法》的相关要求，依法申请办理电信业务经营许可证。提供区块链信息服务的元宇宙平台公司应当依照《区块链信息服务管理规定》第十一条的规定，履行相应备案手续。从平台运行的角度来看，元宇宙平台可能运营多项互联网业务，其不仅需要严格遵循现行法的相应规范，也需及时跟进最新的立法修法趋势，并据此及时调整自身的合规策略，如个人信息保护、平台责任履行、平台竞争规制等，这些都可能成为监管平台的依据。

对于现阶段元宇宙的先行者——巨头垄断企业的技术垄断监管同

样值得关注。巨头垄断企业共同打造元宇宙的底层架构，他们是否会利用自身的技术优势将元宇宙朝着适应其发展的方向去设计，这个答案是必然的。当底层规则都是由他们设立之时，去中心化的模式是否能够超越这种底层规则的约束真正在元宇宙中实现反剥削、反垄断，这个问题的答案是未知的，而且不容乐观。没有哪个机制能够在没有相应的发展土壤上茁壮成长，并且成为主导社会运转的主流。而监管，就是为了给去中心化发展提供这样一片相对公平的发展空间，限制垄断企业的技术优势，强化元宇宙的普通用户的能力，最终在元宇宙中消除技术和资本垄断，实现人的自由全面发展。

四是人工智能监管的法律问题。

人类的几千年发展历史经验告诉我们，在没有正确使用的情况下，技术越先进造成的灾难也就越大。核武器的发展使人类将自己毁灭具备了现实可能性，但是可控核聚变技术的发展也为人类提供无限能源，从而带来无限的生产力。同样地，元宇宙相关技术的监管也是必要的，尤其是对人工智能技术界定和管理。在元宇宙中 AI 的作用会比现实世界中更为重要，"创世"的工作烦琐而冗杂，仅靠人的工作效率会十分低下。元宇宙搭建完成后仅靠人来监督那无限的代码运转也是一件几乎不可能的事情，因此元宇宙中的 AI 承担的角色会发生变化，更高程度的深度学习、更深层次的模仿人类、更大的自主决策权利。当这些综合在一起，人工智能出现电影中代码逻辑与人的思维逻辑冲突时该如何处理，在人工智能掌握元宇宙大量的监督决策权时是否会给元宇宙的运行带来运行风险，这些都需要我们认真思考。其次，从更长远的角度看，当强人工智能出现后，其在元宇宙的数字世界中所能发挥的能力和作用可以用人间之神来形容，而这时人工智能的主体资格该如何界定，人工智能的创作内容是否具备产权资格，人工智能的侵权犯罪风险及归责问题又该如何解决？

　　元宇宙产生的另一个问题是元宇宙空间中的工作问题。元宇宙的空间，给企业开拓了远程工作的空间，而在这个虚拟空间里，适用于什么样的雇用规则，其劳动保护等法律应该如何实施，都缺乏统一的规定。

　　元宇宙带来了违法与犯罪问题、隐私与安全问题，我们将在下文中进行详细分析。

第三节　元宇宙中的违法与犯罪

　　元宇宙具备无限的可能，但有一种却是永远不可能，那就是元宇宙并不会成为没有违法与犯罪的乌托邦式世界。违法与犯罪植根于人类无限欲望之上，人类存在的历史就是与自己的欲望抗争的历史。克制这样的欲望，光靠人有限理性远远不够，为此人们建立了道德、公序良俗、各种规章制度。到了元宇宙之中，虚拟人也好，数字人也罢，阿凡达也可以，人还是那些人，本质上没有改变，变化的只是外在的表现形式。因此元宇宙产生犯罪行为是必然的，只是犯罪的表现形式会改变。

　　从根本上看，元宇宙中充满着对人类欲望无限释放的诱惑而又缺乏成体系的监督手段，现阶段的元宇宙仿佛是个法外之地，现行的法律体系关于虚拟空间违法犯罪、数字资产、虚拟金融体系监督的法案还寥寥无几，大量的违法犯罪行为潜藏在元宇宙欣欣向荣的外表之下。同时虚拟匿名性使犯罪难以追踪、惩戒。现阶段已经出现了利用元宇宙空间作为法外之地进行非法集资、帮助洗钱、利用元宇宙中的去中心化和匿名化特征进行犯罪如赌博、诈骗、色情、性骚扰等危害公共安全和财产安全、人身安全的行为。因此，对这些犯罪行为应建立起对应的监管惩罚体系。

从总体上看，元宇宙中的违法犯罪行为可以分为两大类：一类是利用元宇宙的名义与元宇宙的特征进行的违法犯罪行为；另一类是在元宇宙中所实施的犯罪行为，如盗窃虚拟财产、进行性骚扰等。对第一类行为而言，只是传统的犯罪方式加了一个元宇宙的马甲，在现有的法律体系中已有相应的规定；对第二类行为而言，现有的法律体系如何适用，是一个值得深入研究的问题。

一、利用元宇宙实施的违法犯罪行为

元宇宙这个概念流行起来之后，由于其虚拟性、匿名性，以及表面的高科技噱头，很多心怀不轨的人开始利用元宇宙以及相关的虚拟土地、NFT 等新概念，实施非法集资、名为投资实为诈骗、操纵股价等诸多涉财涉众型犯罪。

2022 年 2 月，银保监会官网发布了《关于防范以"元宇宙"名义进行非法集资的风险提示》，这些行为包括：编造虚假元宇宙投资项目、打着元宇宙区块链游戏旗号诈骗、恶意炒作元宇宙房地产圈钱、变相从事元宇宙虚拟币非法牟利四个方面，已涉嫌非法集资、诈骗等违法犯罪活动。

具体来看，对于编造虚假元宇宙投资项目方面，有的不法分子翻炒与元宇宙相关的游戏制作、人工智能、虚拟现实等概念，编造包装名目众多的高科技投资项目，公开虚假宣传高额收益，借机吸收公众资金，具有非法集资、诈骗等违法行为特征。打着元宇宙区块链游戏旗号诈骗方面，有的不法分子捆绑"元宇宙"概念，宣称"边玩游戏边赚钱""投资周期短、收益高"，诱骗参与者通过兑换虚拟币、购买游戏装备等方式投资。此类游戏具有较强迷惑性，存在卷款跑路等风险。恶意炒作元宇宙房地产圈钱方面，有的不法分子利用元宇宙热点概念渲染虚拟房地产价格上涨预期，人为营造抢购假象，引诱进场囤积买卖，须警惕此类投机炒作风险。变相从事元宇宙虚拟币非法牟利方面，有的不法分子号称所发虚拟币为未来"元宇宙通行货币"，诱导公众购买投资。此类"虚拟货币"往往是不法分子自发的空气币，主要通过操纵价格、设置提现门槛等幕后手段非法获利。

基于元宇宙的犯罪还可以做到更为精准、更具有针对性。进入以 Web 3.0 时代的元宇宙，违法与犯罪行为也会有新的形式。高度沉浸的第二世界对于人的意义与重要性也远超 Web 2.0 时代，在这个世界里人们会有更高的投入、更深度的信任。由于高度数据化的缘故，每个人在"有心人"的眼里是透明可分析，数字画像技术可以精准地刻画一个人的所有性格特征，然后基于这些分析结果精心设计剧本，这种精准性对普通人非常致命，没有人能够逃脱这样的剧本。而这种分析技术就是现在所寄予厚望的大数据分析，当大数据分析与进一步发展的人工智能相结合，针对元宇宙居民的智能化数据分析犯罪便有了无往不利的神兵利器。事实上，在 Web 2.0 时代，由于大数据的积累，电信诈骗等犯罪已趋向于高度精准化。早在 2016 年，脸书的一份内部报告就发现，在脸书上加入一个极端组织的人中有 64% 是通过脸书的算法推荐的。

同时，元宇宙中的犯罪与现实中的犯罪相比更为致命的一点是，这种基于技术的犯罪可以跨越时间与空间的限制。攻击代码漏洞可以直接获取大片的数据，漏洞越底层，所造成的颠覆性风险也就越大。传播性无法限制，在现实世界中物理法则的限制之下，就算是掌控至高权力的封建帝皇也逃脱不了这种空间与时间的限制，至高无上的皇权也有边界，没有人能够成为人间"上帝"。但是在元宇宙之中，完全由代码控制的数字世界在底层逻辑上是没有界限的。虽然以后可能会有某某亚元宇宙，但元宇宙中的"病毒"可以直接跨越这种人为限制的边界，瞬间感染整个元宇宙空间。凭借技术优势，元宇宙之中出现"上帝"在理论上是完全有可能的，这点可以从当今现实世界中窥得一角，具备技术领先优势的国家或者群体可以瞬间瘫痪另一个国家或者群体的网络和通信，可以跨越任何的物理空间限制，而这在信息时代以前完全不可能实现。

这些犯罪行为打着"元宇宙"旗号，具有较大诱惑力、较强欺骗性。对这些犯罪问题的预防，其核心是要向社会公众普及元宇宙的基础知识，使其了解到元宇宙的本质特征，从而避免其成为打着元宇宙的旗号进行各种诈骗等犯罪行为的牺牲品。

二、在元宇宙空间实施的违法犯罪行为

元宇宙空间是人类的另一个虚拟生活空间。人类在其生活、工作、创作、娱乐、社交、游戏等，相当于一个与物理现实世界平行的社会，在这个空间里，也会发生针对财产与人身的各种犯罪。

首先针对人身的犯罪。盗号问题在 Web 1.0 时代只是较为单纯的财产性损失，用户丢失的只是一个使用权。而在 Web 2.0 时代，账号丢失的意义就有了更深层次的意义。社交账号的丢失代表着整个社会交际关系的暴露，社交账号所代表的熟人交际给了犯罪团伙更大的犯罪空间，而账号所有的联系方式都是潜在的受害者。这一切在 Web 3.0 时代可能会有更为本质上的变化，虚拟人身份是现实中的人在元宇宙中通行的身份代表，而这个身份代表背后不仅涉及人际交往，更涉及虚拟空间中的数字财产问题。在"头号玩家"中，有这样一个情节，主角发现了大反

派的角色账号及密码，基于此为其设计了一个虚假的空间代替其登录场景对其进行欺骗。在电影中，主角是利用这样的方式行正义之事，但是现实中，情况并不是这样，觊觎他人账户及密码的往往是别有用心的"反派角色"。元宇宙中的角色所有权丢失问题远比前两个阶段的账户丢失更为严重，一个毫无变化的虚拟人背后的操作者完全发生了变化，因此引起的一系列风险问题值得我们深刻关注。

回到现实生活中最为常见的违法犯罪行为之一，性骚扰。皮尤研究中心（Pew Research）2021 年的一项研究发现，41%的美国人经历过某种形式的在线骚扰，这一比率与 2017 年相当。但某些形式的骚扰显示出上升的迹象：11%的人报告了在线性骚扰，而 2014 年仅为 5%。而且，79%的受访者表示，社交媒体公司"在解决其平台上的在线骚扰或欺凌问题方面做得一般或很差"[①]。

或许很多人会认为，元宇宙中都是虚拟人，数字角色虽然分男女，但那只是数据设定，并不是真的，所以元宇宙中并不会出现性骚扰。形象虽然是虚拟的，但是形象背后人的感官反应是真实的，人所面对的一切都会逼真地反应在大脑中，并且身体会随之作出反应。并且随着技术的发展，这种反映会越来越清晰，甚至在某种设备的辅助下如"头号玩家"中的 X1 设备，可以直接在物理上对身体作出反应。这种设备在现实中也在发展，如虚拟现实马甲硬光 VR（Hard light VR）背心，配备多个震动马达和触觉感受器，这比直接作用在身体上能提供更为刺激的反应。根据科学家对虚拟和增强现实设备的使用体验进行研究的结果表明，人们对虚拟世界的反应是即时和情感反应，类似于他们在离线世界中所经历的体验。如果有人在用户脸上挥舞着一把虚拟刀或在虚拟世界

---

① Meta Adds Anti-grope Gap to Prevent Abuse in VR Metaverse，https://www.theregister.com/2022/02/05/meta_grope_gap/.

中摸索用户，用户所经历的恐怖根本不是虚拟的。在回忆虚拟现实中形成的记忆和记住"真实"世界的体验时，人们的大脑会作出类似的反应；同样，他们的身体对虚拟现实中的事件作出反应，就像在现实世界中一样，在压力情况下心率会加快 [1]。

虚拟世界中的性骚扰问题已大量存在。在早期的 VR 游戏中，2016 年有位名为约旦贝拉梅尔（Jordan Belamire）的女性用户指出自己在奎尔维尔游戏（QuiVr）中曾被一名叫作大兄弟442（BigBro442）的用户追赶，抓向胸部及胯部进行性骚扰。现阶段元宇宙中的性骚扰问题也已经有了案例。元（Meta）旗下的一个 VR 平台，在一次活动中一位叫作张（Chang）的女性角色被一位男性角色作出猥亵动作，并且引起围观者的大笑。无独有偶，在 2021 年 12 月 16 日，一位"地平线世界"的内测人员在测试中被陌生人"摸索"，并且这种行为同样被围观者所支持。彭博社的记者帕米·奥尔森（Parmy Olson）在亲身体验"地平线世界"的过程中也遭遇到了很多不愉快的经历。比如有陌生人突然靠近并在她耳边说话，有人在未经她允许的情况下疯狂拍她的照片，有人不停说脏话并且故意咳嗽说自己是新冠肺炎病毒。在匿名保护下的元宇宙之中，普通人的道德准则开始失去了作用，如同性骚扰这样的人身侵犯行为会变得肆无忌惮。网络民权倡议（Cyber Civil Rights Initiative）主席玛丽·安妮·弗兰克斯（Mary Anne Franks）在她关于虚拟现实和增强现实的论文中指出 [2]，研究表明 VR 中的虐待"比其他数字世界更具创伤性"。

---

① Mark Zuckerberg's Metaverse Unlocks a New World of Content Moderation Chaos - Lawfare, https://www.lawfareblog.com/mark-zuckerbergs-metaverse-unlocks-new-world-content-moderation-chaos.

② Mary Anne Franks, The Desert of the Unreal: Inequality in Virtual and Augmented Reality, https://lawreview.law.ucdavis.edu/issues/51/2/Symposium/51-2_Franks.pdf.

现阶段元宇宙涉及财产类的犯罪最为典型的就是有关数字财产的庞氏金融骗局。例如，中青宝的 NFT 虚拟酒品、虹宇宙的虚拟地产等都是以"数字产权"来进行金融炒作噱头的，但是仔细深究的话就会发现其企业商业模式背后的价值实现链条完全没有现实根基，从而沦为资本操纵股价的工具。低成本快速批量发行的 NFT 靠着资本的裹挟和舆论的炒作，引起普通人的投机心理，跟风投入大量的时间、金钱、精力。然而，当这种无创意的 NFT 不再受人关注时，其价格往往会一落千丈，使参与者的利益受到损害。在以"玩中赚"模式为主的区块链游戏轴心无限火爆之后，已开始出现各种各样号称"玩中赚"的 NFT 盲盒游戏，这种游戏具有典型的"庞氏骗局"特征。而各种虚拟币则更容易沦落为典型的金融诈骗案例。一款名为 ME 币的虚拟货币甚至已经发展出了传销式的下线发展模式，在犯罪的道路上渐行渐远。

虚拟资产盗窃正在成为元宇宙中的一种新犯罪形式。宇宙中的数字产权系统完善之后，数据产权与现实价值有了映射，该产权也就具备了价值。围绕着这些真正具备价值的数字产权的盗窃、毁坏、交易等犯罪也会滋生。数字产权的持有关键在于对 NFT 代币的密钥掌握，一旦丢失这个密钥，对数字产权的所有权也就同步失去了。骗子通过空头大量免费的 NFT，诱使用户进行授权，从中盗取用户的密钥，从而盗取用户的数字财产。2021 年 9 月 21 日一位名为 AJ 的网友在与一个突然出现在他账户中的 NFT 进行正常交互后，其钱包中所拥有的数字财产便丢失了，包括一件高价的 NFT 作品——达米安·赫斯特的"The Currency"被盗。

去中心化自治组织领域的财产盗窃需要技术进一步完善。在去中心化自治组织的去中心化架构中，数据是对社区成员公开透明的，但这不代表数据对所有人都公开透明。某个去中心化自治组织社区的数据归根结底是其独有的数字财产之一，并不能做到对所有人公开。当某些人利用技术手段进行盗取这些公共数据时，其就涉及了违法犯罪。这些技术手段大多是利用代码漏洞，最具有代表性的例子就是造成以太坊硬分叉的 The DAO 代码漏洞事件。2016 年 4 月 30 日，致力于打造一个真正去中心化社区的 The DAO 项目开始众筹，最后总计超 11000 人参与众筹，所筹金额超过 1200 万个以太坊代币，价值超过 1.5 亿美元。但是这笔巨额款项被黑客盯上，6 月 17 日，黑客就利用代码中的一个递归漏洞从 The DAO 中盗取资金，最终被其盗取了 360 万个以太坊代币。所幸的是，因为代码中的另一个持有时间超过 28 日才能提现的规定，给予了社区足够多的时间来挽回这个损失。也就是这个事件，最终导致了以太坊的硬分叉，从以太经典（ETC）中分化出一条新的链条以太坊（ETH），后者的交易是可更改的。这个事件不仅涉及去中心化自治组织社区中的数据安全和代码安全问题，同样对元宇宙底层架构的发展造成了不可磨灭的影响，号称不可篡改的区块链可以进行篡改了。这样最底层的根基一旦动摇，对整个元宇宙发展的影响都是无比深远的。

知识产权相关的违法行为在元宇宙中将非常常见。元宇宙的世界是创作者的世界，创作者经济是元宇宙中至关重要的一环。只有完善知识产权制度才能保证元宇宙中有足够多的人愿意投入创作，丰富元宇宙内容，从而促使元宇宙长期良性发展。知识产出的侵权包括对其源代码的破解、复制、未经授权的商业化应用。抄袭者没有付出任何代价就剽窃转卖，这种行为对原创作者的创作激情是极大的打击，但是元宇宙中这种剽窃成本过于低廉，创作者长年累月积累的作品，对于剽窃者来说只需要复制、粘贴一遍代码就实现了。同样的权利包括元宇宙中用户的著作权、改编权等产权问题也会有侵权风险。在 2010 年，"第二人生"中就发生了一起创作内容盗窃案例。一名现实中名叫亚瑟的"第二人生"

玩家向其所在地法院提出诉讼请求，目的是起诉另一名玩家抄袭其创作作品，大量复制该作品并低价出售，给其带来严重的经济损失。

元宇宙中另一种知识产权侵权模式是对现实世界既有版权作品的侵权。元宇宙的开发者为了使元宇宙更为真实，提高用户的沉浸感和体验感，往往会使用现实中存在的事物作为手段之一。但是这些事物尤其是如建筑外观、商标各类著名的文艺作品都是有专利保护的。元宇宙的开发者使用这些元素来丰富其宇宙空间从而吸引更多用户产生商业价值的行为从现实中的法律上来说是违法行为。而如何界定元宇宙的开发者应用现实商标是否有营利目的十分困难，现实世界中商标权和著作权等权益是否应该延伸至元宇宙之中同样还处于较为模糊的阶段。在这样模糊的范围里，违法犯罪行为活动的空间十分巨大。

此外，匿名化的元宇宙同样会带来色情、赌博等违法犯罪行为。在元宇宙中运用代码就可以将互联网的流媒体视频载入元宇宙空间之中，而这个空间却是匿名化的，无法追索行为主体，在这个背景下，现实世界中泛滥的色情、赌博等活动，也会更便捷地向元宇宙中转移。根据玮珀德公司（WEProtect）全球联盟最新的全球威胁评估报告①，他们的经济学家影响力全球调查中，1/3（34%）的受访者被要求在网上做一些他们在童年时期不喜欢的色情内容。此外，互联网观察基金会发现，从2019年到2020年，儿童"自行生成"的性内容增加了77%。很多孩子们正在使用他们的化身在虚拟脱衣舞俱乐部提供圈舞，以换取虚拟货币"Robux"。根据主动围栏公司（ActiveFence）的一份报告，对于购买儿童性虐待材料（CSAM）的人来说，加密货币的分布式控制机制和独立

---

① Cathy Li, Farah Lalani, Safety in the Metaverse: What are the Risks and Challenges?, *World Economic Forum*, https://www.weforum.org/agenda/2022/01/metaverse-risks-challenges-digital-safety.

于金融机构的特征确保了匿名性。对于赌博而言，元宇宙特有的沉浸感、匿名性等特点，适宜于作为一个全新的赌博场合。因此，已经有机构在元宇宙中开设赌场了。

元宇宙中的犯罪行为，有些可以运用现有的物理世界法律框架来进行规制，如元宇宙中的财产侵权行为、知识产权侵权、赌博、色情等多种犯罪，都可以利用既有的法律架构进行规范，而有些问题则需要对现有的法律进行更新，例如，虚拟资产价值的确定、元宇宙中性骚扰等行为的性质等，则需要在法律方面进行更新。

利用技术手段在预防元宇宙中的违法犯罪行为也将是一种选择。例如，在用户大量投诉"地平线世界"中的性骚扰事件之后，脸书（Meta）在其所开发的虚拟世界"地平线世界"和"地平线场域"（Horizon Venues）中加入了一个功能，即"个人结界"，用户可以设定元宇宙中的化身之间的距离不能小于 4 英尺。

第四节　元宇宙隐私和安全问题

一、元宇宙中隐私和安全问题更为严重

如果说"在移动互联网时代，每个人都是透明的"这句话还稍微有些许夸大的话，而在元宇宙中这句话可以说是无比贴切。要在元宇宙活动，用户必然会输入大量自身的数据，如基本资料、身份信息等。在元宇宙中的任何一次活动都是有迹可循的，随着技术的更新，算法的演进，隐私数据的收集范围可能会超乎我们的想象。耳机和 VR 眼镜可以收集我们的声音和眼球运动等数据，虚拟现实耳机甚至可以收集用户所

处环境的数据，智能手表可以收集身体机能如心率等的反应，这一类数据更加详细、精准，并且可以与现实身份完全映射。脑机技术（BCI），连通大脑直接收集大脑信号，用作指导元宇宙中虚拟人行为的命令，这些数据对人具有更加深刻的意义，其涉及的隐私问题更为严重。在元宇宙中的人是没有隐私可言的，一切行为都可以从数字和代码中读出来，透明是一种现实而不是一种描绘。甚至通过 VR 设备的环境空间识别，在现实世界中的位置信息也难以隐藏。

从治理机制来看，在元宇宙中，去中心化的特点意味着数据的公开透明，这使数据风险大大上升，关键数据的泄露可能会导致严重的后果，因此格外需要强调数据保护、治理和加大对盗取数据和涉及数据违法的行为的打击。

技术进步使元宇宙中的数据收集行为更为宽泛，这带来了新的隐私问题。脸书已宣称其将在 2022 年推出一款高端的 VR 眼镜 Cambria，这款眼镜以面部表情、眼神等多个维度的数据，并将这些表情呈现在元宇宙的化身上[①]。从法律上看，针对身体隐私信息包括身体相关指标、眼动追踪、脑部信号、心率等的识别、搜集。这是属于极度隐私部分，但是现今的隐私保护法并没有将脑部信号、眼动追踪数据等纳入隐私数据的一部分，这对于元宇宙即将来临的时代是一种司法上的缺失。

元宇宙的数据存在很大的风险隐患。布里坦·海勒（Brittan Heller，2020）创造了一个词，"生物特征心理学"，其含义是平台可以利用由真实身份和个体刺激所形成的数据，分析人的思考能力、偏好与爱

---

① Enter the Bizarre World of Mark Zuckerburg's "Metaverse"："Blurring the Lines" of Reality with NWO Transhumanism – LeoHohmann.com，https://leohohmann.com/2021/10/31/enter-the-bizarre-world-of-mark-zuckerburgs-metaverse-blurring-the-lines-of-reality-with-nwo-transhumanism/.

好等①。利用这些数据，甚至可以对人的行为进行控制。这产生了一致人工智能公司（Unanimous AI）首席执行官路易斯·罗森伯格（Louis Rosenberg）所说的"3M"风险，即监控、操纵和货币化（Monitor, Manipulate and Monetize）②。

从监控的角度看，元宇宙为了让用户更具有沉浸感，需要监测用户的数据，评估他们的面部表情、声音变化甚至生命体征，以便在虚拟世界中创造丰富的模拟体验，但是，这种监控本身是有风险的，会造成数据过度集中在一些平台手中，从而带来隐私、安全等诸多方面的风险。

从操纵的角度看，为了让用户沉浸在虚拟现实或增强现实世界中，必须使用技术手段让他们感觉到其所看到和听到的东西是真实的。如果用户无法区分什么是真实的，什么不是，那么，别有用心的人可能利用这一点操纵用户的行为。利物浦霍普大学人工智能和空间计算教授大卫·里德（David Reid）博士指出，元宇宙的最终目标不仅仅是虚拟现实或增强现实，它是混合现实（MR）。它将数字世界和现实世界融合在一起。在人类无法区分虚拟和现实的背景下，平台很容易对人的行为进行控制③。一个例子是隐形广告。如果元宇宙的用户走在街上，看到人们拿着相同品牌的饮料，他们可能会认为这种饮料很受欢迎。其实这些完全可能是饮料公司的一种广告策略。除了操纵广告、兜售产品之外，

① Brittan Heller, "Reimagining Reality: Human Rights and Immersive Technology", Carr Center Discussion Paper Series, 2020.

② 《元界打开未知的业务领域》，NHK世界日本新闻，https://www3.nhk.or.jp/nhk-world/en/news/backstories/1881/.

③ The Metaverse Poses "Terrifying Dangers", Academic Warns（2021, November 5）Retrieved 5 February 2022 from https://techxplore.com/news/2021-11-metaverse-poses-dangers-academic.html.

还可能利用元宇宙来散布不实信息和助长社会分裂①。而这么做的动机，当然是货币化，将用户的注意力变现。

在社交领域，元宇宙中的这些数据可能被用于歧视。例如，平台可能利用大数据，给每个人打上标签，这些标签可以明确显示出来。这么做的本意可能是让用户与周围的每个人分享他们的爱好和兴趣，使其进行更为广泛的用户接触。但是，这种标注方式很容易货币化，成为一种商业模式，即有一部分人可以付费看到其他人的标记，根据这些标记，他们可以对被标记的人进行精神控制（Pick-up Artist，PUA），甚至操纵。而被标记的人可能本身并不知道其已被标记。而且，这种标注很容易被设计为扩大政治分歧，排斥某些群体，甚至引发仇恨和不信任。

在安全方面，元宇宙内不同应用之间、元宇宙和外部设备间的数据交互过程，以及外部设备采集、存储、处理、分发、利用和处置个人行为数据的过程，都可能带来数据安全方面的问题。

二、元宇宙中隐私和安全问题治理机制

针对元宇宙中可能存在的隐私问题，需要加强治理。

首先，要明确元宇宙中的隐私信息的外延。在元宇宙中的社交信息、个人行为数据、面部表情数据、好友列表等都应该作为隐私数据加以保护，未经授权不可以非法用作其他用途，也不可以使用大数据对其进行分析从而作出精准营销行为。基于《个人信息保护法》的整体架构，将已建立起的个人数据信息保护的相关法律法规，统一运用到元宇宙中。

---

① Louis Rosenberg, Metaverse: AR Inventor Warns that it could Undermine Reality，*Big Think*，https://bigthink.com/the-future/metaverse-augmented-reality-danger/.

其次，要明确元宇宙去中心化组织社区的监管规则。元宇宙是个公开透明的世界，但不代表每个人都需要在元宇宙的企业面前公开透明，隐私权是人重要的人身权利，这个权利无论是在现实世界还是虚拟空间都需要得到重点保护。去中心化组织社区更不能成为违法犯罪分子的聚集地，成为黑色产业的发源端。社区的规则设定也要符合一定的规范，群众自治不一定真地能实现完全的平等和公平，当开发团队与某些掌握大量投票权的群体联合时，对于少数群体的权益侵害问题需要额外的监管，保障去中心化组织社区能够真正按照其最初的模式去发展。因此，在法律上要建立对去中心化组织社区监管的制度体系，从而对其行为进行动态监管。

最后，要严格数据安全相关法律法规的执法工作。早在 2015 年，《国家安全法》中便对"数据的安全可控"作出原则性规定。2021 年颁布施行的《数据安全法》作为我国数据领域的基础性法律，系统性地聚焦于数据安全领域的风险隐患，加强国家数据安全工作的统筹协调，确立了数据分类分级管理、数据安全审查、数据安全风险评估、监测预警和应急处置等基本制度。其中，该法于第四章专门规定了数据处理者应当遵循一系列的"数据安全保护义务"。对于开展数据处理活动的元宇宙公司而言，应当依法严格履行此类法律义务。

第十章　元宇宙的批判与反思

　　元宇宙这个概念出来之后，立即引发了无数的惊呼。毕竟，在一个具有理想色彩的新空间生存，是人类一直以来的梦想。在互联网进入人们的视野不久，就有人将其作为一个理想主义的空间。1996 年，约翰·佩里·巴洛（John Perry Barlow）就发表了著名的"网络空间独立宣言"（A Declaration of the Independence of Cyberspace），在宣言中，巴洛写道，"网络空间由交易、关系和思想本身构成，它们像一道永恒的波浪，在我们的交流之网上部署着。我们的世界无处不在，又无处可寻，我们的世界不是肉体存在的世界"。"我们正在创造一个新世界，人人都可以进入这个世界，而不必考虑由种族、经济力、武力、出生地而来的特权或偏见。我们正在创造一个新世界，人人、处处可以表达他或她的信仰，无论这种信仰是多么古怪，而不再害怕被强制沉默或强制一律。你们关于财产、表达、身份、迁徙的法律概念及其关联对我们不适用。这些概念建立在物质的基础上，我们这里没有物质。我们将在网络空间创造一种思维的文明，这种文明将比你们这些政府此前所创造的更为人道和公平"①。

　　但是，元宇宙这个概念，是否能够代表人类的未来发展方向，是否

---

　　① 　约翰·佩里·巴洛：《网络空间独立宣言》，赵晓力译，《互联网法律通讯》2004 年第 1 卷。

具有现实意义，这对人类生活具有重要的价值与启示。对这个问题，存在巨大的争议。钢铁侠马斯克（Elon Musk）指出，虽然这些概念越来越流行，但他还没有看到"令人信服的虚拟世界情况"。人们经常将元宇宙视为一些虚拟的互联空间或 VR 世界。然而，这位亿万富翁并不认为有人会喜欢整天戴着特殊的 VR 设备只是为了进入虚拟世界。"当然你可以把电视放在鼻子上。我不确定这会让你'进入虚拟世界'。……我没有看到有人整天把屏幕绑在脸上，不想离开。这似乎——不可能。"对于与元宇宙有着紧密的联系的 Web 3.0，马斯克认为，这个号称去中心化的概念，更像一个"营销流行语"（Marketing Buzzword）。当然他也承诺，他之所以这样批评这些新的概念，可能是因为他太老了，就像过去讨厌互联网的人一样，拒绝相信这些新的理念对我们的未来至关重要。娜塔莉·克莱顿（Natalie Clayton）更是直截了当地指出[1]，元宇宙这个词本身就是胡说八道，只是一个定义不明确的流行语，试图将2021 年互联网所有最糟糕的部分（NFT、加密货币、无处不在的广告和猖獗的隐私问题）囊括在内。其核心是少数科技亿万富翁，他们寻求重建"雪崩""玩家一号"和"黑客帝国"等虚拟在线世界。在一个完全数字化的世界中，可以做任何事情，并制造一种全新且猖獗的消费主义形式。

  不管怎么说，元宇宙这个概念的横空出世，的确引起了大量争议，研究者从不同的视角进行了批判与反思，从总体上看，这些批判与反思对我们更全面地认识元宇宙有着深刻的意义与价值。

---

  [1] Natalie Clayton，Virtual Worlds are Already better than the Metaverse will Ever be，https://www.pcgamer.com/virtual-worlds-are-already-better-than-the-metaverse-will-ever-be/.

第一节 元宇宙在技术上的可行性

对元宇宙的第一个批评来源于技术专家。很显然，要达到元宇宙的愿景，需要 XR 成为新一代计算平台，然而，这些技术还不如手机、PC 等计算平台成熟（见图 10-1）。在技术方面仍需要有大的进步，无论是在网络传输技术，还是算力算法，硬件设备或者是 XR 设备等，都有非常大的进步空间。扎克伯格也明确承认，元宇宙距离成熟还有 10 年的时间。特蕾丝·波莱蒂（Therese Poletti）更是尖锐地指出，基于过去技术发展的经验，目前关于元宇宙的构想可能对普通消费者来说过于科幻，或者永远不会真正起飞[①]。

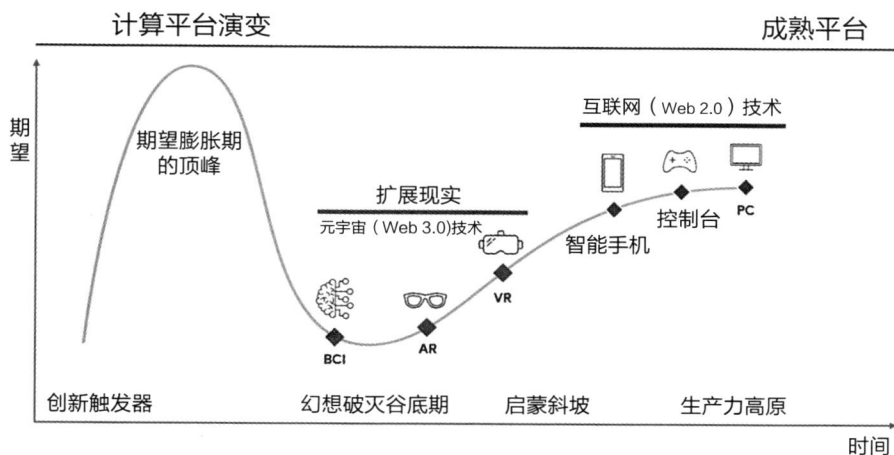

图 10-1 扩展现实（VR、AR 和 BCI）技术正在成为元宇宙的计算平台

资料来源：BITKRAFT Ventures。

---

① 参见 Therese Poletti, Opinion: We have been Promised the "Metaverse" for Decades，But it is Still not a Sure Thing，https://www.marketwatch.com/story/we-have-been-promised-the-metaverse-for-decades-but-it-is-still-not-a-sure-thing-11637786667?mod=article_inline。

以网络传输技术为例，元宇宙要求提供实时的、无延时的、流畅的、沉浸式体验。参与共享虚拟空间将需要更为可靠的数据传输速度，因为它是图形密集型的。当前基于光纤的宽带连接和5G网络技术，尤其是毫米波5G网络技术，5G时延为毫秒级、速率10Gbps；可能难以支持这一概念的实现。事实上，5G、WiFi等网络在提供永续的、实时的连接方面仍有较大的差距。已有技术目前在稳定性、可靠性、普及性等方面仍有较大的差距，因此，要吸引人们参与元宇宙并利用其优势和应用，需要服务提供商和相关政府机构大规模部署更好或先进的数字通信技术，在数据传输网络提供商、交换中心和服务器之间的路由，以及管理消费者面前"最后一公里"数据的下一代WiFi等方面构建起良好的基础架构。从未来发展看，6G网络的更低延迟（微妙级）、更高速率（1000Gbps），可能是元宇宙发展的基础网络传输要求。然而，6G在技术标准等方面，全球尚未达成一致，具体部署方案也不成熟，距离进入实用阶段还需要一段时间。

元宇宙需要做到多人同时在线。从目前的计算能力以及带宽等因素来看，技术上还难实现很多人同时在线，无法实现高水平的并发。虽然很多元宇宙平台的虚拟演唱会做到了号称数千万人同时在线，但实际上，这些人员被分割在播放人数上限为100人的小房间中，这些房间基本能够做到同步[①]。

元宇宙发展需要有一批现象级的C端消费级硬件（VR一体机、手机AR和触觉手套等新交互手段）来支持，2015年虚拟现实（VR）头戴式显示器HTC Vive的发布，魔幻飞跃（Magic Leap）公司的一条"鲸鱼出水"视频惊艳了全球的消费者，从而引发了全球消费者和业界对

---

① Matthew Ball, The Metaverse: What it is, Where to Find it, and Who Will Build it, https://www.matthewball.vc/all/themetaverse.

VR 消费风潮的期待,2016 年也被称为"VR 元年"。但是，从总体上看，与 VR 相关的空间定位、手势交互、眼动追踪、全身动作捕捉、语音交互、脑机交互等相关技术仍没有获得突破性发展。在技术上，VR 设备存在一系列使用体验差、续航时间、环境限制、便携性差、设备兼容等问题。硬件分辨率和帧率等主要影响用户临场感、逼真度和眩晕感，这些参数与图像渲染和视频质量有关，要求视频算法进一步优化。高分辨率、高帧率要求 VR 设备具有高算力和优化的算法，这方面的技术虽有进步，但仍不能达到满足用户沉浸感要求的水平。

因此，皮驰布克的新兴市场分析师瑞安·瓦斯瓦尼（Ryan Vaswani）在一份关于 AR 和 VR 的报告中表示："该行业普遍无法站稳脚跟，这表明基础技术缺乏成熟度。""当世界各地的人们都要求技术来增加连接性和存在感的时候，大多数人认为 AR/VR 还不符合要求。"扎克伯格利用 VR 眼镜对元宇宙进行演示之后，很多业内人士认为该技术还存在较大的问题。虚拟现实概念的提出者杰伦·拉尼尔认为，扎克伯格的演讲是"对虚拟现实的一种奇怪的、脱离实体的愿景"并且"并不完全连贯"[①]。

相关的商业用硬件在建模支持方面还有很大的差距。马萨诸塞大学阿默斯特分校公共政策和传播学教授伊桑·祖克曼（Ethan Zuckerman）[②] 指出，"我们距离出现在现实世界音乐会上的真人大小、栩栩如生的全息图还有很长的路要走。目前，元专注于创建带有卡通员工头像的虚拟办公空间。除了⋯⋯开发人员还没有弄清楚如何将腿放在

---

① Therese Poletti, Opinion: We have been Promised the "Metaverse" for Decades, But it is still not a Sure Thing, *Market Watch*, https://www.marketwatch.com/story/we-have-been-promised-the-metaverse-for-decades-but-it-is-still-not-a-sure-thing-11637786667?mod=article_inline.

② 祖克曼（Zuckerman）早在 1994 年就创建了一个非常早期的虚拟世界。

化身上，所以现在，它们只是漂浮的躯干"①。而且，从本质上看，元宇宙是弊大于利的。

在算力方面，当前也难以满足元宇宙普及发展的需求。目前，全球算力落后于数据和算法增速。元宇宙中的大量高精细度的 3D 图像，各种计算引擎、渲染、人工智能、投影、动作捕捉和翻译等，需要非常强大的算力支持。大规模用户的持续在线和交互，沉浸式体验也对算力提出更高的要求。英特尔公司高级副总裁兼加速计算系统和图形事业部总经理拉贾科杜里（RajaKoduri）表示，如果数十亿人同时访问元宇宙，需要将当前的算力提高 1000 倍。量子计算可能能突破摩尔定律解决元宇宙算力问题，但目前还存在许多技术"瓶颈"。2022 年 1 月 19 日，一款主打元宇宙概念的虚拟社交 APP 啫喱横空出世。到 2 月 10 日，啫喱单日下载量预计为 39.4 万次，超过了微信，登上苹果应用商店中国区免费 APP 排行榜下载量第一位。然而，这款 APP 上线没几天又因为卡顿等问题迅速下架，其背后还是因为元宇宙概念要达到好的体验，需要非常强大的算力支持，当用户数量快速增加时，对算力的需求更是成倍增加。而算力无法满足时，势必会影响用户的体验。

在计算能力布局方面，元宇宙可能对 AI 计算、边缘计算提出更高的要求，从总体上看，当前的芯片架构仍有较大的改进空间。与元宇宙相关的计算芯片需要具备高度并行的处理能力、低内存延迟和创新架构，还要考虑功耗能、便携性等问题。这些技术问题近年一直在突破，然而，与满足元宇宙超高的应用要求还有一定的差距。

从区块链和人工智能来看，人工智能在近年的确有很大的进步，

---

① A New Reality? *WORLD*，https://wng.org/podcasts/a-new-reality-1642478645#:~:text=Ethan%20Zuckerman%20teaches%20public%20policy%20and%20communication%20at，life-sized%2C%20life-like%20holograms%20appearing%20at%20real%20world%20concerts.

2021 年取得突破的生产型预训练转换器-3（Generative Pre-training Transtormer-3，GPT-3）作为一种学习人类语言的大型计算机模型，拥有 1750 亿个参数，利用深度学习的算法，通过数千本书和互联网的大量文本进行训练，最终实现模仿人类编写的文本作品。但是，元宇宙中可能需要更为精准与实时的方式赋能内容生产，以实时生成、实时体验、实时反馈的方式提供给用户，为用户进行创作提供更为易用快捷的工具，使用户在元宇宙中所想即所得，从而使创作的门槛无限降低。但是，即使像生产型预训练转换器-3 这类号称具有突破意义的模型，在真正理解文本、分析语义方面，仍有不小差距。在区块链技术方面，不可能三角 ① 仍然存在，区块链天然的缺陷无法适应元宇宙大规模应用。

各类标准体系仍不完善，元宇宙相关的内容、应用生态、互操作性等问题仍需要进一步完善。支持元宇宙整体互操作性（不同计算机系统、网络、应用程序间一起工作并共享信息的能力）的工具、协议和引擎等，使元宇宙能够完成创建、操作和持续改进。这些标准包括资产格式及其导入导出、兼容性管理和更新、创作工具以及信息管理等。这些标准系列仍缺乏一个蓝本。摩根士丹利股票策略师爱德华·斯坦利（Edward Stanley）指出，元宇宙需要很多年和跨公司的合作才能让用户无缝地跨越数百万种体验，并随身携带他们的数字化财产。元宇宙的率先应用可能在游戏领域，而到现在为止，虽然游戏玩家已接近 30 亿人，但毕竟在主流的社会价值观里，游戏应用不能算是一个影响社会经济生活的杀手级应用。即使从 VR 技术本身来看，虽形成包含游戏、影视、社交、办公、健身等多种类产品，在"游戏＋社会"仍是最主要的应

---

① 区块链不可能三角是指在区块链设计中，去中心化、安全和高性能三者只能实现其中的两个。在元宇宙中大量应用的 NFT，大部分是基于以太坊而设计，这个机制也没有能够解决这个不可能三角问题。而且，以太坊当前高燃料（gas）费用问题也没有解决。

用场景，这导致与元宇宙相关的优质应用内容严重不足，无法形成现象级爆款产品，吸引社会大众进入元宇宙中。上载 VR 公司（UploadVR）与美国博钦律师事务所（Perkins Coie）调查显示，37%的用户认为内容的匮乏是 VR 行业目前面临的最大问题，占调查总数第二。从应用生态来看，虽然 UGC 是一个美好的愿景，让所有的人参与到内容开发中来，但是，个人创作内容如何监管等问题，仍困扰着当前互联网界[①]，在元宇宙中也不会消失。

第二节　元宇宙对人性的破坏

元宇宙试图以虚拟体验代替物理世界，这在很多人眼中，会给我们的人性带来极大的破坏。元宇宙最先的应用可能是游戏，而游戏本身就存在沉迷的问题。我国科幻作家刘慈欣就明确表示，元宇宙是"精神毒药"，将导致人类沉迷其中无法自拔，而后走向末路。奥古斯特·梅拉特（Auguste Meyrat）指出[②]，元宇宙只不过是通过机器征服人类的一个项目，在科技的名义下，使蓝色药丸合法化[③]，世界上的大多数人都将屈服于扎克伯格的元宇宙。学者卡斯特罗诺娃·爱德华（Castronova Edward，2017）认为，虚拟世界本身具有给人带来美好生活的能力，

[①]　例如，近年来，互联网界一直在争议平台是否有权审核用户发布的内容的问题，这个问题缺乏一个各方都能接受的解决方案。

[②]　Auguste Meyrat, The Metaverse is a Second "Second Life", *The American Conservative*, https://www.theamericanconservative.com/articles/the-metaverse-is-a-second-second-life/.

[③]　蓝色药丸的隐喻来源于科幻电影《黑客帝国》，在电影中，人类已经生活在虚拟世界。而人可以有两个选择，选择红色药丸回到真实世界，选择蓝色药丸留在虚拟世界。蓝色药丸就是指让人留在虚拟世界。

但问题是，我们能否制定一个"正确"和"健康"使用 VR 的标准？如果缺乏这类的标准，VR 将造成一场文明危机。完全沉浸在 VR 中代表了一种全新的生活方式，在这种生活方式中，身体只是一种负担，而心灵是唯一重要的东西。这不是一个健康状况不佳或一些不幸选择的问题，而是对人性的彻底否定。360 公司创始人、董事长周鸿祎近日在央视"对话"栏目中谈及元宇宙时也提到，真正按照他们（脸书）未来的幻想，我觉得不代表人类的未来，代表了人类的没落。罗斯·温特认为，元宇宙只不过是赫胥黎（Aldous Huxley）控制哲学的现代版本，其目的本质上是灌输旨在影响和鼓励个人孤立和延长童年（婴儿主义，Infantilism）的神奇思维。

元宇宙给游戏带来了更为逼真的体验，这对游戏玩家来说更有吸引力。因此，很多玩家都会有成瘾的问题。这会产生过于沉迷不能自拔问题，就像梦中梦一样让人无法醒来①。人类用户长时间沉浸在数字世界后，再回到现实世界时，因为场景完全不同了，不能再按照元宇宙中自己的自由想象为所欲为地行事了，难免会有失落感或精神伤害。因为一个显而易见的事实是，虚拟世界不是真实的。元宇宙中的草可能更绿，但它不是真实的，其中也没有其他任何东西。更重要的是，人也不是真实的。它们是人的理想化投影——或者它们很可能是机器人②。很多研究已经发现了对各种虚拟网络空间或数字平台上瘾的证据，如社交网络、移动应用程序、智能手机、VR、AR 等，这种技术成瘾现在已经非

---

① 卡斯特罗诺瓦·爱德华（Castronova Edward）指出，"更深的沉浸感"可能意味着两件事。一方面，这意味着更多的人将在这些体验中花费更多的时间。另一方面，这意味着体验本身将变得更加丰富。它们将更令人愉快，持续时间更长，并且将人们纳入更大的群体。

② Auguste Meyrat, The Metaverse is a Second "Second Life", *The American Conservative*, https://www.theamericanconservative.com/articles/the-metaverse-is-a-second-second-life/.

常普遍①。而元宇宙更是天然具有让人成瘾的可能性。技术公司有可能利用元宇宙中更丰富的大数据，设计出更富有针对性的沉浸式产品，从而使用户更加容易沉迷上瘾，形成一个加速强化循环②。

拿社交恐惧症患者来说，他们最主要的表现是在社会活动中不愿或不敢与他人交往，程度轻重有很大区别。有人是自我保护意识太强，怕别人发现自己的弱点；有人属于挫折性恐惧，因为某些原因而对某些场合某些人存在或强或弱的恐惧心理；较严重的则是见生人就脸红紧张，说不出话。而元宇宙的社交空间提供了一个崭新而且私人定制的平台，原先社交恐惧的那批人在其中找到了自我归属与自我认同，找到了一个隐蔽但可以宣泄情绪的港湾，逐渐产生了依赖性，一旦离开后痛苦感、无力感、不舍感便会产生，最终他们对元宇宙的虚拟社交世界沉迷不能自拔问题就此形成了。

即使是正常人，在元宇宙中，用户可以体验到超现实主义，这允许用户体验到与现实世界高度相似的各种活动。人类从本质上喜欢在一些高度现实的虚拟环境中，作出在现实生活中一些不可能尝试的东西（如复制在现实生活中不曾体验过的事情），最终往往在更长的使用时间下进一步加剧上瘾。此外，元宇宙逼真的场景，以及与现实社会的连接性，也可能导致大量玩家的行为改变，如消费行为、城市地区的群体导向行为、现实世界中的危险行为，而这些行为的改变可能会对社会产生明显的影响，这解释了用户在元宇宙中自我扩展，包括人的思想、身体、身体财产、家庭、朋友和隶属关系团体，鼓励用户在一个无尽的反

---

① https://thefederal.com/the-eighth-column/metaverse-the-reality-that-is-and-isnt/.

② Stefan Brambilla Hall，Ryo Takahashi，Augmented and Virtual Reality: The Promise and Peril of Immersive Technologies，*World Economic Forum*，https://www.weforum.org/agenda/2017/09/augmented-and-virtual-reality-will-change-how-we-create-and-consume-and-bring-new-risks.

馈循环的虚拟世界，探索虚拟环境和追求奖励并逐渐成瘾。

在用户出现成瘾或者沉迷的情况下，有可能导致心理问题和精神障碍。如抑郁、孤独，甚至攻击性。更有评论家指出，与当前的网络成瘾相比，长期使用元宇宙会导致更多的抑郁、肥胖和焦虑[1]。元宇宙导致心理问题和精神障碍的心理根源很复杂，心理学家认为，可能是以下心理在起作用：一是补偿心理，当现实与理想之间出现偏差的时候，人总是希望能寻求到合理的补偿，而元宇宙世界的虚拟性、自由性恰恰满足了这种需求。元宇宙世界的虚拟性为网络成瘾者提供了在意识前提下实现理想的可能性，亲情、爱情、报复、理想情绪宣泄以及潜意识的愿望都能在网络中得到实现。二是逃避心理，面对激烈的社会竞争和必须承担的社会责任，缺乏竞争力的个体往往想换个空间来逃避。元宇宙世界里的言行具有匿名性、自由性，为其设置了安全的屏蔽。当个体遭受挫折后，面对压力情景如工作失意、社交恐惧、失恋等产生一些轻微的精神症状如抑郁或狂躁、为寻求解脱而沉溺于元宇宙的虚拟世界中。成瘾者实际上是为了逃避现实世界，同时也是为了获得一种认同感。三是好奇心理，网络梦幻般的感知体验、灵活而匿名的个人身份、平等的地位、超越时空界限、广泛的人际交往等因素无不强烈地吸引着人们，使之沉迷虚拟世界的积极性大大提高。

元宇宙还可能让人性迷失，使社会结构发生变化。谷歌前 CEO 埃里克·施密特指出，所有谈论元宇宙的人都在谈论比当前世界更令人满意的世界——你更富有、更英俊、更美丽、更强大、更快。因此，在某些年份，人们会选择戴着眼罩在元宇宙花更多时间。谁来制定规则？这个世界将变得更加数字化，而不是物理化。这对人类社会而言不一定是

件好事情。在美国空军研究实验室开发了第一个功能增强现实系统并创立了与虚拟现实相关的企业沉浸式公司（Immersion Corporation）的计算机科学家路易斯·罗森伯格表示，虚拟现实和增强现实的整合结合了人们在一天的大部分时间里在数字舞台上进行互动可能会"改变我们的现实感"，并对"我们如何解释我们直接的日常体验"产生负面影响[①]。杰伦·拉尼尔在《你不是个玩意儿：这些被互联网奴役的人们》中写道，互联网的快速增长是"制作糊状物的过程"，在网上的非个人化或者匿名化将最终贬低整个人际互动的价值。在之后对元宇宙的评论中，他进一步指出，"如果你在类似于脸书的商业模式上运行（元宇宙），它将摧毁人类。我不是在修辞上这么说。这是一个纯粹和具体的预测，即人类无法生存"。

西班牙作家阿尔贝托·奥尔莫斯（Alberto Olmos）则认为[②]，元宇宙在技术上相当于一种克隆技术，而以生物技术克隆人在全球各国都是被禁止的。元宇宙是"一个以非常令人信服的非物质维度复制现实的项目，包括你、你的狗和你的父亲"，而这一切并没有受到禁止。而有意思的是，这种复制的最终目的可能是个人不再做自己，他写道，"唯一能够赋予元宇宙任何意义的是它向人们承诺，他们最终可以实现他们的梦想，其中大部分梦想就是不再做自己"，"它提供了做我们因法律或道德原因而避免做的所有事情的可能性，或者仅仅是因为您不够强壮，无法拿起汽车并将其扔向当地市议会"。元宇宙发起者或者设计者忽略了

---

① Louis Rosenberg, Metaverse: AR Inventor Warns that it could Undermine Reality, *Big Think*, https://bigthink.com/the-future/metaverse-augmented-reality-danger/。值得指出的是，路易斯·罗森伯格（Louis Rosenberg）并不因此而否定 AR 技术。他写道：作为一个乐观主义者，我仍然相信 AR 可以成为一种向善的力量，让世界成为一个神奇的地方，并扩展人类的意义。

② https://blogs.elconfidencial.com/cultura/mala-fama/2021-11-10/metaverso-facebook_3320363/.

一个悖论，一方面，他们可能想做一个数字世界的映射，将物理世界复制到数字虚拟的世界中；另一方面，几乎没有人想要登录只是为了复制他或她自己已经存在的不完美状态。阿尔贝托·奥尔莫斯指出，"元宇宙要么是有史以来最成功的美容外科手术，要么什么都不是"。

　　元宇宙这个概念的风行，使人想起了著名的"虹中之脑"假说。1981年，希拉里·普特南（Hilary Putnam）在他的《理性、真相和历史》中提出了这样一个猜想：一个人的大脑与身体被切断，放在一个装有营养液的罐子里，以维持大脑的生存。大脑的神经末梢与计算机相连。这台电脑按照程序向大脑发送信息，让他保持一切正常的错觉。对他来说，似乎人、物、天都还存在，自己的动作和身体感觉都可以输入。这种大脑也可以输入或截取记忆①。这个疯狂的假设在电影《黑客帝国》中有精彩的呈现。在黑客帝国的世界里，人工智能将人类置于营养液中，让人类以为自己生活在现实世界中。人类看到的、听到的、体验到的各种场景，都是人工智能伪造的。那么在元宇宙即将到来的未来，我们如何区分现实与虚拟现实？而一直生活在虚拟世界中的人，是不是还是我们今天的人类？②而路易斯·罗森伯格也指出，元宇宙会通过创建一个系统来"让现实消失"，在这个系统中，人们不能简单地离开他们的设备来进行现实世界的互动。这个想法是，元宇宙可以发展到它基本上影响我们生活的方方面面的地步，而且大多数人几乎不可能走开。技

---

　　① 虹中之脑假说在哲学上有一个疑问，其结果会直接导致无限的怀疑。也就是说，如果"我的世界"是模拟的，模拟我的人怎么知道他的世界不是模拟的？

　　② 360公司创始人、董事长周鸿祎在央视"对话"栏目中谈及元宇宙时说：我跟一些美国同行聊过，他们认为元宇宙的最终未来是什么，是跟脑机接口相结合，不需要戴VR眼镜，你只要闭着眼睛躺在床上，插着管，供着营养液，通过刺激你的脑电波，就能产生无数的幻觉和形象，最后不就成了电影《黑客帝国》里的人肉电池吗？未来这个社会大家都在虚拟的世界里交往，年青一代都天天沉溺在虚拟世界里，获得像盗梦空间一样的满足，我个人觉得他可能不会给人类社会带来真正的发展。

术专家和超人类主义（transhumanism）专家帕特里克·伍德（Patrick Wood）将元宇宙描述为"通向超人类主义的门户"，并且最终沿着这条路径将不再需要眼镜、护目镜或其他 AR 技术，因为大脑植入物等可植入设备将是我们进入元宇宙的方式。

另一个问题与此相关，在元宇宙中大量的人工智能参与各种创作，或许元宇宙可以催生真正意义上的 AI。电影《失控玩家》讲述了虚拟游戏世界中一位非玩家角色（Non-Player Character，NPC）某天醒来并决定拯救世界的故事。非玩家角色在游戏甚至生活中被广泛使用，在元宇宙中，这种非玩家角色也具有相应的身份，能够参与各种创作等，他们相当于具有人类化身的地位。

在当前的环境下，AI 之所以不聪明，是因为它们无法像《失控玩家》中的主角（盖伊）那样认识和参与整个世界。突破了这个限制，元宇宙可以通过连接虚拟和现实来实现人工智能对整个世界的认知，从而有机会实现人工智能的终极形态。想象一下，在元宇宙中，人们使用 XR 让 AI 有机会访问人类社会的所有数据和信息。AI 可以随机匹配数据库内不同的关联特征和信息，判断结果是否有效。这种人工智能取代了人工数据挖掘，借助元宇宙提供的海量数据，可以创造出人类从未想象过的道路，大大节省测试时间。而 AI 可能达到其终极形态。

在元宇宙中，每个人都用化身在虚拟空间中活动。元宇宙的本质是那些在距离上遥不可及的人能够超越物理空间的限制，聚集在一起。这样，每个人是否值得信任是一个非常重要的问题。然而，如前所述，大部分人在元宇宙中选择化身时，都会让自己比物理世界中更为完美。乔尔·迪茨（Joel Dietz）写道，"你已经可以在 VRchat 中看到这一点，在那里你会发现一个动漫少女的女性头像，有一个老男人的声音"。在元宇宙中建立信任机制就是一个很重要的问题。区块链与 NFT 解决了元宇宙中静态信息以及信息传递的可靠性问题，但并没有解决化身身份及化身随时产生的动态信息的可信任度问题，例如个人在元宇宙中随时可能会产生一个会话，而这个会话的真实性是无法保证的。这样可能会产生独立的第三方认证机构，这正是罗森伯格所担忧的，第三方可能会引入"付费过滤层"，允许某些用户在虚拟现实中看到特定标签。例如，这些标签可能会浮在每个人的头顶，并提供一些关于他们的信息①。在技术上，第三方可能用"酗酒"或"移民"或"无神论者"或"种族主义者"之类的粗体闪烁词或"民主党"或"共和党"之类的不那么带刺的词来标记个人。那些被标记的人甚至可能不知道其他人可以这样看待他们。这样，虚拟现实中可能产生比现实中更多的歧视问题。

如果元宇宙中不用化身，使用真实的身体形象，也会带来很多问题。照片墙的一项研究证实，平台正在使 1/3 的女孩的身体形象问题变得更糟，她们对如何看待自己的身体感到非常痛苦。

在这个意义上，元宇宙更应该关注的是对现实体验的增强，而不是取代人类体验。科技公司尼安蒂克（Niantic）②的首席执行官约翰·汉克数字技术不应该与物理现实竞争，而且大多数人不喜欢在虚拟世界中享受长时间的体验。元宇宙应该改善而不是取代人类体验。"第二人生"的主要开发者菲利普·罗斯戴尔也认为，虚拟世界"并不适合所有人"③。

---

① Louis Rosenberg, Metaverse: AR Inventor Warns that it could Undermine Reality, *Big Think*, https://bigthink.com/the-future/metaverse-augmented-reality-danger/.

② 尼安蒂克（Niantic）是一家注重于增强现实（AR）的企业，其目标是构建一个真实世界元宇宙（"real-world metaverse"），最新估值超过 90 亿美元。

③ Stefan Brambilla Hall, Moritz Baier-Lentz, The Future of the Metaverse will be Shaped by these 3 Technologies, *World Economic Forum*, https://www.weforum.org/agenda/2022/02/future-of-the-metaverse-vr-ar-and-brain-computer/.

因此，从本质上看，元宇宙可能会对人性带来巨大的影响。然而，这种影响如何评价，需要进一步的研究论证。

第三节　元宇宙带来的社会问题

元宇宙作为一种新的社会演进模式，其快速发展，将带来不少社会问题。这是在元宇宙发展过程中需要警惕的。在 Web 2.0 时代提出时，很多专家认为这是一次革命性的运动。在 Web 2.0 时代提出了乌托邦式和平等主义的互联网愿景，人们将直接获得授权、直接连接，每个人都可以自由地在网络上发表自己的看法，世界将发生转变。事实上——它已经发生了变化并且变得更好——我们现在可以与家人和朋友联系并看到他们的脸，而无须支付大量费用。而且，社交网络出现了爆炸式增长，基于互联网的工作从电子邮件向协作平台演变，而远程工作在远程会议等工具加持下也成为可能，每个人都可以通过网上的各种平台发表自己的观点或构想，表达的形式包括语言、文字、视频等。Web 2.0 这种理想的确实现了。所有的这一切都成为现实。然而，Web 2.0 的副作用也随之而来，错误信息像野火一样在社交网络中传播，个人数据乃至个人隐私被平台企业用于精准广告，网络欺凌与网络暴力、网络歧视等因为互联网的普及与深入而更加普遍，甚至很多人因沉溺于网络而产生了心理问题。元宇宙这种沉浸式的、具有全新架构的互联网模式，将对社会带来巨大的冲击，这是我们在进入元宇宙构想的新世界时必须先考虑的。

元宇宙所带来的第一个问题是，元宇宙是由大企业控制的，还是一个分布式自治组织。这个问题对元宇宙发展来说极其重要，因为元宇宙的理想，是让社会公众将元宇宙作为一个新的生活空间，在元宇宙中有着自己的生活，由于元宇宙本身是数字虚拟的，这些生活与理想，是被整个数字空间记录下来的，这样，如果元宇宙掌握在私人企业或者大平台手中，个人隐私将无法得到保护，我们无法避免 Web 2.0 所带来的一系列问题。元宇宙在一开始就是由大企业提出来的命题，面临着大企业和大资本控制的问题。彼得·布鲁姆（Peter Bloom）认为，元宇宙这个概念，可能产生一种新的资本主义形态，即"元资本主义"（Metacapitalism），这个概念与 2000 年福布斯杂志所提出的"类固醇资本主义"（Capitalism on Steroids）有异曲同工之处，即大资本通过社会扩张来重塑科技垄断企业日益增长的力量，以塑造我们生活的各个领域。这是大规模资本集团扩张与知识私有化的一个典型表现。路易斯·罗森伯格指出 ①，控制基础设施的强大平台提供商可以利用 AR 等技术，对使用者进行合法控制。这样，元宇宙的发展，有两个发展方向：私有化的元宇宙与去中心化的元宇宙。私有化的元宇宙是一个中心化的未来，脸书等大公司决定人们如何"社交、学习、协作和娱乐"。这通过虚拟现实（通过投影数字世界的 VR 设备）和增强现实（如将数字事物投影到物理世界的 AR 眼镜）来实现。在这种背景下，大企业掌握了用户的数据，并根据用户表现出来的偏好进行商业开发，如广告推送等。脸书也尝试通过天秤座（Libra）（现更名为 Diem）进行区块链和加密货币游戏，并利用 NFT 来表示和交换数字资产，这样能够窃取和垄断另一个 Web 3.0（Nabben Kelsie，2021）②。而基于去中心化技术架构，例如基于区块

---

① Louis Rosenberg, Metaverse: AR Inventor Warns that it could Undermine Reality，*Big Think*，https://bigthink.com/the-future/metaverse-augmented-reality-danger/.

② Nabben, Kelsie, Building the Metaverse:"Crypto States" and Corporates Compete，Down to the Hardware（November 30，2021），Available at SSRN:https://ssrn.com/abstract=.

链的数字基础设施，其中分布式、目标一致的社区被称为去中心化自治组织，利用这种去中心化的架构能够建立自己的世界。但是，去中心化组织的元宇宙，目前仍存在很多问题。因此，元宇宙在发展过程中，仍存在被私有化组织控制从而变成一个中心化组织的风险。

元宇宙所带来的体验，虽然给予了个人更大的选择权，但也存在巨大的不可控因素。人类的体验是一个非常复杂的问题。1974年，哲学家罗伯特·诺齐克（Robert Nozick）在其名著《无政府、国家与乌托邦》中提出了一个他称为"体验机器"的思想实验。他希望挑战享乐主义，相信生活中最高的善是找到最大的快乐。诺齐克说，想象一台机器，它将在我们的大脑中模拟我们能想象到的所有最佳体验。诺齐克理所当然地认为，最终人们会选择真实的体验而不是机器生成的体验。他相信人们想做事，而不仅仅是做事的虚假体验。他还相信人们仍然渴望一个比任何人造体验机器都提供的更大的现实。诺齐克写道："通过想象一台体验机器，然后意识到我们不会使用它，我们了解到除了体验之外，还有一些事情对我们很重要。"然而，元宇宙正在挑战诺齐克的这种理念。很多人更强调即时体验，而不管体验的善恶。如何在元宇宙中定义好的体验与坏的体验，是社会面临的一个巨大挑战。而现实的进步，使虚拟体验越来越深刻。正如秘鲁哲学家维克多·J.克雷布斯（Victor J. Krebs）所解释的那样，由于"虚拟"在我们的生活中（尤其是在疫情期间和之后）占据主导地位，我们对"虚拟"的理解需要一次又一次地批判性地修正。元宇宙给我们带来的挑战是，一方面我们将进一步沉浸于元宇宙带来的这种虚拟体验，将其作为精神与灵魂的安置之地，或者说作为自我实现的新空间。而且，我们也正在赋予这些新空间具有现实生活的意义。杰西·梅（Jessie May）指出，"我们的虚拟世界帮助我们的玩家了解他们的真实身份并可以充分表达自己，而没有我们在青少年成长过程中经常感受到的现实生活中的社交焦虑。我喜欢听到我们的玩家建立了深刻而有意义的联系，并且这是永远无法复制的东西"①。另一方面，人类的本质与物质世界的联系无法脱离，人类无法只在虚拟空间中体验，不管虚拟世界的体验能够达到什么样的水平，可能永远无法取代物质世界的体验，当虚拟世界与物质世界体验水平存在巨大反差时，频繁在虚拟世界与物质世界之间的切换会给人类的心理带来创伤。因此，元宇宙多元化的体验给人类带来的终极影响需要进一步评估。

元宇宙增加了人类互动与社交空间，这是一种新的、更丰富的人际互动模式，可以在几秒钟内创建模型、计划和数据分析，实时连接并查看面部表情，其核心是利用技术让个体在远离他人的同时更加沉浸于他人之中。然而，正如瓦妮莎·兰卡斯特（Vanessa Lancaste）所指出的，现实生活永远不可能是电子游戏。元宇宙可以让我们以更丰富的方式与他人保持联系，但是当我们通过技术交流时，失去的是对上下文的感觉和理解、人与人关系的深度联系以及对生活的深度体验，永远不会取代与他人面对面的身体感受和联系，因此，元宇宙在建立人际关系方面的能力是有限的，不应将其与真实的人际关系相混淆。

元宇宙利用大数据、人工智能等技术来增强人类的体验，而称为"文明社会"的共享体验正在迅速消失，这主要是因为每个人都生活在自己的数据泡沫中，每个人都收到了根据自己的个人信仰量身定制的定制新闻和信息（甚至谎言）。这强化了既有偏见并巩固了原来的观点。在元宇宙中，当某个人走在虚拟世界或者增强现实世界中的街道上时，他会看到一个城市充满了强化其个人观点的内容，以令人着迷的具有

---

① Natalie Clayton, Virtual Worlds are already better than the Metaverse will ever be, https://www.pcgamer.com/virtual-worlds-are-already-better-than-the-metaverse-will-ever-be/.

高度偏见的内容扭曲用户的看法，让他相信每个人都以他自己的方式思考①。这样，人类的"信息茧房"将会更加强化，根据个人信仰分析定制虚拟领域，而看不到这个世界的真实表象。这样，元宇宙将通过在线回声室效应来放大社会中的分歧②，使社会断层更为明显。

由此，我们不得不思考文明的隐忧：娱乐至死带来创新和探索的坍缩。全息虚拟世界的创新首先满足的是用户自我社交重建，低延迟，随时参与等需求，这类娱乐化的特质正让更多的人质疑科技进步是否带来大众追求的荒芜，创造更优渥的躺平环境也正带来不可逆的人类总体熵增。娱乐至死正威胁着星辰大海的人体认知远景，造成全民创新和探索的坍缩。

从很多例子中我们已经看出，通信模式中的技术变化能影响人们的意识形态。这么来说，元宇宙是也是一种革命性的技术，它很大程度上会改变文化的认知习惯、社会关系、生活方式。各个国家可能也会将其赋予上不同的意识形态，如果辩证地看待元宇宙技术，保持思考的独立性，这就是人类文明延续的一项必要条件，娱乐至死也不应太过担忧。

在文字时代，有了印刷术，我们用印刷技术来传递文化、传播信息，我们留下了唐诗、宋词、元曲、明清小说等源远流长的文化，处处展现着人类的创造性和思考性。再往后我们走到了电视带来的图像时代，在电视上可以看到更加栩栩如生、更加形象立体的图像、视频。

电视用丰富的感官刺激、瞬息万变的图像，彻底改变了人类的生活

---

① Louis Rosenberg, Metaverse: AR Inventor Warns that it could Undermine Reality, *Big Think*, https://bigthink.com/the-future/metaverse-augmented-reality-danger/.

② Metaverse: The Reality that is and isn't, *The Federal*, https://thefederal.com/the-eighth-column/metaverse-the-reality-that-is-and-isnt/.

方式。过去文化是被文字统治的，没有电视、互联网的时候，想知道点东西，就只能看书读报、由浅及深地学习。

　　而未来，元宇宙时代可能会把人类彻底带入娱乐时代，获取娱乐信息非常容易，各种信息个性化定制，你不停地看你感兴趣的信息，根据人工智能与算法的应用，最终只能接受自己喜欢的信息，一天天沉溺其中，不能自拔。各种信息在互联网上遍地都是，日复一日，这就导致我们全身心地沉浸在娱乐当中，已经没有耐心去看一些高质量并且需要思考的东西。用娱乐代替复杂而有深度的思想，我们开始变得无聊、琐碎、浅薄和无能；时间和注意力被切割得支离破碎，每天接受大量与自己无关的碎片信息，"知道"很多事情，却无法真正"理解"它们。无论是新闻、商业还是教育，一切重要的事务都开始变得娱乐化。

第四节　元宇宙在经济上的可持续性

　　自 2021 年开始，元宇宙这个概念在资本市场遭到热炒，而之后，由于元宇宙概念的上市企业业绩并没有因概念的引入而爆发，其高涨的股价又开始下跌。自 2022 年 2 月开始，最热衷于元宇宙概念的 FB Meta Platforms（原脸书）股价出现了断崖式下跌，已跌至 170 美元左右，市值蒸发了 4000 多亿美元，较其股价最高点已腰斩。截至 2022 年 7 月 6 日，其市值仅为 4552 亿美元，已跌出全球市值前十。从其与元宇宙相关的核心现实实验室，该企业仍处于巨额亏损阶段，2021 年，现实实验室收入为 23 亿美元，而支出达到了 125 亿美元，亏损 102 亿美元。

被称为"元宇宙第一概念股"的罗布乐思，2018—2021 年的营业收入分别为 3.25 亿美元、5.08 亿美元、9.24 亿美元和 19.19 亿美元，净亏损分别为 8810 万美元、7100 万美元、2.533 亿美元和 4.95 亿美元。持续的亏损，也给其股价带来了负面影响。2021 年 3 月 10 日罗布乐思在纽交所上市时，报收 69.5 美元，较 45 美元的发行价暴涨 54%，之后，其股价保持了半年多的上涨态势，在 2021 年 11 月时最高价格曾达到 141.6 美元。而到 2022 年 6 月底，该公司股价已跌到 40 美元左右，总市值也低于 240 亿美元。

在国内，元宇宙概念的股价也曾遭到热炒，随后出现了暴跌。而且，不少企业还借此推出了很多元宇宙概念产品。天下秀公司开发的一款基于区块链技术的 3D 虚拟社交产品"虹宇宙"，上线后被不少玩家吐槽更像是一款粗糙、简化版本的"模拟人生"。在苹果应用商店，该应用仅拿到 3.6 分的成绩。

这些元宇宙相关的经济事例，使人对元宇宙的经济可持续性产生了质疑。元宇宙在本质上还没有找到能够普遍适用的商业模式。正如高德纳的分析师纽伦（Nguyen）所述，今天，元宇宙主要是营销炒作。这就像几年前每家科技公司都在大肆宣传其人工智能实力一样[①]。而众所周知，人工智能企业也面临着商业变现的难题。

元宇宙强调去中心化组织治理架构，强调用户生成内容，但如何持续为用户提供优质内容是一个难题。以元宇宙中的虚拟土地来说，在大量售卖元宇宙虚拟土地的游戏中，其虚拟土地价值取决于各方对虚拟空间的建设投入。要通过大量的优质内容作品，推动平台做大流量，吸引

[①] Patrick Seitz，Metaverse: Is It Sci-Fi Hype or the Next Big Thing? *Investor's Business Daily*，https://www.investors.com/news/technology/metaverse-is-it-sci-fi-hype-or-the-next-big-thing/.

更多的商业机构入驻，体现流量价值，从而实现土地的增值。而实际上，大部分参与竞拍土地的人投机性比较强，很少有人愿意在创建内容上花精力，导致土地空白，从而使其他游戏参与者的用户体验变差。当出现其他竞争者或宏观因素导致土地价格下跌时，可能会出现螺旋式加速下跌的情形，其经济可持续性得不到保证。

例如，像分布大陆这样的项目所做的是创建一个开放世界的元宇宙，让用户可以登录其中游玩游戏，并赚取 MANA（分布大陆的原生代币，用户可以使用该代币购买 NFT，包括 LAND 或收藏品，以及对经济治理进行投票）。用户还可以创造 NFT，并将他们在游戏中花费的时间价值注入 NFT 中，赋予其与现实世界交互的能力。经过几年建设，分布大陆中已经遍布各种特色商街，许多企业也在其中建立了虚拟总部。加勒比海岛国巴巴多斯宣布在分布大陆中建立其数字大使馆，成为世界上第一个承认数字主权土地的国家。但是，随着投机者越来越多，购买者热衷于囤地升值而非加快建设，这样，真正想到元宇宙中开发虚拟土地的人反而手中没有土地，元宇宙建设与土地价值升值无法进入一个良性的正反馈循环之中。

从元宇宙的内容创作来看，从去中心化账本、去中心化计算平台、去中心化金融，到 NFT，为数字内容资产化提供了技术工具，NFT 可能解决虚拟数字资产确权问题，但并不能解决数字内容产品的市场问题。从 NFT 市场发展来看，虽然在近几年高速成长，但交易参与者大多为行业深度玩家、试水者、投机者，交易集中于版权、收藏以及社交等小众领域，市场价格形成机制尚未完善，市场流动性不足。这种现状，很难推动元宇宙内的经济系统健康发展。

元宇宙的价值关键在于产业价值，元宇宙在教育、医疗、文化、商业，甚至工业等领域都有广阔的应用前景。通过将数字世界和物理世界实现真正的融合，帮助产业界把数字和物理两方面的优势结合起来，推动生产效率提升，是元宇宙与实体经济深度融合发展的必由之路。然而，产业界对元宇宙的理解并不透彻，而与元宇宙相关的技术企业，其主要经验可能集中在社交和游戏领域，这导致元宇宙这个概念在产业界的渗透仍较为缓慢。在缺乏与实体经济融合的机制下，元宇宙未来发展空间将受到局限。

而各个元宇宙之间不能互联互通、相互操作，这也是一个影响其经济可持续性的问题。互联网、万维网和浏览器都来自学术界、研究机构（CERN）和美国政府（ARPA）的共同合作，在这种合作机制下，各方都将共享信息作为基本出发点，这鼓励构建一个开放的生态系统，在各种站点和公司之间具有互操作性。要成为真正的虚拟世界，所有正在创建的虚拟世界都需要互连互通和互操作。只有通过互联互通形成了完整的标准协议和经济系统，实现在游戏、社交等泛娱乐领域，以及学习、生产、生活等千行百业数字化的元宇宙空间，而在这个空间中，才能形成与现实世界互动的经济体系，从而实现元宇宙自身发展的经济可持续。20 世纪 90 年代曾开发过一种开放 3D 互操作规范 VRML（虚拟现实标记语言），该语言可用于创建 3D 空间并将其链接到一个可以通过 VRML 浏览器访问的空间。然而，这个语言并没有获得成功。从未来看，建立一个类似于超文本链接（HTML）的语言规范，对元宇宙之间互联互通具有重要的价值与意义。

整体而言，虚拟现实的经济模式还在探索中，没有真正发展起来，用户量提升还比较困难，除了代币升值引起土地价格提高，土地持有者很难获得额外收益。在"第二人生"于 2003 年推出后，美国服饰（American Apparel）、可口可乐（Coca-Cola）、H&R Block（HRB）和 NBA 等品牌纷纷涌入，一时之间平台上的虚拟土地价值大涨。但是，几年之后，其流量锐减，到目前，月活跃用户不到 50 万，其虚拟土地价格也应声大跌①。这些前车之鉴都说明了元宇宙经济发展的道路未必会一帆风顺。

---

① Patrick Seitz，Metaverse: Is It Sci-Fi Hype or the Next Big Thing? *Investor's Business Daily*，https://www.investors.com/news/technology/metaverse-is-it-sci-fi-hype-or-the-next-big-thing/.

后　记

2021 年以来，元宇宙（Metaverse）作为一个从科幻小说中创造出来的术语，突然火遍了全球。关于元宇宙到底是什么、技术上如何实现等诸如此类的文章已有无数。然而，如何从经济学的角度研究元宇宙更深层的问题，包括元宇宙的需求、供给、对社会经济的深层影响等，一直是我思考的问题。

2021 年 12 月，我组织了一次元宇宙学术研讨会，与会的经济学家有欧阳日辉、马源、陈永伟、徐炜等，他们都从经济学的视角对元宇宙的各个方面进行了解读，这给了我很大启发。正是在该次会议上，与会的人民出版社郑海燕女士对元宇宙这个选题表示出了浓厚的兴趣。会后，我和郑女士就如何从经济学的角度进一步解释"元宇宙"这个现象级的术语进行了深入的沟通。之后，我又在澎湃新闻的专栏文章里连续写了三篇关于元宇宙方面的短文，这促使我对元宇宙的研究兴趣进一步增加，并决心撰写一本围绕着诸如元宇宙的需求到底来自哪里？元宇宙如何改变经济运行模式等从经济学视角看待元宇宙的书。

由于元宇宙涉及的内容非常庞杂，即使从经济学视角，也涉及需求、供给、产业、生态、虚拟地产等多个方面的问题，且其正处于剧烈变化的阶段，为了更全面地收集资料，我组织了一批学界同行、研究生、实务界人士进行了多次研讨，并对收集到的资料进行了整理。具体来说，汉王科技股份有限公司副总经理林强先生在元宇宙方面有着大量的投资实践，他从元宇宙与新人类的视角与我进行了多次探讨，并共同撰写了"元宇宙的批判与反思"一章；广东天浩律师事务所主任张国瑞先生利用其法律专长，对元宇宙的治理、虚拟财产所有权等方面帮我收集了大量资料，提出了元宇宙内虚拟物品法律所有权的框架，并与颜康康同学共同撰写了"元宇宙的治理与监管"一章的初稿；中国社会科学院大学的饶英子同学收集了关于元宇宙的概念、大平台与元宇宙、元宇宙与游戏关系等方面的资料；李清逸同学收集了元宇宙技术架构等方面的资料，并撰写了"元宇宙对工作的影响"一章的初稿；刘宗豪同学收集了元宇宙产业生态、元宇宙的需求等方面的资料，并撰写了"元宇宙产业生态"一章的初稿；颜康康同学收集了元宇宙虚拟土地价值决定、元宇宙治理等方面的资料，并撰写了"元宇宙中的虚拟土地"一章的初稿；佛山市柔浩电子公司副总裁林俊荣先生对本书相关的技术术语等进行解释和校对；唐佳一同学承担了文字校排、引文校对等工作。他们提供的这些帮助，给了我很大的启发，也省却了我大量烦琐的工作。书稿的统稿以及最终的撰写、定稿，均由我本人完成。

这本书的创意策划与写作动力来自郑海燕编审，我们多次沟通内容、框架以及具体的写作方向，在初稿完成之后，她做了大量细致的删改工作，正是她的努力，才使本书有了今天这个模样。在此对郑海燕女士致以诚挚的谢意！

本书的大部分内容是在 2022 年春节期间完成的，在新春佳节之际，我的爱人黄小丽女士在我写作本书的过程中，一个人照顾着家庭，她实际上是本书没有署名的第二作者！在此谨致敬意！

当然，本书所有的错误与遗漏均由我本人承担。

李勇坚

2022 年 4 月 25 日